C000064810

www.tredition.de

Schriften aus dem Familienarchiv Andresen 3
Herausgegeben von Dirk Meier

Theodor Andresen um 1920

„Das ist wohl eine der großen Eigenheiten des Menschen, dass er zu leicht die Gegenwart verflucht und eine bessere Zukunft ersehnt, wenn aber diese Gegenwart zur Vergangenheit ward, sich wieder zurücksehnt nach einer Zeit, die ihm doch in viel schönerem Lichte erscheint." – Theodor Andresen

Theodor Andresen

Zwischen Ulsnis, Flensburg und Masuren 1894 – 1915

Herausgegeben von Dirk Meier

www.tredition.de

© 2019, Dr. habil. Dirk Meier

Herausgeber: Dirk Meier
Autor: Dirk Meier nach einem Manuskript von Theodor Andresen
Umschlag: Foto: Archiv Andresen

Email: Dr.Dirk.Meier@gmail.com

Verlag: tredition GmbH
Halenreie 40-44
2359 Hamburg
ISBN: 978-3-7497-2702-5 (Paperback)
978-3-7497-2703-2 (Hardcover)
978-3-7497-2704-9 (e-Book)

Printed in Germany

Bibliografische Information der Deutschen Nationalbibliothek: Die Deutsche Nationalbibliothek verzeichnet diese Publikation in der Deutschen Nationalbibliografie; detaillierte bibliografische Daten sind im Internet über http://dnb.d-nb.de abrufbar

INHALTSVERZEICHNIS

LITERATURVERZEICHNIS

AUTOREN

VORBEMERKUNGEN

Theodor Andresen, der 1894 in Ulsnis an der Schlei in Angeln als Sohn des ersten Lehrers Franz Andresen und Organisten sowie seiner Frau Anna, geboren wurde, ist mein Großvater mütterlicherseits. Sein von ihm aufgebautes Familienarchiv Andresen wird seit dem Tod seiner Schwester Anna Andresen 1975 von mir fortgeführt. Bis 2010 wurden alle Schriften von Theodor Andresen digitalisiert und teilweise ergänzt.

In den „Schriften aus dem Familienarchiv Andresen" sind bereits die Bände „Nikolaus Andresen. Eine Biographie aus der Kaiserzeit" und „Franz Andresen. Ein Lehrer in Angeln" in gleicher Aufmachung bei tredition erschienen.

Das vorliegende Buch beinhaltet die Schriften „Mein Leben. Tage der Kindheit" (Flensburg 1936/37) , „Mein Leben 2" (o.J.) und „Meine Kriegserlebnisse 1914/15 (Flensburg 1938). Wie seine Geschwister verlebte auch Theo seine Kindheit im abseits gelegenen Dorf Ulsnis an der Schlei in Schleswig-Holstein, besuchte hier den Unterricht bei seinem Vater, bevor er 1907 auf die Domschule nach Schleswig kam. Seine malerische Sprache und seine Federzeichnungen lassen diese Tage lebendig werden. Die „Feuerzangenbowle" fand – so möchte man glauben – auf der Domschule in Schleswig statt!

Seine anschließenden Jahre in Flensburg, wo er wie vorher sein älterer Bruder Nikolaus Andresen die Oberrealschule besuchte sind geprägt von Kunst („PAN") und Eros. Nachdem ihm das Abitur auch deshalb zunächst versagt blieb, bestand er 1913 die Reifeprüfung. Danach besuchte er die Kunstgewerbeschule.

Dann bricht der Erste Weltkrieg herein. Anders als sein älterer Bruder Nikolaus war Theodor nur ein einfacher Soldat. Er schildert seine Ausbildungszeit im Barackenlager Döberitz bei Berlin, die Musterung durch den „obersten Kriegsherren" und die anschließenden Strapazen im Winter an der Ostfront, wo er in der Schlacht bei den Masurischen Seen im Februar 1915 hinterherstapft. „Der deutsche Kaiser bezahlt Deine Kuh...", so schreiben deutsche Soldaten auf einen Zettel, den sie einer um ihr letztes Stück Vieh klagenden russischen Bäuerin mit den Worten geben, dass sie damit Geld bei einer deutschen Zahlmeisterei erhalten würde. Nicht zu ertragen sind die Strapazen in der grimmigen Kälte. Theos Hände und Füße erfrieren. Ein langer Lazarettaufenthalt in Magdeburg folgt, bis er schließlich als untauglich entlassen wird.

Den Kunstschriftband zu seinen Kriegserlebnissen erhielt ich 2005 von meiner Cousine Britta Andresen aus Kopenhagen und edierte diesen 2010 für das Familienarchiv ebenso wie seine Feldpost, die ich schon 1980 las.

Theodor Andresen schrieb seine Kriegserinnerungen am Vorabend des Zweiten Weltkrieges nieder, im inneren Widerstand gegen den Nationalsozialismus. Immer enger wurden die Bindungen zum dänischen Teil der Familie. Seinen Sohn, meinen Patenonkel Helge Andresen, nahm die Duborg-Skole auf, meine Mutter Karen kam 1947 zur Rønshoved højskole an der Flensburger Förde.

Mit den Worten „Nie wieder Soldat, nie wieder Krieg" beendete Theodor Andresen 1938 seine Erinnerungen. Noch einmal musste er 1945 beim Flensburger Volkssturm ein Gewehr in die Hand nehmen. Er warf es hin und ging nach Hause.

Dirk Meier

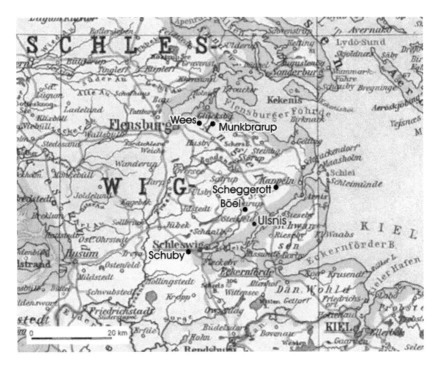

*Ausschnitt der Karte der preußischen Provinz Schleswig-Holstein
von 1905 mit Lage von Ulsnis in Angeln*

Lage von Ulsnis auf der Reichskarte Umgebung von Schleswig

KINDHEIT IN ULSNIS AN DER SCHLEI

Am 25. April 1894 bin ich geboren. Von sieben Geschwistern kam ich als Jüngster zur Welt. Meine Eltern entstammen beide alteingesessenen Geschlechtern des Landes Schleswig; mein Vater einer Bauernfamilie, welche nachweisbar seit dem 17. Jahrhundert in ein und demselben Kirchspiel Nordangelns, in Munkbrarup, ansässig gewesen – meine Mutter ursprünglich einem Kätner- und Händlergeschlecht, welches in der Gegend von Mögeltondern und Brede in Nordschleswig gleichfalls mehrere hundert Jahre seinen Wohnsitz gehabt hat.

Ich darf also mit Recht sagen, dass ich ein echtes Kind des Landes Schleswig-Holstein bin. Das aber ist für mich ein wertvolles Gut, ebenso wie dieses, dass ich auf dem Lande geboren und aufgewachsen.

Mein Geburtsort ist das Dorf Ulsnis an der Schlei. Wo sich Schleswig und Holstein scheiden, dringt ein schmaler Wasserarm der Ostsee ins Land. Ihn säumen liebliche Ufer. Buchenwälder, fruchtbare Felder und grüne Wiesen folgen in buntem Wechsel. In sanften Wölbungen wogen die Hügel auf und nieder. Fast genau halben Weges zwischen den Städten Kappeln und Schleswig liegt am Nordufer in der Landschaft Angeln das Kirchdorf Ulsnis. Dir, Fremdling, wird es vorkommen wie viele gleichartige in unserer Landschaft. Doch für mich hat dieses gar stille und seitab gelegene Dorf eine besondere Bedeutung, sein Name einen sonderlichen Klang. Hier kam ich zur Welt, hier tat ich meinen ersten Schritt, hier, in diesen Gärten, auf diesen Fluren bin ich aufgewachsen, lebte ich in kindlicher Sorglosigkeit meine Tage und Jahre dahin.

Bauernhöfe, an denen man den Wohlstand der Bevölkerung erkennt, liegen zu beiden Seiten der Straße, die das Dorf durchzieht. Es sind zum Teil Gebäude älteren Datums, langgestreckte reetgedeckte Häuser von freundlich-ländlichem Aussehen, zum Teil Gewese moderner Bauart, mit Schiefer gedeckt und doppelstöckig – aber immer sind sie umgeben vom Hofplatz und den Gärten alte hohe Linden, Kastanien oder Pappeln breiten ihre Kronen mächtig über sie. Die Gärten sind wohl gepflegt und reich an Nutz- und Ziersträuchern wie an Obstbäumen. So zeigen diese Anwesen ein freundliches, behagliches, doch keineswegs prunkhaftes Aussehen. Lasst uns der Dorfstraße von Süden her folgen. Da kommen wir über ein Bächlein, das sich auf und nieder durch ein Wiesental windet. Nach Westen zu verschwindet das Tal hinter einem Bauerngehöft, nach Osten hinter einem Wäldchen. Im Weiterwandern geht es an einen höher gelegenen Teil des Ortes. Schon von Weitem fielen uns die Mauern des Kirchleins auf. Jetzt rückt es immer näher.

Ein paar Schritte nur vom Hauptweg ab, und wir treten durch ein altes Portal auf dem Totenacker. Ein niedriger Steinwall, an dem in regelmäßigen Abständen schön gewachsene Eichen ihre Kronen breiten, umschließen die geweihte Stätte. Aus Sträuchern und Blumen schauen die vielen Kreuze, Groß und Klein, hervor. Steine aus grauem und rötlichem Granit, aus schwarzem und weißem Marmor beleben – ein Bekenntnis derer, die über der Erde geblieben – diese Ruhestätte der Abgeschiedenen.

In der Mitte erhebt sich die Kirche, langgestreckt, aus dicken, weiß getünchten Mauern errichtet, mit hohen rundgebogten Fenstern, mit steilem, stahlblau schimmernden Schieferdach, auf dessen First am Westende der zierliche spitze Dachreiter in den Himmel weist. Außerhalb des Friedhofs gen Osten richtet sich auf einem Erdhügel ein alter nur aus Holz gefügter Glockenturm empor, umgeben von wettererprobten

Eichen und Buchen. Ja, hier an der Ostseite des Glockenturms genießt man den schönsten Blick über die gesegneten Felder, über die Bauernwälder, die Schleiwiesen, über das helle Band der Förde bis zu den gleichfalls gesegneten Fluren der Landschaft Schwansen. Und – gen Nordwesten gewandt – ruht der Blick über dem Dorf im Tal. Dort – seht ihr den First des langgestreckten Strohdachhauses?

Dort bin ich geboren. Nur etwa 100 Meter südlich von jenem Bächlein liegt dieses Haus. Es ist die Schule.

Wer das große Glück genossen, in seinem Geburtshause aufgewachsen zu sein, der weiß dieses für sein Leben zu schätzen. Wie anders ist es um die Menschen bestellt, die schon in ihrer Kindheit dazu verdammt waren, von einer Mietswohnung in die andere zu ziehen. Ihnen war es nicht vergönnt, sich in das Haus ihrer Geburt hineinzuleben, all die heimischen Winkel vom Keller bis hinauf zum Boden in ihr Herz zu schließen.

Im östlichen Hügel unseres Hauses befanden sich die Klassenzimmer der zweiklassigen Dorfschule, in der Mitte und im westlichen Flügel die Wohnung. An der südlichen Frontseite lag ein gepflegter Zier- und Blumengarten. Durch die breite Haustür trat man hinein auf die Vordiele, welche in meiner ersten Kindheit noch mit gelben Ziegelsteinen ausgelegt war, später mir Brettern. Die Vordiele war unser Ess- und zeitweilig auf Wohnzimmer im Sommer. Wenn die Tür geöffnet stand, dann genoss man einen köstlichen Blick auf den blumen- und rasenreichen Garten, der von der Dorfstraße durch einen hohen Dornzaun abgeschlossen war. Die Hauptausstattungs- und Schmuckstücke waren ein schwerer Eichenschrank im Barockstil, eine gleichfalls aus Eich gearbeitet etwa 150jährige eisenbeschlagene große Truhe und später eine wertvolle Standuhr aus dem Jahre 1816, alles Gegenstände von den bäuerlichen Vorfahren unseres Vaters. Nach Westen schloss sich das Wohnzimmer an, ein behaglich eingerichteter Raum. Sauberkeit und Wohnlichkeit herrschten in unserem Hause und ich wüsste mich nicht zu entsinnen, dass jemals ein Zimmer im unordentlichen Zustande da gelegen hätte. Viel Sorgfalt wurde auch auf die Fußböden verwandt. Ihre große Glätte trug manchmal unserer Mutter, die es doch wahrlich gut meinte, Vorwürfe und Ermahnungen ein. In den Fenstern standen immer dicht beieinander die verschiedenartigsten Topfgewächse, sorglich in Pflege gehalten, konnte doch unsere Mutter sich morgens lange Zeit mit ihren Blumen beschäftigen. Auch in anderen Zimmern, wo eben nur ein Plätzchen frei war, brachte sie ihre vielen Blattgewächse, Ziertannen und Linden in großen Kübeln oder auf hohen Ständern unter, oft zur großen Bewunderung und wohl auch zum Neid mancher Besucher. Zur Behaglichkeit des Wohnzimmers trug auch der bis an die Decke reichende weiße Kachelofen bei.

Nebenan, abermals nach Westen, lag das sogenannte „Beste Zimmer".[1] Der Name sagt schon, dass es nur bei festlichen Gelegenheiten benutzt wurde und daher wurde es wohl in meinem Kinderherzen zu einem gewissen Heiligtum, das man zu alltäglicher Zeit nur ganz vorsichtig betreten durfte, vor allen Dingen nicht mit unsauberen Schuhen. Auch hier Blumenpracht, solide Möbel, blitzweiße Gardinen und ein spiegelblanker Fußboden. Den eigenartigsten Eindruck hat dieses Zimmer jedes Mal auf mich gemacht, wenn die Strahlen der sinkenden Abendsonne durch die westlichen Fenster fielen. Es lag dann über allem ein warmer, goldener Glanz von einer besonderen, wohltuenden Eindringlichkeit, dass ich das nie in meinem Leben vergessen werde, sobald meine Erinnerungen mich dorthin zurückführen.

---

[1] In den 1990ern befand sich in der ehemaligen „Besten Stube" meiner Urgroßmutter die Post von Ulsnis. Das Haus wird seit Auflösung der Grundschule von Ulsnis 1969 als Kindergarten genutzt.

An der Nordseite lagen das Schlafzimmer und die Wirtschaftsräume, diese umfassend Küche, Keller und Tenne, letztere ein Raum, der früher, zum Ausdreschen des Getreides diente. In meiner Kindheit wurde die Tenne nur zur Aufbewahrung von Kartoffeln, Obst und anderen häuslichen Sachen. Bei schlechtem Wetter war es wohl auch unser Spielraum. Im Winter wurde hier das selbst gezüchtete Schwein zerlegt und verarbeitet, eine Begebenheit, die manche liebe Erinnerungen in mir wachruft. Über dem Keller befand sich, ein wenig erhöht, die „Kellerstube", das Zimmer der Mägde.

Noch muss ich einen Raum erwähnen, das Arbeitszimmer des Vaters, oder wie es kurz genannt wurde: Vaters Stube. Es lag an der Südfront, östlich der Vordiele und war mit 2 Bücherborden, einer „Etagère", einem Schrank sowie Tisch und Stuhl ausgestattet. In diesem kleinen, schmalen Gemach, das nur ein Fenster zum Garten hinaus hatte, habe ich als Kind oft und gerne geweilt, mich beschäftigend mit meinen Spielsachen, die im Schrank verwahrt wurden, aber auch stundenlang blätternd in den unzähligen Büchern, in denen es so mancher schöne Bilder gab. Später diente mir Vaters Stube als Schlafzimmer.

Unter dem Dach des Hauses befand sich der große, geräumige Boden. Wenn ich ihn mir im Geiste wieder vorstelle, jeden einzelnen Winkel, das hohe starke Balkengerüst mit den vielen dichten Spinngeweben, mit den beiden mächtigen, ein wenig schiefen Schornsteinen, so geschieht das nicht, ohne mir dabei der geheimnisvollen, vielleicht sogar etwas von Schauer erfüllten Stimmung inne zu werden, die er stets in meinem kindlichen Gemüt hervorrief. Das steile dicke Reetdach ruhte auf zahllosen Sparren und Balken, welche kreuz und quer zum First emporstiegen. Die Bretter des Bodens waren zum Teil schadhaft. Noch heute entsinne ich mich der Stellen, wo das Holz beim Auftreten etwas nachgab. Seltsam nahmen sich auch hier die Geräusche aus, die von draußen durch durch das Dach drangen, gedämpft, wie aus fernen Räumen kommend. Auch das das Piepsen der Sperlingsschar, die in großer Zahl im Dache nistete, vernahm man hier drinnen in ähnlicher Weise.

Wenn nun schon aus all diesen Gründen das Betreten des Bodens bei Tage eine eigenartige Stimmung hervorrief, so war es für das Kind zur Dämmerstunde oder gar der Dunkelheit ein Unternehmen, das es mit Angst erfüllte. Musste es sein, dann geschah unter größter Eile, war es doch, als lauerten in all diesen dunklen Winkeln, aus dem Gewirr der Balken, Kisten und Gerümpel, hinter den Schornsteinen hervor Kobolde und Gespenster, die nun gleich mit einem Satz auf den Rücken springen und an die Gurgel packen würden. Dazu kam noch, dass uns Kindern wegen der Feuersgefahr streng verboten war, mit offenem Licht den Boden zu betreten. Man musste sich eben so gut es ging an Balken und Schornsteinen oder auch an aufgespannten Wäscheleinen entlang tasten. Um keinen Preis hätte man dann noch innegehalten – nur schnell vorwärts und so bald wie möglich wieder die Treppe hinunter. Aber ich könnte den Boden meiner Kindheit doch nicht missen – er gehört dazu und ist ein Stück dieser Kindheit.

Das Geburtshaus von Theodor Andresen, die Schule in Ulsnis.
Federzeichnung von ihm selbst

Und nun der Hofplatz und Garten. Der Hofplatz lag an der Nordseite des Hauses und hatte, da er vornehmlich als Spielplatz für die Schulkinder Verwendung fand, eine beträchtliche Ausdehnung. So fanden wir Kinder für unser Spiel genügend Platz in unmittelbarer Nähe des Hauses und wir haben wahrlich diese Gelegenheit zu Spiel und Zeitvertreib gründlich genutzt. Das Schönste an diesem Platz war, dass er zu einem großen Teil unter dem Schutze einer hohen, stolzen Pappel lag. Dieser Baum war der höchste in weitem Umkreis und darum schon aus der Ferne ein Erkennungszeichen für unser Elternhaus. Ich denke auch wieder an das Rauschen seiner Blätter, die selbst bei dem kleinsten Lufthauch erzittern, ein Rauschen, das bald ein leises Wispern war, bald ein Brausen, wenn in stürmischen Nächten der Wind durch seine Zweige fuhr.

Mit Wehmut sah ich eines Tages, aus der Stadt heimkehrend, dass die schöne stolze Pappel nicht mehr stand, dass man die Axt an ihren Stamm gelegt und dass nun das lange Dach des Elternhauses und der Spielplatz kahl und leer dar lagen, doch wenige Schritte von der Stelle, wo damals die hohe Pappel stand, wächst heute ein junger Lindenbaum empor, als Bäumchen von unserem Vater gepflanzt, der heutigen und kommenden Jugend Schutz gewährend wie es einst die Pappel tat.

An den Hofplatz schloss sich der große Gemüsegarten an, der stets sorgsam und sauber gepflegt wurde unter der Hand und Aufsicht unseres Vaters. Wie unsere Mutter für Haus und Blumen sorgte, so unser Vater für seine Gärten. Und hier gab es viel zu schaffen, ganz besonders auch für uns Kinder. Im Frühjahr musste das Land umgegraben, besät und bepflanzt werden. Im Sommer galt die Arbeit dem Gemüse, seiner Pflege und Ernte wie auch der Vernichtung des Unkrauts, im Herbst reifte das Obst und musste gepflückt werden, auch waren die Kartoffeln zu ernten und schließlich musste alles Land abermals umgegraben werden. Wir hatten viel Obst in unserem fruchtbaren Garten, Äpfel und Birnen verschiedener Sorten, groß, saftig und wohlschmeckend, Pflaumen, rote fleischige, grüne und gelbe, die länglichen Zwetschgen, Hasel- und Walnüsse, nicht zu vergessen all die Beerenfrüchte wie schwarze und rote Johannisbeeren und Stachelbeeren in allen Größen. Es gab Tage zur Zeit der Reife, an denen wir fast nur vom Obst lebten. Die größte Freude unseres Vaters war es, von seinen Obstschätzen an Verwandte, Bekannte und Nachbarn zu verschenken. Nur in seltenen Fällen verkaufte er etwas davon und dann auch nur zu spottbilligen Preisen. Im oberen Teil des Gartens breitete sich unter alten Pflaumenbäumen ein grüner Rasen. Hier haben wir Kinder uns oft getummelt und die großen grünen und gelben Pflaumen von ihm aufgelesen. Unzählige Erinnerungen knüpfen sich an diesen Garten mit seinen reichen Schätzen: wie oft lief ich die sauberen Steige entlang, wie oft saß ich in den schwer hängenden Obstbäumen und pflückte die köstlichen Früchte in die Körbe.

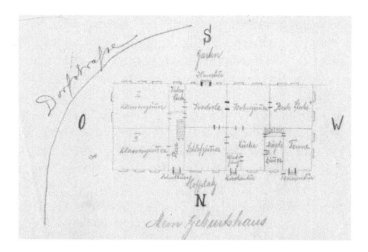

Grundriss der Schule von Ulsnis zu der Zeit von Theodor Andresen. Zeichnung von ihm selbst

Mir war das große Glück zu teil, dass mir meine Eltern lange am Leben blieben. Obwohl ich als jüngstes Kind erst im 38. Lebensjahre dieser Eltern geboren wurde, war ich schon über mein Jünglingsalter hinaus, als sie von mir gingen.

Über die Kindheit meines Vaters Franz Andresen vermag ich nicht viel zu sagen. Auch er wurde wie alle seine Geschwister 1856 auf der Weeser Hufe geboren und erlebte hier, nachdem der Vater früh gestorben, ernste von Arbeit erfüllte Knabenjahre.[2]

Die Hufe in Wees. Federzeichnung von Theodor Andresen

---

[2] Zu den Eltern von Theodor Andresen siehe: Franz Andresen. Ein Lehrer in Angeln. Schriften aus dem Familienarchiv Andresen 2 (Treditio/Hamburg 2019).

Wohl hat unsere Mutter viel über die Kindheitsjahre gesprochen, aber in jenen Tagen hat sich keiner bemüßigt gefühlt, hierüber Aufzeichnungen zu machen. So ist dieses Viel auch bei mir bis auf geringe Teile in Vergessenheit geraten.

Unsere Mutter hat als ältestes Kind von neun Geschwistern ganz ohne Zweifel eine Kindheit durchgemacht, in der sie mehr zur Arbeit gehalten, als dass man ihr Freiheit zum Spiel ließ. Aber darüber hat sie sich auch nie sonderlich beklagt. Hingegen, sie hat ihrem Eltern- und Kindheitshause immer ein gutes Gedenken bewahrt. Wahrlich, es herrschte Leben und Treiben in den alten Mauern dieses Hauses, der freundlichen Stadt an der Wiedau. Da ging es ein und aus von früh bis spät: die Gäste, welche in die Gaststube um der Punsche willen kamen und gingen, die Kinder, welche die Bäckerei beehrten, die jugendlichen Schüler des Seminars und schließlich die Kinder des Hauses, die in regelmäßiger Reihenfolge zur Welt kamen. Ja, die Arbeit war unserer Mutter von der frühesten Kindheit mit auf den Weg gegeben. Da musste sie, wenn sie aus der Schule kam vor dem Mittagessen in heißer Sonnenglut hinaus auf die Fennen der Marsch, musste die Kühe melken, die oft nicht ruhig stehen wollten, die am Ende das „Besten" anfingen und über die weiten Felder rannten, so dass das verzagte Mädchen mit Eimer und Bock hinterherlaufen musste. Viele Tränen mag unsere Mutter auf den Marschfennen verloren haben und musste, wenn sie nach Hause kam, oft noch Schelte empfangen, wenn sie ihre Arbeit nicht so ausgeführt hatte, wie es verlangt wurde.

Aber sie hat auch viele frohe Stunden in diesem Elternhause erlebt. So entsinne ich, dass die gerne davon sprach, wie sie als junges Mädchen zur Winterszeit, wenn sie rings um Tondern die überschwemmten Fennen mit Eis bedeckt waren, mit sonderlichem Vergnügen Schlittschuh gelaufen habe, wobei denn wohl die jungen Seminaristen der Marschlandschaft nicht gefehlt haben.

Mein Vater hatte meine Mutter in Tondern kennengelernt, wo er nach seiner Lehrervorbildung in Angeln bei ihren Eltern wohnte. Die Petersens besaßen eine Grobbäckerei sowie eine Gastwirtschaft und vermieteten Zimmer an Seminaristen des dortigen Lehrerseminars, das Franz Andresen besuchte. Sie waren dänisch gesonnen und sprachen Plattdänisch (Sønderjysk), da sie vom umgebenden Land in Nordschleswig stammten, wo eine dänische Mehrheit herrschte.

Mein Vater bestand in der Zeit vom 8. bis 11.4.1878 seine Abschlussprüfung am Tonderaner Lehrerseminar. Sein mir noch vorliegendes Zeugnis hierüber muss als hervorragend bezeichnet werden, enthält es doch nicht weniger als 19mal sehr gut, 12mal gut und 2mal genügend. Mit seinen Klassenkameraden jener Zeit hat unser Vater späterhin immer die Verbindung aufrechterhalten, mit vielen von ihnen stand er auch viele Jahre im familiären Verkehr.

Der Vater von Theodor Andresen, Franz Andresen, als Seminarist in Tondern. Foto: Archiv Andresen

Die erste Lehrerstellung, welche er nun antritt, ist in dem heimatlichen Kirchspiel, in Munkbrarup. In dieser Zeit befindet sich die älteste Tochter des Gastwirtes Peter Petersen in Tondern in Stellung in dem Pastorat in Adelby bei Flensburg. Es ist das Nachbarkirchspiel von Munkbrarup. So werden wohl in diesen Tagen die Bande zwischen den beiden Liebenden enger geknüpft. Schließlich kommt es zur Verlobung.

Vom 30.9.1879 liegt mir das Original-Entlassungs-Zeugnis meines Vaters vor, wodurch ihn der Ortschulinspektor, Pastor Johnsen in Adelby, seinen Fortgang aus Munkbrarup bescheinigt. Auch dieses Zeugnis ist voller Anerkennung. Die nächste Wirkungsstätte ist im Kirchdorf Boel in Angeln an der zweiklassigen Schule. Ende April 1881 besteht der junge Lehrer die vorgeschriebene 2. Prüfung.[3]

Nun steht einer Eheschließung nichts mehr im Wege. Im Mai 1881 soll die Hochzeit sein. Aber das Schicksal will es anders. Eine schwere Krankheit packt den 25jährigen jungen Menschen. Der Typhus bringt ihn an den Rand des Grabes. Doch er genest und am 28.8.1881 findet die Hochzeit statt.

Am 27.2.1882 wird dem jungen Paar das erste Kind geboren. Es ist ein Mädchen und erhält den Namen Theodora Catharina. Im Jahre darauf wechselt der junge Lehrer abermals seine Wohn- und Wirkungsstätte. Er kommt an die Schule in Scheggerott im Kirchspiel Norderbrarup. Hier bleibt er fünf Jahre. Drei Kinder werden in dieser Zeit geboren, am 28.1.1884 Nikolaus Franz Christian[4], am 30.4.1885 Peter Adolf, am 29.1.1887 Frieda Dorothea. Im Scheggerotter Schulhause ist damals viel Leben gewesen. Unsere Eltern haben später oft und gern von jenen Tagen gesprochen. Auch zu den Bewohnern des Ortes stand man in enger Beziehung. Besonders in den Erzählungen

---

[3] Franz Andresen - Ein Lehrer der Kaiserzeit in Angeln
[4] Nikolaus Andresen - Eine Biographie aus der Kaiserzeit. Schriften aus dem Familienarchiv Andresen 1 (tredition/Hamburg 2019).

unserer Mutter kam das immer wieder zum Vorschein. So ist die Familie mit der Zeit auf vier Köpfe gewachsen. Das merkt der Geldbeutel. Man muss sehen, dass man weiterkommt. Jetzt heißt es, die Stelle eines ersten Lehrers und Organisten zu erhalten. Es besteht die Möglichkeit, nach Sörup, dem 2.größten Kirchdorf Angelns zu kommen. Der Ort, seine Lage an der neu erbauten Bahnstrecke Flensburg – Kiel, hat große Anziehungskraft.

Ein anderes Kirchspiel meldet sich, Ulsnis an der Schlei, zwar bedeutend kleiner und abseits vom Verkehr gelegen. Die Bewohner machen alle Anstrengung, den Scheggerotter Lehrer zu erhalten. Sie haben Erfolg. Ende Juli 1888 siedelt die „Schulmeisterei" nach Ulsnis über. An dieser Stätte nun wirkt unser Vater 25 lange, segensreiche Jahre als erster Lehrer an der zweiklassigen Volksschule und als Organist in dem schlichten Kirchlein dort oben auf der Höhe.

In jenen Sommertagen des Jahres 1888, als unser Vater sein neues Amt antritt, gibt es für ihn bedeutende Schwierigkeiten zu überwinden. Die Schule ist verwahrlost. Es kostet große Mühe, die Disziplinlosigkeit, die bei dem ergrauten Vorgänger eingerissen, zu bannen. Aber der Kraft des Jüngeren gelingt es. Auch im Haus und Garten muss man aufräumen. Eine gewisse „Dornröschenstimmung" hat sich allerorten ausgebreitet. Hier gilt es, mit dem Geist und der Tatkraft einer neuen Generation aufzuräumen. Das erfordert viel Arbeit, aber man scheut sie nicht. In der vordem so stillen Lehrerwohnung wird es lebendig. Vier Kinder brachte man mit – aber weiter wächst ihre Zahl. Schon kurz nach dem Umzug, am 22.8.1888, erblickt ein Mädchen das Licht der Welt, Marie Catharine – und zwei Jahre später noch eins, am 27.7.1890 Anna Amalie. In einem Zeitraum von ganz genau acht Jahren hat die junge Lehrerfrau, die jetzt erst im 34. Lebensjahre steht, sechs Kinder geboren.

Aber nun folgt eine Zeit voll Sorge und Trauer. Eine furchtbare Seuche wandert von Ort zu Ort, die Diphterie. In den meisten Fällen versagt die „ärztliche Kunst". Besonders werden die Kinder von der Krankheit befallen. Zweimal in kurzer Zeit tritt der Tod über die Schwelle des Ulsnisser Schulhauses: am 22.11.1891 stirbt das älteste Kind, Theodora Catharina, nach einem schmerzvollen, mit großer Geduld ertragenem Krankenlager im Alter von reichlich neun Jahren; am 28.1.1893 folgt Frieda Dorothea, einen Tag vor ihrem sechsten Geburtstage. So ist die Kinderschar wieder auf vier zusammengeschmolzen.

Die Schule in Ulnsis mit dem Dorfteich „Schütthof" im Vordergrund. Foto: Archiv Andresen

Aber nach diesen kummervollen Jahren sieht die Mutter noch einmal ihrer Niederkunft entgegen. Am 25.4.1894 kommt Theodor Franz Andresen zur Welt, der Autor dieser Biographie.

Es ist hier am Platze, näher auf das Walten und Wirken des Vaters in seiner Ulsnisser Zeit einzugehen. Innerhalb des kleinen Kreises seiner Angehörigen war er stets bestrebt, den Familiensinn zu pflegen. Seine Erziehungsmethoden kennzeichneten sich durch sorgfältige Beachtung der Grundregeln eines geordneten Hauswesens. Gehorsam wurde von uns Kindern in jedem Falle verlangt, unziemliche Worte wurden nicht geduldet, die Zeit wurde sorglich eingeteilt, einerseits wurden wir regelmäßig zur Arbeit angehalten, andererseits gönnte man uns gerne Freiheit zum Spiel. Keineswegs waltete die harte Knute – es ist hingegen Liebe, viele Liebe bei unserer Erziehung angewandt worden. Auch scheute unser Vater keine Opfer an Geld und Zeit, unsere Kindheit so zu gestalten, wie es zu unserem Besten dienen mochte.

Familie Andresen im Garten vor dem Schulhaus in Ulsnis 1891. Von links nach rechts: Franz Andresen, Nikolaus, Anna Amalie, Mutter Anna, Theodora und Peter. Vorne: Mariechen und Frieda.
Foto: Archiv Andresen

Eine große Vorliebe hegte der Vater für den Garten, von denen es zwei im Schulhause gab, einen größeren Obst- und Gemüsegarten hinter dem Hause und ein kleinerer Ziergarten vor demselben. Unermüdlich war der Vater hier tätig; ganz besonders legte er großen Wert auf die Pflege seiner Obstbäume. Weiterhin war er deshalb bekannt, denn das Obst war erster Güte. Oft hat er davon – jedoch zu Spottpreisen – verkauft, das meiste jedoch wanderte ins eigene Haus oder als Liebesgabe zu Verwandten, Freunden und Nachbarn. Natürlich mussten wir Kinder viel in den Garten hilfreich zur Hand gehen, worin ich eine erzieherische Maßnahme von bedeutsamem Wert ganz im Sinne des Vaters erblicke.

Wenn es Neuerungen gab, war unser Vater, sofern er einsah, dass sie von Nutzen sein konnten, gerne für sie empfänglich. Manche kleine Maschine, die in Haus und Garten, wesentliche Dienste zu leisten vermochte, wurde angeschafft. In den letzten Jahren der Ulnisser Zeit kelterte unser Vater aus den Früchten des Gartens, insbesondere den Johannis- und Stachelbeeren Weine, die ihm bei sorgfältiger Bereitung sehr gut gelangen. Viele Jahre auch betrieb er die Imkerei. In der äußersten Ecke des Obstgartens, wo ein stilles, sonniges Plätzchen sich dafür eignete, ward der Bienenstand hergerichtet. Nach neuesten Methoden selbstgefertigte Bienenkästen standen neben den alten Strohkörben, bestückt von hohen Nussstauden und der Tannenanpflanzung an einem Erdhügel. Manch schöne Honigernte quoll aus den vollen, schweren Waben. Viele Jahre auch hielt der Vater in den Stallgebäuden ein oder gar zwei Schweine, die im Herbst geschlachtet wurden, um im Haushalt passende Verwendung zu finden. An regnerischen, insbesondere an Wintertagen war unser Vater viel an seiner Hobelbank beschäftigt. Auf den geräumigen Boden des großen Strohdachhauses befanden sich im West- und Ostende mit Brettern abgeteilte Kammern. Hier war die Klüterkammer, hier stand die

Hobelbank, an der unser Vater meisterliche Erzeugnisse häuslicher Kunst herstellte. Heute noch befinden sich manche Stücke in meinem Besitz: Blumenständer, Kästen, Ziertische usw. Besonders zum Weihnachtsfest wurde die Hobelbank eifrig benutzt. In früheren Jahren pflegte unser Vater auch sehr die Kerbschnitzerei. Er wie die älteren Söhne haben hierin beachtliches geleistet. Auch von diesen kleinen Kunstwerken befinden sich heute noch in unserem Besitz: Staubtuchkästen, Teebretter, Schlüsselbretter usw.

Sehr gepflegt wurde die Hausmusik. Unser Vater erteilte Kindern des Dorfes wie auch mehreren seiner eigenen Kinder viele Jahr Klavierunterricht. Sein liebstes Instrument war die Geige, welche er gerne zur Begleitung der Klaviermusik benutzte. Mehrere Jahre, besonders zur Winterszeit, leitete unser Vater einen kleinen häuslichen Gesangchor, für welchen er verschiedene Bauerntöchter des Dorfes warb. Die Übungen fanden stets in unserem Hause statt. Bei Festlichkeiten, insbesondere in der Kirche trat dieser Chor dann vor die Öffentlichkeit und erntete oft dankbaren Beifall.

Der Familiensinn des Vaters zeigte sich im Weiteren darin, dass er stets mit seiner Familie in den Ferien zu seinen Angehörigen unserer Mutter reiste: Wees, Thumbyholm, Flensburg, Tondern, das waren die Wohnorte der Verwandten.

Als Lehrer folgte der Vater ähnlichen Erziehungsmethoden wie im Hause. Disziplinlosigkeit wurde nicht geduldet, oft gebrauchte er wohl ein strenges Wort, aber von einer Zucht militärischer Art konnte keine Rede sein. Was unserem Vater in der Ausübung seines Berufes in hohem Maße auszeichnete, war das starke Pflichtbewusstsein, welches getragen wurde von einer selbstbewussten Verantwortungsfreudigkeit.

Er war bestrebt, allen Kindern unter Abweisung jeglicher Parteilichkeit in gleichem Maße zu lehren. Schlecht begabten Zöglingen wandte er gern seine besondere Aufmerksamkeit zu, gut begabten, half er gerne weiter über das vorgeschriebene

Pensum, wobei er nicht verfehlte, die Eltern auf die Gaben ihres Kindes aufmerksam zu machen und ihnen anzuraten, sie weiter bilden zu lassen. In vaterländischen wie in religiösen Dingen hatte unser Vater eine tiefe, ernste und aufrichtige Gesinnung. Später haben manche Schüler und Schülerinnen es unserem Vater zu danken gewusst, dass sie bei ihm eine so gute Schulbildung genossen.

Im Umgang mit den Bewohnern des Ortes tat unser Vater alles und mehr, was von seiner Stellung in dieser Hinsicht gefordert werden konnte. Es war jahrelang Leiter mancher Vereine, so des Kriegervereins, des Vaterländischen Frauenvereins, der Feuerwehr. Bei Veranstaltung von Festlichkeiten war die programmatische Gestaltung derselben stets in seine Hände gelegt. Viele Stunden hat er dafür in völlig uneigennütziger Weise geopfert.

Auch gründete er – wohl mehr aus persönlicher Liebhaberei heraus – einen Obstbauverein, der aber nie recht gedeihen wollte. Eine Frucht dieser Bestrebungen war die Anpflanzung einer Reihe von Obstbäumen an der damals neu angelegten Chaussee Ulnis–Hestoft wie auch an der Strecke Hestoft–Goltoft. Diese Bäume stehen heute noch, wenn auch in einem verwahrlosten, kläglichen Zustande.

Auch sonst pflegte unser Vater den familiären Verkehr mit den Bewohnern des Ortes. Es gab kaum ein Bauernhaus, in das man nicht wenigstens einmal im Jahre zu Gast geladen war und dementsprechend wurden auch in unserem Hause Gegenfestlichkeiten veranstaltet.

Der bedeutsame Nebenberuf meines Vaters als Organist an der Kirche erforderte viel Zeit und Arbeit. Allsonn- und festtäglich, bei Hochzeiten wie Begräbnissen hatte er der „Küster" die Orgel zu spielen, hatte für die Herrichtung der Lichter auf dem Altar zu sorgen und die Nummerntafeln für die Gesänge des Gottesdienstes in Ordnung zu halten. Eines der schwersten

Ämter innerhalb dieser Tätigkeit war das „Parentieren" bei Be-
erdigungen. Damals herrschte noch der alte Brauch, dass der
Küste in dem Hause des Verstorbenen die Leichenpredigt über
dem offenen Lager zu halten hatte. Bei Wind und Wetter
musste der Vater oft weite Strecken in die entfernt liegenden
Dörfer des Kirchspiels zurücklegen, hatte hier eine schwere
Aufgabe in engen, dumpfen Gemächern zu erfüllen, musste
wieder die Leiche zurück zum Kirchhof folgen, wo ihm noch
nach alter Sitte die Aufgabe zufiel, vom Friedhofstor bis zum
Grabe mit entblößtem Haupte, ganz alleine dem Sarge voran-
schreitend, einen Choral zu singen. Unzählige Male hat der Vater in den 25 Jahren dieses verantwortungsvollen, ernsten Am-
tes gewaltet. Mit Gewissenhaftigkeit und Sorgfalt, mit innerster
Anteilnahme hat er stets diese Predigten ausgearbeitet, wobei
er Wert darauflegte, eine eingehende Darstellung von dem Leben und der Person des Verstorbenen zu erhalten.

Leider war das Verhältnis unseres Vaters zu dem Ortsgeistlichen[5], der zu jener Zeit auch Oberschulinspektor war, in allen
Jahren sehr getrübt. Ein Streit zwischen Pastor und Gemeinde
hatte ihn in dieses Zerwürfnis mit hineingezogen, worüber eine
fragmentarische Darstellung von der Hand des Vaters unter
dem Titel „Sieben Jahre Kulturkampf in einer kleinen Kirchen-
gemeinde Angelns" sich im Familienarchiv.[6] Es besteht kein
Zweifel, dass unser Vater schwer unter diesem Zerwürfnis gelitten hat, musste er doch mit dem Pastor ständig dienstlich zusammen arbeiten und ihm obendrein noch als seinen Vorgesetzten mit dem schuldigen Respekt begegnen.

Von Gestalt war der Vater mittelgroß bis klein, in gesunden
Jahren von normalem Körperbau. Später fiel er sehr zusammen
und hatte die Gewohnheit, beim Gehen stets den Blick zur Erde

---

[5] Pastor Peters
[6] Die Schrift ist nicht mehr vorhanden.

zu richten. Er war ein mäßiger Esser, hatte stets auf die Schwäche seines Magens Rücksicht zu nehmen, mochte aber gerne rauchen, besonders die lange Pfeife, lieber noch die Zigarre. Dieses Rauchen mag ihn von Nöten gewesen sein, weil er infolge seines Berufs viel sprechen musste, andererseits, besonders in späteren Jahren, beruhigte es seine leicht reizbaren Nerven. Ein lästiges körperliches Übel hatte er von seinem Vater geerbt: das übermächtige Schwitzen und das Leiden an kalten Füssen.

In seinem Wesen war er hilfsbereit, uneigennützig, ordnungsliebend, gerecht denkend und handelnd. Besonders ausgeprägt waren seine Gewissenhaftigkeit wie sein Pflichtgefühl. Wiederum konnte er hartnäckig auf einem einmal eingenommenen Standpunkt verharren, eine Eigenschaft, die er von seinen Vorfahren geerbt.

Für den Alkohol hat unser Vater nie eine besondere Neigung gehabt, wenn er auch wohl in Gesellschaften seinen Grog mit verzehrte. Täglich zwischen 6 und 7 Uhr abends machte er das ganze Jahr hindurch seinen Spaziergang nach dem 2 km von Ulsnis entfernt liegenden Dorf Hestoft. In der geistigen Fortbildung tat unser Vater alles, sofern er nur Zeit dazu hatte. Es las manche Fachzeitschriften, als Tageszeitung viele Jahre die „Itzehoer Nachrichten", ferner das Amtsblatt der Lehrer, gerne schaffte er sich Neuerscheinungen auf dem Büchermarkte an und las sie mit Ernst und Eifer. Seine Lieblingsschriftsteller waren und blieben Fritz Reuter, Wilhelm Raabe, Johann Heinrich Fehrs, aus denen er an langen Winterabenden oft seiner Familie vorlas. Seine Handschrift war sauber und korrekt, wie das von einem Lehrer erwartet werden muss.
Dieses ist in kurzen Sätzen das Bild meines Vaters um die Jahrhundertwende, in jener Zeit, als er, um das 50. Lebensjahr herum, seine vollste Schaffenskraft entfaltete.

Einen der schönsten Festtage, die wir im Elternhause verlebten, war der Tag der Silberhochzeit am 28.8.1906, an welchem die fünf lebenden Kinder im Alter von 22 bis 12 Jahren um die Eltern versammelt waren und unter großer Anteilnahme der Verwandten und Dorfbewohner von früh bis spät ein reges, festes, frohes Leben im Ulsnisser Schulhause herrschte.

Franz Andresen und seine Frau Anna, geb. Petersen.
Foto: Archiv Andresen

Aber über die Fünfzig hinaus beginnen beim Vater die Kräfte zu erlahmen. Noch folgen Jahre unermüdlichen Strebens, denn noch fordert die Ausbildung der Kinder große Opfer. Doch mit der Zeit mach sich körperliche Leiden mehr und mehr bemerkbar. Die Verdauungsorgane wollen den Anforderungen nicht mehr genügen. Hinzu kommt ein Nervenleiden, das wohl in der ererbten Natur seine Wurzeln hat. Schlaflosigkeit, Verdrossen- und Verschlossenheit werden immer ärger – bis sich der Vater am Ende bewegen lässt, seine vorzeitige Pensionierung einzureichen.

Am 1.10.1913 tritt er im Alter von 57 Jahren in den Ruhestand. Die Abschiedsfeier von Ulsnis gestaltet sich zu einem großen Fest im Dorfkruge Ulsnis-Kirchenholz. Die Gemeinde überreicht ihm zur Erinnerung für seine 25jährigen treuen Dienste eine goldene Taschenuhr. Ungern scheiden wir alle von dieser Stätte, wo unsere Eltern die beste und schaffensfreudigste Zeit ihres Lebens gewirkt, die uns Kindern unvergessliche Heimat wurde.

Als neuen Wohnort wählt mein Vater Flensburg. Wie soll es anders sein, ist diese Stadt doch schon immer halbe Heimat gewesen. In dem Hause Dorotheenstr. 28 mietet man sich im 1. Stock eine schöne 5 Zimmerwohnung. Nicht weit davon, in einer Gartenkolonie an der Marienhölzung pachtet der Vater sich ein Stück Gartenland, auf dem er viele Stunden seines Lebensabends zubringt. Die Eltern haben sich von der Zeit des Ruhestandes des Vaters schöne Hoffnungen gemacht.

Aber es folgen Jahre der Finsternis, der Sorgen und Schmerzen. Der 1. August 1914 hat die Hoffnungen vieler Menschen jäh zu Nichte gemacht. Unser ältester Bruder Nikolaus, der damals nach langem Studium kurz davor steht, in eine verdienende Stellung zu kommen, muss vom ersten Tage an mit hinaus in diesen furchtbarsten aller Kriege und im November des gleichen Jahres ruft man den Jüngsten der Geschwister, den Schreiber dieser Zeilen. Ungewisse Zeiten voll banger Sorge folgen für die Eltern. Sie nagen am Geist, an der Gesundheit. Im März 1915 ist der jüngste Sohn nach schwerer Kriegsbeschädigung den Eltern wiedergegeben, im September desselben

Jahres kommt die niederschmetternde Trauerkunde von dem Kriegstode des ältesten.

Von dieser Zeit geht es merkbar bergab mit der Gesundheit des Vaters. Er leidet schwer an Leib und Seele. Trotzdem stellt er sich noch in den Kriegsdienst der Stadt Flensburg, unterrichtet eine Reihe von Kriegsjahren hindurch an Volksschulen der Stadt. Dann kommt das bittere Kriegsende. Die körperlichen Schmerzen, die Verdauungsstörungen werden immer heftiger, bis der Vater sich im Frühjahr 1921 dazu entschließt, sich im Franziskuskrankenhause in Flensburg einer Operation zu unterziehen. Ein großes Krebsgeschwür wird aus dem Mastdarm entfernt. Noch lebt der Kranke einige Tage, noch begeht er am 5. März seinen 65. Geburtstag, aber am Abend des 8. März tritt er unter den Schwächezuständen des Herzens in den Todeskampf ein. Seine Frau, seine beiden Töchter und der jüngste Sohn, der Schreiber dieses, umstehen sein Sterbebett. Er will etwas sagen, aber das Wort erstarrt im Munde, das Herz tut seinen letzten Schlag.

Nach einer kurzen Trauerfeier in der Kapelle des St. Franziskus-Krankenhauses am 12.3. findet die Überführung per Bahn nach Süderbrarup statt, von hier weiter mit dem Leichenwagen nach Ulsnis. Unter großer Beteiligung der Dorfbewohner wird unser Vater im Organistengrabstätte neben seinen früh verstorbenen Töchtern auf der südlichen Seite des Friedhofs zur letzten Ruhe gebettet. Nachbarn und Schüler von ehedem tragen den Sarg über den Friedhof. Die Fahne des Ulsnisser Kriegervereins senkt sich über das offene Grab des Mannes, der unzählige Menschen an dieser Stätte das letzte Geleit gab. Als ob auch der Himmel seine Teilnahme bekunden will, gießt eine vorzeitige Frühlingssonne all ihren goldenen Glanz über das schöne Land aus – und als wir ins schlichte Gotteshaus treten, ist mir, als ließe die alte Orgel sonderliche Töne erklingen – um, sie meint es recht, ehrt sie doch ihren alten Meister, der

25 Jahre ihre Tasten und Register mit innigster Kenntnis und Liebe regierte.

Die Orgel der Kirche zu Ulsnis. Federzeichnung
von Theodor Andresen

Wenn ich an meine Kindheit zurückdenke und versuche, Klarheit in allen Begebenheiten jener köstlichen Jahre hineinzubringen, sie etwa zeitlich zu sortieren und in bestimmten Abschnitten zu teilen oder auch die ganze Zeit auf die Entwicklung hin zu betrachten, so geschieht das immer wieder ohne sonderlich großes Ergebnis. Es ist mir unmöglich, dem Ablauf der Jahre zu folgen, ich weiß nicht, was geschah und auf mich einwirkte, als ich etwa 5 Jahre alte war, 8 oder 10. Es liegt alles so weit zurück, dass ich keine Ordnung mehr hineinzubringen vermag. Nur dunkle Erinnerungen tauchen auf. Greife ich aber aus ihnen wahllos eine Begebenheit heraus, dann beginnt es doch, sich zu klären und unversehens lebe ich mich zurück und hinein in jene Tage der sorglosen Kindheit.

Theodor 2 Jahre alt mit Bruder Peter und 4 Jahre alt.
Foto: Archiv Andresen

Ein wunderbarer Glanz breitet sich über diese meine Kindheit. Gleicht er nicht dem goldenen Sonnenschein, der an einem Sommernachmittage sich über das fruchtbare Land ergießt? Erst in der Jünglingszeit weicht dieser Glanz, langsam und beständig – bis er eines Tages dahin. Und nur die Erinnerung ist geblieben. Wie das aber so geschehen mag? O, der klarsehende Mann ist niemals im Zweifel darüber. Hast Du dich jemals in deiner Kindheit gesorgt, ob du zu deiner täglichen Nahrung kommen würdest, ob des Abends ein Bett für dich bereitstände, kurz, ob alles, was zur täglichen Notdurft erforderlich, zur Stelle war? Sorgenlos war deine Kindheit und darum breitet sich jener wunderbare Glanz über sie.

Manchen Menschen hörte ich erzählen, der sich genau eines bestimmten Ereignisses aus seiner frühesten Kindheit zu erinnern glaubte und zu sagen vermochte: Bis zu dieser Begebenheit führt mich mein Gedächtnis zurück, damals bin ich aus dem Zustande der Unbewusstheit in den das Bewusstsein übergetreten. Dies aber kann ich von mir nicht sagen. Ich wüsste kein Ereignis, da sich als solches nennen könnte und suche auch vergebens danach. Wohl sind manche Geschehnisse, die, halb in Erinnerung hastend, verschwimmen aus dem Dunkel hervortauchen und am Ende erst ihre Deutlichkeit erhalten durch die Erzählungen unserer Eltern. Über ihre zeitliche Einfügung in meinen frühen Lebenslauf aber tappe ich völlig im Ungewissen. Ja, es ist ein ganz beträchtlicher Zeitraum, der sich in dieser Hinsicht vor mir erstreckt, etwa von meinem 4. bis zum 10. Lebensjahre. Da nun aber einmal der Anfang gemacht werden soll, will ich zunächst ein Ereignis herausgreifen, welches mit einiger Sicherheit den Anspruch erheben darf, mit unter die ersten dieser Art zu zählen.

In unserem Hause wohnte im östlichen Ende des Bodens, wo zwei kleine Zimmer abgeteilt waren, der zweite Lehrer, damals ein Junggeselle. Ich entsinne mich dunkel, dass ich als kleiner Junge ihn oft in seiner gemütlichen Klause besucht habe, bei welcher Gelegenheit ich ihn wohl mit allerlei verfänglichen Fragen gequält haben mag. Von den Fenstern des Junggesellenhauses aus genoss man einen schönen Blick, besonders in der abendlichen Dämmerstunde, wenn der Mond bald sichelförmig, bald im Glanze der vollen Scheibe hinter Baum und Busch hervortauchte. Ein solcher Anblick hat mich jedenfalls abends zu der Frage veranlasst, woher denn der Mond käme, worauf man mir zur Antwort gab, dass er jeden Abend von Neuem am Himmel aufgezogen werde. – „Und wer denn das besorge?" – „Das täte er, der Lehrer, selbst." Diese Antwort hat mich nun wahrscheinlich lange Zeit nicht in Ruhe gelassen und schließlich bewog ich meinen großen Freund, den Mondaufzieher, dass er mir versprach, ich dürfte eines Abends zu ihm kommen, meine Neugierde sollte dann gestillt werden. So geschah es. Mir wurde befohlen, ich solle ich mich ruhig auf einem Stuhl hinsetzen, was ich gehorsam, aber in gespannter Erwartung tat. Der Allgewaltige verschwand nun auf einen Augenblick im Nebenraum, wo er sich wohl an dem Fenstervorhang zu schaffen machte, denn ich vernahm ein ruckweises Rollen, was ich aber ganz nach meiner Weise auslegte. War es ein Wunder oder nicht, als ich gleich darauf, nachdem er mich gerufen, neben ihm am Fenster stand und am tiefblauen Himmel dort über den Bäumen von Nachbars Garten die große, blutrote Scheibe des vollen Mondes erblickte, soeben durch eine kleine leichte, mir völlig in Geheimnis gehüllte Handhabe meines bewunderungswürdigen Mondaufziehers gehängt.

Ein andermal war es abermals mein kindlicher Wissensdrang, der mich zu einer Frage drängte, deren Beantwortung durch meine Mutter eine eigenartige Gedankenverbindung in mir auslöste. Wenn man aus unserem Schlafstubenfenster nach der Kirche hinaufblickte, sah man hinter der nächsten Anhöhe ein Strohdach hervorragen. Es drängte mich, zu wissen, wer denn eigentlich in diesem Hause wohne, machte es doch auf mich den Eindruck des Geheimnisvollen, wohl vornehmlich aus dem Grunde, weil nur das Dach zu sehen war, welches den Anschein hatte, als ruhe es unmittelbar auf dem Acker dort oben. Meine Mutter nannte mir den Namen der Bewohner. Es ergab sich, dass mir dieser bereits vertraut, da in unserem Hause eine Familie gleichen Namens verkehrte. Aber sie wohnte eine Meile von unserem Dorfe entfernt. Doch hegte ich in meiner kindlichen Vorstellungskraft keine Bedenken, jene entfernte Familie dieses Haus bewohnen zu lassen. Ich bin auch jedenfalls längere Zeit dieser Ansicht gewesen. Erst als ich häufiger hinauskam und das fragliche Haus näher und auch von anderer Seite betrachten konnte, Näheres auch über die Bewohner erfuhr, die ich nun mit eigenen Augen sah und kennen lernte, verflog diese Vorstellung.

Von meiner ersten Schulzeit ist mir nur wenig in der Erinnerung geblieben. Nur ein Vorfall sei hier erwähnt. Schon vor meinem schulpflichtigen Alter ich die Gewohnheit, bei dem Lehrer der zweiten Klasse dann und wann einer Unterrichtsstunde der jüngsten Abteilung beizuwohnen, verließ aber wieder das Klassenzimmer, wenn mir die Lust zum Zuhören vergangen war. Dasselbe geschah nun eines Tages als ich schulpflichtiger A-B-C-Schütze geworden war. Der Lehrer wollte mich zurückrufen, ich war ebenso schnell aus der Tür hinaus. Selbst meine Mutter, welche einschreiten musste, widersetzte ich mich, aber es half nichts, sie mich mit mahnenden und scheltenden Worten auf den Arm, um mich nun erst recht in die verabscheute Klasse hineinzutragen. Ich entsinne mich deutlich, dass ich dabei ein fürchterliches Geschrei angestimmt und sogar in meinem Trotz und meiner Wut mit beiden Händen in den Haaren meiner Mutter gezerrt habe. Heute noch ist es mir, als hätte mich kurz darauf die Reue über die Schandbarkeit meiner Tat gepackt, ja, es kommt mir sogar vor, als wären die Haare der Mutter damals schon ergraut gewesen – jedenfalls hätten sie nach dieser undankbaren Tat allen Grund dazu gehabt.

Um diese Zeit muss sich ein anderes eindrucksvolles Ereignis zugetragen haben. – Auf eine mehre zufällige Weise geschah es, dass ich damals zum ersten Male einen menschlichen Leichnam sehen sollte, eine Begebenheit, welche auf ein Kind meines Alters einen tiefen Eindruck machen musste.

Eines Tages erzählte mir meine Mutter, dass einer meiner Schulkameraden, welcher längere Zeit unter einer zehrenden Krankheit gelitten hatte, gestorben wäre. Am Tage vor dem Begräbnis wurde darum mit einem kleinen Kranze hinaufgeschickt nach der elterlichen Wohnung des Verstorbenen. Es war ein ärmliches Tagelöhnerhäuschen, abseits von der Hauptstraße gelegen. Ich öffnete behutsam die niedrige Haustür und trat in einen kleinen Vorraum, dessen neu getünchten bläulich schimmernden Wände einen frischen Geruch verbreiteten. Mit meinem Kranze in der Hand blieb ich stehen und horchte. Nichts rührte sich, nur das Sonnenlicht, das schräg durch das kleine Fenster fiel, malte zitternde Kreise auf Wand und Diele. Nach einer Weile öffnete sich leise die gegenüberliegende Tür und eine hagere, abgehärmte Frau schritt langsam auf mich zu. Es war die Mutter des Verstorbenen. Ich erkannte sie wieder, obwohl sie sich verändert hatte. Sie trug ein schlichtes Kleid von altem Schnitt. Ihre Gesichtszüge waren von Trauer erfüllt, die Wangen blass und eingefallen, die Augen lagen tief in den Höhlen und das Haar hing in leichten Strähnen über die zarten Schläfen.

Die Frau nahm mich, ohne ein Wort zu sagen bei der Hand und führte mich in einen größeren Raum, der einen ärmlichen, aber sauberen Eindruck machte. Die Diele war mit weißem Sand bestreut. Nur die notwendigsten Gebrauchsgegenstände waren hier untergebracht. Auf eine Weile ließ mich die Frau wieder alleine. Sie verschwand in der anstoßenden Stube. Es war so still um mich, dass mich ein beklemmendes Angstgefühl beschlich. Am liebsten wäre ich mit meinem Kranze auf und davon gerannt.

Der tote Schulkamerad. Federzeichnung von Theodor Andresen

Aber da stand die Frau wieder vor mir, nahm mich bei der Hand und zog mich in jene Stube. Was sah ich? Eine pechschwarze Truhe, darin eine leblose Gestalt, bleich die Wangen, die Augen geschlossen. Wie Feuer brannte über der hohen weißen Stirn das rote Haar, als hätte der Mund sich auftun, als hätten die hageren, wachsbleichen Finger sich rühren müssen, ja, nun würde sich die Gestalt erheben, niedersteigen und mit mir hinauslaufen in den warmen, heiteren Sommertag, mit mir spielen wie wir es immer getan – aber nichts geschah. Starr und stumm lag der Körper da. Mich überkam eine furchtbare Angst. Die Frau schien das zu merken. Sie nahm den kleinen Kranz aus der Hand und geleitete mich wieder hinaus. Wie froh war ich, als die wärmenden Sonnenstrahlen mich wieder umfingen, denn dort drinnen herrschte eine so eisige Kälte – froh war ich, dass die Vögel wieder um mich zwitscherten, dass ich auf der Straße wieder einen lebensvollen Menschen traf, denn dort drinnen war alles so leblos, selbst die graue Frau mir ihrer gleichen, stummen Miene und ihrem schleichenden, geknickten Gang. Ich entsinne mich, dass ich diesen ganzen Tag immer wieder an jenes bleiche Antlitz mit dem feuerroten Haar über der hohen Stirn denken musste und am Abend lange den Schlaf nicht finden konnte.

Der Verlust dieses Schulkameraden war bald überwunden. Außerhalb der Schulzeit habe ich ohnehin wenig Spielkameraden gehabt. Das lag zur Hauptsache daran, dass in der Nachbarschaft meines Elternhauses in jenen Tagen fast keine gleichaltrigen Kinder aufwuchsen. Zwar änderte sich dies mit den Jahren wie sich aus der Folge der Generationen ergab. So habe ich mich denn damals viel im Spiel mit mir selbst beschäftigen müssen und da es mir nie an Phantasie gebrach, so fiel mir das nicht sonderlich schwer. Vor allen Dingen war mit auch genügend Gelegenheit dazu geboten. In dem geräumigen Elternhause konnte ich mich nach Herzenslust austoben und ich wusste auch manchen verborgenen Winkel, manchen geringfügigen Gegenstand so zu benutzen, dass vor mir eine Welt im Kleinen entstand. Im Sommer hatte ich den großen Hofplatz, die beiden Gärten und das ganze umliegende Gebiet zur Verfügung. Während der langen Winterabende spielte ich gerne mit meinen Steinbaukästen und Bleisoldaten. Da wurden auf dem Fußboden allerlei Bauten errichtet, Festungen, Türme, Brücken, große Schlachten wurden geliefert, in denen die Erbsengeschosse der Kanonen die Soldaten reihenweise niederlegten – und das geschah unter den flinken Händen eines allmächtigen Schlachtenlenkers, der auf seinen Knien von einem Ende des Kampffeldes zum anderen rutschte. Später wurde das Vergnügen durch eine Eisenbahn erhöht, welche de Heere per Express in die Schlachtenlinie beförderte.

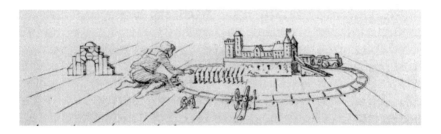

Beim Steinbaukastenspiel. Federzeichnung von Theodor Andresen

Wie lieb mir meine Spielsachen waren, zeigt folgender Vorfall. Meine Mutter hatte eines Tages einem meiner Altersgenossen, der ein begehrendes Auge auf meine beste Kanone geworfen, diese zum Geschenk gemacht, damit er, der mit seiner Mutter nach Amerika auswandern sollte, ein kleines Andenken an mich hätte. Als ich tags darauf diesen Verlust entdeckte, war ich ganz untröstlich und selbst als das Spielzeug mir ersetzt wurde, war ich nicht zufrieden gestellt und ein vollwertiger Ersatz war auch schier undenkbar. Eine meiner Lieblingsbeschäftigungen schon in der frühesten Kindheit war das Zeichnen. Ich entsinne mich noch gut, dass ich mir nach einem langen schweren Krankenlager während der Genesung die Zeit mit kleinen Bleistiftskizzen von dörflichen Ereignissen vertrieben habe.

Ein sehr geschätzter Zeitvertreib für uns Kinder an den langen Winterabenden war die Wunderlaterne, fachlich und sachlich *laterna magica* genannt. Sie war aus dem Besitz meiner älteren Brüder an mich übergegangen. Jene Winterabende, an denen wir unsere Wunderlaterne heranholten, werden mir nie aus dem Gedächtnis entschwinden. Vor den weißen Kacheln des Ofens bauten wir sie auf und ließen dann die bunten Bilder an uns vorüberziehen. Die Schicksale des Robinson, die ewig neuen Geschichten von Rotkäppchen und Aschenbrödel und dann die einzelnen Köpfe von lachenden, trübseligen und Fratzen schneidenden Menschen wie auch die Darstellungen von spielenden Kindern, von Landschaften und Tieren ergötzten immer wieder das kindliche Auge. O, da konnte man lange sitzen und diese kreisrunden, in allen Farben leuchtenden Bilder immer aufs Neue betrachten, von Anfang bis Ende und wieder zurück. Ja, meistens mussten die Eltern energisch zum Einpacken mahnen, sonst hätten wir kein Ende gefunden.

Zur Sommerzeit war ich natürlich nicht im Hause zu halten. Da war draußen die Welt groß und bunt genug, um sich Hof und Garten, auf der Straße und dem Felde nach Herzenslust auszutoben. Am nächsten lag der schöne große Hofplatz. Meine Vorlieb für das Zeichnen wie auch mein frühzeitiges Interesse für Heimatkunde ließen mich oft in den Kies des Platzes die Landkarten meiner engeren Heimat wie auch der Landschaft Angeln einzeichnen. Straßen und Bäche, Felder und Wälder, Dörfer, Städte und Eisenbahnen waren alle, meinen Kenntnissen entsprechend, auf dieser Freilichtkarte wiederzufinden.

Ich entsinne mich, eines Abends so sehr mit diesen Dingen beschäftigt gewesen zu sein, dass meine Eltern, welche mich zum wiederholten Male ins Haus gerufen, sich genötigt sahen, die Türen zu schließen und zu Bett zu gehen. Als ich dies bald darauf entdeckte, brach ich in ein jämmerliches Geschrei aus, auf das mir schließlich die Tür geöffnet wurde. Dies Erlebnis mag für mich eine Lehre gewesen sein, ein anderes Mal besser zu gehorchen.

Nicht weit von meinem Elternhause entfernt lag der Dorfteich, Schütthof, genannt. Er war nicht nur Brandteich, sondern in ihm sammelte sich auch alle Abwässer aus den umliegenden Höfen, so dass das Wasser dieses fast einem Tümpel gleichenden Teiches wenig appetitlich anzusehen pflegte. Meistens hatte es infolge der tierischen Absonderungen eine bräunliche Farbe, wodurch denn auch der Geruch von ländlich-kräftiger Art war. Aber was tat es, für uns Kinder war es eben ein ideales Gewässer, das zu allerlei Zeitvertreib Gelegenheit bot. Ein schmales Brett, dürftig zugeschnitten, wurde mit Hilfe eines dünnen Stockes und etwas Bindfaden zu einem stolzen Schiff, ihrer mehrerer zu einer Flotte. Meine größte Freude und mein Stolz vor allen Spielkameraden war ein stattlicher Zweimaster, den mein Vater kunstgerecht an seiner Hobelbank hergestellt hatte. Er trug mir den etwas fremdartig vorkommenden Namen Irene, der nach langen Erwägungen, soweit ich entsinne, gewählt wurde, weil zu jener Zeit der Prinz Heinrich von Preußen seine Silberhochzeit mit seiner Gemahlin Irene feierte.

Die „Preußen". Federzeichnung von Theodor Andresen

Am Ufer des Teiches bauten wir im feuchten Sand unsere Hafenanlagen. Zu Hunderten fingen wir die „Dickköpfe" ein, jene aus dem schleimigen Froschlaich sich entwickelnden Kaulquappen, sperrten sie in unsere Morastpfützen, in denen sie gar lustig mit ihren dicken Leibern und lebhaften Schwänzchen umherschwammen. Manche Wunden an meinen nackten Füßen habe ich mir aus dem Schütthof heimgeholt, denn, wie schon der Name sagt, diente er gar oft als Schuttabladeplatz.

In freundlicher Erinnerung ist mir auch eine andere Stätte geblieben. Nur etwa hundert Schritt von unserem Hause lief ein Bach durch die Flur, der Schluusbeck. Besonders zur Frühjahrs- und Herbstzeit führte er reichlich Wasser mit sich. Dann zimmerte ich mir aus Vaters leerem Zigarrenkasten Mühlräder und stellte sie dort unten in Nachbars Wiese auf, wo das Gefälle des Bächleins besonders günstig war.

Gibt es wohl einen Gegenstand, aus dem nicht die Phantasie des Kindes die herrlichsten Dinge zu gestalten weiß. Was nur die Natur bot, fand unter meinen Augen Geltung und Verwendung, ob es nun galt, aus saftigen Weiden Pfeifen zu schnitzen, aus den Stengeln des Löwenzahns Kettenringe zu formen oder ob man sich aus Staub und Dreck ganze Wohnungen herrichtete, wo denn jeder Grashalm, jegliches Zweiglein und gar das einzelne Blatt liebevolle Verwendung fand. Wie oft habe ich in späteren Jahren das Kind der Stadt bedauert, dessen Spieltrieb bei Weitem nicht die Freiheit gelassen ist, wie das bei den Kindern des Dorfes der Fall. Und überdies werden ihm noch tausend und abertausend Formen die fertigen und gar zerbrechlichen Spielwaren geboten. Zwar sind sie mit recht viel Raffinement den großen Vorbildern nachgeformt, aber die Phantasie des Kindes ermüdet nur zu schnell an ihnen.

Der früheste und engste Spielkamerad, dessen ich mich entsinne, war ein Mädchen. Wie wir zusammengekommen, weiß ich nicht. Es mag einerseits durch die Nachbarschaft, andererseits durch den Familienverkehr geschehen sein. E. war die jüngste Tochter einer früh verstorbenen Bauersfrau, welche einen Hof in unserer nächsten Nachbarschaft besaß. Da ich hier viel ein- und ausging und sich darum manche Erinnerung an diese Stätte knüpft, will ich ein kleines Bild von diesem bäuerlichen Anwesen entwerfen. Es war und ist heute noch ein stattlicher Hof. Ein wenig abseits von der Dorfstraße gelegen, macht er einen nahezu herrschaftlichen Eindruck. Hinter einem geräumigen Hofplatz, den in der Mitte ein runder Rasen ziert, erhebt sich unter dem Schutz hoher Linden das zweistöckige Wohngebäude. Eine breite Freitreppe aus schweren Granitblöcken führt direkt vom Erdboden zum Obergeschoss, in welchem sich die Wohnräume befinden. Im Erdgeschoss sind die Wirtschaftsräume untergebracht. Zu beiden Seiten des Hofplatzes lagen die beiden alten, langgestreckten Scheunen, die heute Neubauten gewichen sind. Zum Teil waren es damals noch Fachwerkbauten. Auf dem First der einen Strohdachscheune befand sich, soweit meine Erinnerung zurückreicht, ein Storchnest. Alljährlich im Frühjahr bereitete es uns große Freude, die langbeinigen Gäste mit ihrem lauten Geklapper wieder begrüßen zu können. Dann wurde auch sorgsam darauf geachtet, was das Storchenpaar als „Mietzins" von seinem hohen Bau uns niederwarf. Das war nun einmal so ausgemacht und geschah auch regelmäßig. Entweder war es eine Feder oder ein Ei oder gar ein Jungen. Mir ist leider in Vergessenheit geraten, wie diese einzelnen Zahlungsformeln gewertet wurden. Wir Kinder wussten genau darüber Bescheid und in der ersten Zeit der Storchenankunft verging kein Tag, an dem wir nicht zur Stelle eilten, um nach jener Zahlung zu suchen. Hinter dem Wohnhaus befindet sich der prachtvolle Garten voller Zier- und Nutzpflanzen, Obstbäume und Blumen und Gemüsepflanzen aller Art. Das ganze Gewese machte einen sauberen, gepflegten Eindruck und die Besitzerin stand in dem Ruf, zu ihren Leuten besonders gut zu sein.

Mit der Freundin auf dem Heuhaufen in Ulsnis.
Federzeichnung von Theodor Andresen

Wie ich selbst hatte meine kleine Freundin im Spiel eine rege
Phantasie. So blieb es nicht aus, dass wir täglich zueinander eilten und uns im Spiel erfreuten, Wintertags im Wohnhaus und
Scheunen, Sommertags auf dem Hof, im Garten oder auf der
Toft, der Koppel am Hause. Unser Spielraum im Wohnhause
war fast ausnahmslos das große Wohnzimmer im ersten Stock,
wo wir immer Gesellschaft hatten von der alten, halb gelähm-
ten Großmutter, der wir auf diese Weise manche langweilige
Stunde vertrieben haben mögen, besonders, da wir uns vielfach
aufs Schauspielern legten und in der alten Großmutter das
staunende, Beifall zollende, kritisierende Publikum fanden. Da
wurden wir die alten und doch ewig neuen Märchen von Rotkäppchen, Schneewittchen und den sieben Zwergen, von den
sieben Geißlein und dem Wolf, von Aschenputtel und wer weiß
wie viele andere Geschichten so gut es ging und mit der kühns-
ten Phantasie zur Aufführung gebracht. Und abends, wenn unten auf dem Hof die Mägde die Milchkannen hinübertrugen
nach dem Stall, um die Kühe zu melken, dann eilten wir in
Treppen hinunter, rannten über den Hofplatz hinein in den
warmen Kuhstall, wo zu beiden Seiten des Mittelgangs das ro-
ter Angler Vieh auf das duftende Heu wartete, das wir unter
Aufsicht des Knechts durch die Bodenluke hinabwerfen durf-

ten. Ja, dieser Boden, wo Heu und Stroh gestapelt lagen, unzählige Erinnerungen haften an ihm. Der betäubende Duft, das geheimnisvolle Halbdunkel, all die vielen Schlupfwinkel bis hinauf unter dem First des Daches, das alles sehe ich wieder vor mir und erlebe, wie wir uns Nester bauten und Höhlen wühlten im dicht und fest gepackten Heu.

Unser Lieblingsaufenthalt im Sommer war der große Garten hinter dem Wohnhause. Dort bauten wir uns Wohnungen und spielten Vater und Mutter in jener kindlichen Art, wie sie sich jeden Orts und zu allen Zeiten gleichbleibt. – Hinter dem Garten befand sich im Spätsommer nach der Druschzeit auf der Toft ein großer Strohhaufen, Diemen genannt. Unter viel Mühe wurde es unternommen, ihn zu erklimmen, und wenn wir dann oben angelangt waren, ging es wieder rücklings in herrlicher Sausefahrt bergab. Unzählige solcher Gelegenheiten gab es, die sich uns zum Spiel und Zeitvertreib boten. Wie fern liegen jene Tage – und doch, wie haben sie sich ins Gedächtnis geprägt. Sehe ich doch ihn doch wieder vor mir, den stattlichen Bauernhof mit seinen schönen Gebäuden, mit seinen stolzen Linden, aus denen zur Blütezeit das Gesumme der Honig saugenden Bienen dringt oder in deren Kronen zur Herbstzeit der Wind rüttelt, dass die Zweige rauschend vor den Fenstern auf- und niederschwanken – glaube ich doch, das Gackern der Hühner, das Schnattern der Enten zu vernehmen, in jeder Pfütze nach Nahrung schnappeln. Sehe auch dort den sonnverbrannten Knecht, der über den Hof kommt, zwei müde Gäule hinter sich herziehend, um sie zur Tränke unter der Pumpe zu führen. Die Worte unseres großen landsmännischen Dichters Theodor Storm kommen mir in den Sinn:

Die Bienen summen verschlafen,
und in der offenen Bodenluk´,
benebelt von dem Dunst des Heues,
im grauen Röcklein nickt der Puk.

Der Puk. Federzeichnung von Theodor Andresen

Um das zehnte Lebensjahr wächst bei dem Kinde der Drang, sich häufiger und enger um Spielkameraden zu schließen, in größerem Kreise und in weiterer Umgebung seinen Spieltrieb zu befriedigen. So geschah es auch bei mir. Da nun aber in der engeren Umgebung meines Elternhauses Spielgenossen fast gänzlich fehlten, war ich darauf angewiesen, in weiterer Umgebung den Anschluss zu finden, zu dem es mich drängte. Im Oberdorf westlich meines Elternhauses lagen mehrere Hufen und einige kleinere Anwesen. Dort wuchs eine verhältnismäßig große Kinderschar heran. Unter diesen war der Sohn des Dorfschmieds längere Zeit mein engster Freund.

Es ergab sich von selbst, dass, wenn wir alle zum Spiel vereinigt waren, der Unternehmungsgeist wuchs und die heimatlichen Hofplätze, Scheunen und Gärten nicht mehr genügten. Da wurden die Felder zwischen den Dörfern zur Hilfe genommen und auch jene große unbewohnte Feldmark, welche sich westlich des Dorfes erstreckt und sich in ein Schachbrett von heckenumsäumten Feldern aufteilt. Auch kleinere und größere Wälder gab es hier genug: Nordschau, Bötjekammer, Boris, Hestofter Holz. Besonders an diese weite Feldmark denke ich, wenn in mir die Erinnerung wach wird an jenes friedliche Kriegsspiel, das wohl ein jedes Kind unter der Bezeichnung

Räuber und Soldat kennt. Wir hatte es zwar mehr auf den Soldaten abgesehen. Es wurden zwei feindliche Parteien gebildet, die sich bekriegten, wobei die „Heere" einer peinlichen Organisation unterzogen wurden. Es fehlte nicht an Generalen, Unterführern und Mannschaften. Holzgewehre, Säbel und Lanzen, auch Flitzbogen waren die Waffen. Phantastische Uniformen wurden entworfen, sogar sehr genaue Generalstabskarten, von uns selbst gezeichnet, dienten zur Vervollkommnung unserer kriegerischen Ausstattung. Eine Partei wurde bei Beginn des Spiels vorausgeschickt. Sie hatte sich hinter Knicks, in den Wäldern, oder wo sich sonst Gelegenheit bot, zu verbergen. Aufgabe der anderen Partei war es, sie aufzusuchen und zum Kampfe zu stellen. Darüber konnten manchmal Stunden vergehen, denn die weite Feldmark war nicht so schnell abgesucht. Auch durfte man sich nicht zu sehr zersplittern, um im Falle eines Überfalls nicht zu viel Gefangene zu verlieren.

Räuber und Soldat Spiel. Federzeichnung von Theodor Andresen

Hei – war das ein verlockendes köstlich Spiel, in erregter Spannung den Augenblick des Zusammenstoßes zu erwarten, die staubigen Feldwege, hinter den hohen Knicks entlang zu streifen, hier vorsichtig über ein Heck Tor spähend, dort stille stehend und in die Ferne horchend nach verräterischen Lauten, oder in Gruppen über die Felder zu rennen, über Gräben zu springen, gebückt hinter Kornfeldern schleichend, von den Höhen hinabschauend über Wald und Feld. Da ist manch aufgescheuchtes Häschen vor uns aufgesprungen, manch angsterfülltes Reh in hohen weiten Sprüngen vor uns her geflohen. Und wenn der gesuchte Feind dann entdeckt war, ging es mit Geschrei und Hurra auf ihn los, Lanzen wurden geworfen, die Säbel gezückt, ja, sogar die Büchsen knallten, denn an ihnen war vorsorglich ein kleine Kinderpistole befestigt. Wenn dann die Schlacht geschlagen war, wurde der Heimweg angetreten, voran die Regimentsfahne, darauf die Musik, Trommler und Pfeifer, und hintendrein im gleichen Schritt und Tritt die abgekämpften Scharen mit geröteten Wangen, strotzend in Waffen. So ging es die einsamen, staubigen Feldwege entlang, die zwischen Haselnusssträuchern und Heckenrosen durch das Land sich winden. Hoch über uns wölbte sich der blaue Himmel mit seinen weißen Wolken und drunten in Baum und Busch lag still das Dorf, das Ziel unseres Marsches.

Spiele in Wald und Flur. Federzeichnung von Theodor Andresen

Deutlich in Erinnerung haftet mir eine besondere Schlacht. Es beteiligte sich daran fast die ganze Jugend des Ortes. Tagelang vorher wurden die nötigen Vorbereitungen getroffen, das

Schlachtfeld wurde im Voraus bestimmt. Es war auf der Koppel Eschacker, sogenannt nach den hohen Eschenbäumen, die in der Mitte des Feldes um eine „Mergelkuhle" standen. Sogar Schanzen und Gräben wurden angelegt und ein genauer Schlachtplan musste ausgearbeitet werden. Auf einen Sonntag legte man sich fest, da sonst die Zeit nicht gereicht hätte. Obwohl an dem auserwählten Tage ein feiner Nieselregen fiel, konnte uns dies nicht abhalten, den Kampf zu beginnen, bei dem es natürlich nach alter Gewohnheit recht heiß herging bis auch hier wieder der versöhnliche Abschluss nahte. Oft marschierten wir auch hinunter in die Bauernwälder am Ufer der Schlei. Dort wurde eine Lichtung als Ausgangs- und Sammelplatz für unsere Unternehmungen ausgesucht, wo auch die „Kleinen" und die Mädchen bleiben mussten, während wir großen Krieger mit Hallo und Hurrah durch Wald und Dickicht streiften.

Drachen steigen… Federzeichnung von Theodor Andresen

Ein besonderer mit viel Vergnügen betriebener Zeitvertreib war das Drachen steigen lassen. Die Großen zeigten uns, wie man solche papiernen Vögel herzustellen hatte, denn das war beileibe nicht so einfach und der geringste Fehler genügte, um die Flugfähigkeit zu beeinträchtigen. Wir brachten es auf diesem Gebiet zu stattlichen Exemplaren, die oft unsere Körpergröße erreichten. Am schwierigsten war es, die erforderliche lange Schnur zu beschaffen. Da musste meistens der Vater auf dem Umweg über die Mutter zur Finanzierung des Unternehmens herangezogen werden oder aber, ersparte Groschen wurden gegen das kostbare Gut beim Kaufmann eingetauscht. – Die Jahreszeit des Drachensteigenlassens war der nahende Herbst. Wenn das Laub begann, in all die Farben von hellen Gelb bis dunklen Rot zu wechseln und wenn steife Winde vom Westen her wehten, dann zogen wir um die Mittagsstunde hinaus auf das hochgelegene Feld bei der Meierei. Knatternd spannte sich unter dem Druck des Windes das neue, glatte Pergamentpapier. Ein kurzer Wurf und wie ein Pfeil schoss der große Vogel mit seinem langem Papierbüschelschwanz hinauf in die Lüfte. Allmählich aber beständig wurde die Schnur nachgelassen bis alles abgewickelt war und weit drüben hoch über Wald und Feld still ein Punkt schwebte, nur manchmal hin und her zuckend und mit dem Schweife wedelnd. Ja, noch fühle ich dies in meinen Händen, wie es zerrte und zuckte, noch sehe ich die lange, lange Schnur vor mir, wie sie in großen Bogen zum Himmel emporsteigt und schließlich nicht mehr zu erkennen ist, wieder genieße ich jene köstlichen Stunden dort oben über dem Dorfe, lasse den Wind mein Geselle sein, schaue hinaus über Tal und Hügel, über Feld und Wald, hinauf zu den still schwebenden Spielgefährten, den papiernen Vogel dort oben in den Lüften.

Im Ablauf des Jahres gab es ein Ereignis, welches von uns Kindern immer sehnsüchtig erwartet wurde. Es war das Freudenfeuer am Abend des Sedantages, am 2. September. Schon wochenlang vorher wurde das Brennmaterial dafür gesammelt, zur Hauptsache das in den Wäldern reichlich umher liegende Fallholz, oder das sogenannte Tross, die Wurzelstumpen abgeholzter Knicks, welchen der Bauer keine besondere Bedeutung beilegte, wie auch möglichst viel Stroh, welches zu einem

Teil auf redliche Weise erbaten und zumeist auch von den Bauern erhielten. Hatten wir aber durchaus keinen Erfolg, dann blieb uns immer noch eine Stelle, wo wir mit Bestimmtheit jedes Mal mit einer oder zwei Garben rechnen konnten. Es war bei einem Bauern, der selbst viele Kinder hatte und daher mehr Verständnis für unsere Vergnügungen hegte. Wohl konnte er zuweilen rau und unfreundlich gegen uns sein, aber er hatte ein gutes Herz. Auch entsinne ich mich gut, dass, wenn wir uns nach dem höchsten Schatz für unser Feuerwerk umsahen, wir zu guter Letzt, wenn wir anderswo kein Glück hatten, wiederum zu ihm kamen. Bei diesem Schatz handelte es sich um eine Teertonne, die natürlich möglichst viel von der schwarzen, zähflüssigen und gut brennbaren Masse enthalten musste. Wir hatten stets frühzeitig ausgeforscht, wo sich solche angebrochenen Tonnen befanden. Doch, sie zu entwenden, wagten wir nicht. Glückte es, eine zu erbetteln, war die Freude groß, besonders, wenn wir feststellen konnten, dass man im Nachbardorf keinen solchen Schatz besaß.

Der große Tag selbst konnte nicht früh genug enden. Mit Anbruch der Dämmerung versammelten wir uns an einer vereinbarten Stelle. Singend gings zum Dorf hinaus, der Höhe zu, auf welcher der mächtige Scheiterhaufen sich in düsteren Umrissen vor dem hellen Abendhimmel abzeichnete. Nun waren wir oben angelangt, gruppierten uns um den Stoß. – Ein Streichholz flackert auf. Es erlischt. Ein zweites folgt, ein drittes – endlich glüht ein Strohhalm, eine Flamme schlägt auf, frisst sich weiter, hinein in die Garbe, ein Prasseln, ein Fauchen. Wir, die wir eng darumstehen, weichen zurück. Nun packt es die dürren Zweige – Tannennadeln knistern und knacken – hui, pfeift der Wind hindurch, hoch schlagen Flammen auf – gelbe, rote – züngeln und lecken. Langsam weicht der Bann, der Eindruck des nicht alltäglichen Erlebnisses, die Wärme überstrahlt uns, erhitzt die Köpfe – wir rufen, jauchzen, schreien, singen, entzünden Zweige, werfen sie als Fackeln in die Höhe, dass sie gleich Sternschnuppen im Dunkel niedertauchen. Nun lecken die Flammen am Teerfass, das in der Mitte des Stoßes auf Pfählen aufgebaut ist. Wieder harren wir in gespannter Erwartung. Nun züngeln bläuliche Flammen am schwarzen Fass, nun schmilzt ein Klumpen, blutrot schlägt eine Flamme empor, eine massige, giftgelbe und düsterbraune Rauchwolke wächst und steigt, leuchtet auf im Widerschein des Feuers. Während dies alles geschieht, versäumen wir nicht, zuweilen hinauszuspähen in die Dunkelheit, nach anderen Feuern zu suchen, die hier und da auf den Höhen aufflammten. „Dat sind die Kiusser, dat sind de Karkenholter, dat is up Güntsiet, Rieseby, Bohnert" – und was der Entdeckungen noch mehr gemacht werden.

Stunde um Stunde verging, ein Stück nach dem anderen fiel in Asche, stürzte nach innen, glühte und erlosch – und am anderen Ende blieb nur ein Rest glimmender Kohlen. Heimwärts ging es, die dunklen Wege entlang, die Mädchen ängstlich zusammengeschart, wir Jungens laut und voll übermütiger Reden – bis das Dorf erreicht war und der Schwarm sich verlief.

Jede Jahreszeit, ob Sommer oder Winter, bringt ihre Freuden mit sich und gerade die Jugend weiß sich ebenso den Winter zu Nutz und Spiel zu machen wie den Sommer. Da fallen die ersten Schneeflocken in dichtem Gewimmel und bald liegt Straße und Flur unter dem weißen Teppich begraben. Alles hat sich so seltsam verändert: lautlosen Schrittes stapft man durch den tiefen Schnee, Geräusche wie Stimmen sind so vernehmlich, so klar, die Dinge scheinen aneinandergerückt, man fühlt sich in Dorf und Flur fast wie in einer heimischen Stube. Nun suchen auch die Kinder aus dem Gerümpel von Haus und Hof die Schlitten hervor und hinaus geht's auf die beschneite und geglättete Straße. Mit Hurra und Achtung rufen sausen wir den Meierei-Berg, den „Mekullum" hinab, einzeln, zu zweien, in langen Ketten. Eine solche lange Reihe von aneinander gekoppelten Schlitten trug bezeichnenderweise den Namen Krokodil und wurde gebildet, gelenkt und angetrieben wie die Abbildung zeigt.

Den „Mekullum" hinab mit Krokodilschlitten. Federzeichnung von Theodor Andresen

Bis in die Dunkelheit hinein trieben wir unser Spiel mit „Schlär un Peck", wie Schlitten und Pike in unserer plattdeutschen Mundart genannt wurden – bis wir mit geröteten Wangen und heißen Händen, mit schneeverklebten Strümpfen heimkehrten.

Schneeballschlacht. Zeichnung von Theodor Andresen

Vergessen darf ich hier auch nicht unsere heißen Schneeballschlachten. Zuvor wurden Schneeschanzen aufgeworfen, ein ansehnlicher Vorrat von Schneebällen wurde geformt, worauf bei einem vereinbarten Zeichen die Schlacht ihren Anfang nahm. Eine heftige Kanonade setzte ein, die mit dem Sturm und der völligen Vernichtung der Schanzen endete.

Wenn bei all diesen Spielen von Ferne das helle Geläut eines Pferdeschlittens erklang, dann ließen wir alles stehen und liegen, eilten dem Fuhrwerk entgegen und mit unseren inständigen Bitten: „dörm wi Schlitterstahn" erreichten wir, was wir wollten. Es gab wohl keinen Bauern, der dann nicht einwilligte, und sollten wir „Lise" und „Fritz" auch ein wenig mehr sich ins Geschirr legen. Mit Schellengeläut und frohen Mutes gings die verschneiten Wege entlang und unsere Füße, auf den Schlittenkufen stehend, mussten sich recht vom Schnee durchnässen lassen. Hartnäckig blieben wir in unserer Stellung – bis ein Gegenschlitten läutete, über den wir nun herfielen, damit wir wieder nach Hause kamen. Oft geschah es, dass unsere Fahrten sich Dörfer weit ausdehnten, wobei wohl das Missgeschick es fügen konnte, dass wir zu Fuß unseren Weg heimwärts pilgern konnten.

Und wenn das Tauwetter kam, dann verwünschten wir es. Unablässig regnete es hernieder, einen allesdurchdringenden Matsch erzeugend. Oder bereitete es dennoch Vergnügen, auf den Dorfteichen Eisschollen zu laufen, wobei es dann recht häufig nasse Füße gab. Das Eis! O, welche Winterfreuden brachte es mit sich. Teiche und Wiesen froren zu einer spiegelblanken Fläche. Unsere beiden Dorfteiche, Schütthof und Dreimännerteich, waren die ersten Anziehungspunkte, wenn es galt, zu „glitschen" oder Schlittschuh zu laufen. Doch der Dreimännerteich genoss, weil er der größere war, den Vorzug. Wenn ich dieses Teiches gedenke, werde ich stets an ein besonderes Ereignis erinnert. An einem Nachmittag im Winter wurde ich von meiner Mutter zum Kaufmann geschickt. Mein Weg führte mich an jenem Teich vorbei. Man kennt die alte Geschichte: „Das Büblein steht am Weiher..." So erging es mir auch. An sich trug die Eisfläche wohl, doch an einer bestimmten Stelle war am Tage vorher einer meiner Schulkameraden eingebrochen. Nun musste das doch untersucht werden, ob der Fleck schon wieder tragfähig sei. Ich sollte es schnell genug gewahr werden, denn schon steckte ich bis zur Brust im eiskalten Wasser. In meiner Angst strampelte und lamentierte ich, soviel ich nur konnte, obwohl keine Gefahr für mein Leben bestand, denn ich hatte den Grund unter meinen Füßen. Ich versuchte, mich über den Rand des Eises zu erheben, aber wieder brach es nach bis ich mich schließlich zum Ufer durchgebrochen hatte. In größter Hast, vom Wasser triefend und frierend, rannte ich nach Hause, aber soweit ich mich erinnere, endete die Geschichte ein wenig besser als mit jenem Bübchen. Mit einer gehörigen Ladung Schelte kam ich davon.

Gerne gedenke ich der vielen Stunden, die wir auf den überschwemmten und zugefrorenen Schleiwiesen verbrachten. Weite Flächen waren es, die uns zur Verfügung standen. Besonders dies eine bereitete uns große Freude: in sausender Fahrt auf unseren Schlittschuhen über die Gräben zu laufen, deren Eis eingesunken war. Ganze Nachmittage verbrachten wir hier bis spät in den Abend hinein. Die Jugend aller umliegenden Dörfer versammelte sich hier, nicht selten auch Erwachsene, obwohl das Schlittschuhlaufen damals fast nur von uns Kindern betrieben wurde, wobei denn der Kunstlauf völlig unbekannt war. –

Schlittschuhlaufen auf den vereisten Schleiwiesen.
Federzeichnung von Theodor Andresen

Einestages, entsinne ich mich, wagte ich mich mit meinem engsten Freunde auf eine größere Reise. Es war uns streng verboten, die zugefrorene Schlei zu betreten. Das gefahrvolle Gewässer hatte zur Winterszeit schon immer manche Menschenopfer gefordert. Aber verbotene Früchte sind gar zu verlockend. Nach langem Lauf bestiegen wir bei dem Dorf Bohnert das andere Ufer der Schlei und befanden uns damit in Schwansen, oder wie diese Landschaft in der plattdeutschen Mundart Angelns heißt: „Güntsied" [andere Seite]. In einer kleinen, niedrigen Kate kehrten wir bei einer alten Frau, einer Verwandten meines Freundes, ein. Gastfrei wie die einfachen Leute des Volkes sind, bewirtete sie uns mit heißem Kaffee und Honigbrot. Das mundete uns köstlich nach der langen Fahrt. Auf der Rückreise aber hatten wir es eilig, denn schon fing es an zu dämmern. Unter unseren Schlittschuhen knirschte das Eis, das sich bald in eine spiegelblanke Fläche vor uns ausbreitete, bald wellig und holperig war, dass es Mühe kostete, darüber hin zu kommen. Auch hatte es dort, wo das Gewässer tief war, ein unheimlich düsteres Aussehen und wir mussten sorgsam darauf achten, dass wir nicht in die Löcher gerieten, welche die Fischer zum Aalstechen in das Eis geschlagen hatten. Schon glänzte am Himmel der Mond und spiegelte sich in der Fläche des Eises, als wir wieder auf unseren heimatlichen Wiesen anlangten, wo die Zurückgebliebenen sich schon um uns gebangt hatten.

Zugefrorene Schlei. Federzeichnung von Theodor Andresen

Wiederum zur Sommerzeit! Welch köstlicher Zeitvertreib in Wald und Feld. An einem Wiesental zog sich ein steiler Abhang hin, der von dichtem Gesträpp bewachsen war. Hier bauten wir uns, unter dem Gesträuch verborgen, Hütten aus belaubten Zweigen, von denen aus Streifzüge durch die Flur gemacht wurden. Über den rauschenden Bach unten in der Tiefe bauten wir uns Brücken. Die Laubhütten wurden häuslich eingerichtet, inwendig mit Moos belegt und mit Ruheplätzen ausgestattet. Ein Unkundiger hätte uns wahrlich niemals hier gefunden, so versteckt bargen sich unsere Hütten unter dem schattenden Grün des Laubes.

Hier sind auch die kleinen Schulausflüge zu erwähnen, welche bei schönem Sommerwetter unter Leitung des Lehrers in die nähere Umgebung des Dorfes unternommen wurden. In den meisten Fällen war der kühle Buchenwald das Ziel. An einer schattigen Stelle lagerten wir uns hin. Nun wurde allerlei Kurzweil getrieben. Wir stimmten die schönen Lieder des Sommers und der Jugend an, vergnügten uns in den alten Spielen: von Baum zu Baum, letztes Paar heraus, der Plumpsack geht um, Jacob, wo bist du – und wie sie alle heißen. Die schönste Unterbrechung bei diesem Zeitvertreib war das Verzehren des mitgebrachten Brotes und des roten Saftes, den wir aus der Flasche, welche die Mutter für uns gefüllt hatte, tranken. Mit Gesang ging es dann wieder heimwärts.

Eine der köstlichsten Sommerfreuden war das Baden in der Schlei. In der Mittagsstunde, wenn das Dorf in Ruhe lag und die Sonne heiß herniederbrannte, dann machten wir uns in kleinen Trupps auf, die Jungens und Mädchen getrennt. Ein sich krümmender, von hohen Knicks gesäumter Feldweg führte uns nach Hagab, einem Bauernwäldchen. Traten wir dann wieder hinaus in den Sonnenschein, sogen wir schon den Duft des Schleiwassers ein. Die Kleider flogen vom Leibe, in großen Sprüngen, nur noch mit dem flatternden Hemde angetan, ging es über das letzte Wiesenstück und schon platschten wir durch das Uferschilf in das seichte Gewässer. Die Badehosen einer zivilisierten Welt kannten wir nicht, wie wir geschaffen, sprangen wir ins Wasser, glaubten in unserer kindlichen Art, wir konnten schwimmen, wenn wir ähnlich den Hunden mit Armen und Beinen auf das Wasser einschlugen. Im Tauchen suchten wir, uns gegenseitig zu überbieten. Wenn wir dieses Treibens müde waren, uns gründlich abgetrocknet hatten und der Devise gehuldigt: „Dat ölmte Gebot, na de Hemd kümmt de Hot", tobten wir in lustigen Sprüngen über die Wiese hin, schlugen in den weichen Heuhaufen Purzelbäume, machten übereinander Bocksprünge und ruhten uns am Ende aus, dieweil wir uns an dem mitgebrachten Brot gütlich taten. Schlendernden Schritts, auf Umwegen, durch Wälder, über Knicks und Felder und über breite Gräben ging es wieder heimwärts.

Sommervergnügen an der Schlei.
Federzeichnung von Theodor Andresen

Zu den Hauptereignissen gehörten in meinen Kindheitstagen gehörten die Feiern unserer Geburtstage. An einem solchen Tage wurden alle Spielgenossen des Geburtstagskindes bei diesem zu Gast eingeladen. Kaum hatten wir zu Hause das Mittagessen eingenommen, beeilten wir uns, die besten Kleider anzulegen. So früh wie möglich fanden wir uns bei dem Gastgeber ein, wo wir uns zunächst um den Kaffeetisch versammelten. Große Teller voll heimgebackener Kuchen wurden herumgereicht und waren unserem gesunden Appetit eine willkommene Freude. War der Magen zufriedengestellt, gings hinaus in die Freiheit, wo wir uns auf dem Hofplatz, im Garten oder auf der weiten Flur im Spiel vergnügten. Wenn dann der Abend nahte, stellten wir uns wieder im Hause des Geburtstagskindes ein. Nun war der schönste Augenblick gekommen. Auf dem festlich gedeckten Tisch lockten belegte Butterbrote und an jedem einzelnen Platz ein Glas mit rotem Fruchtsaft. Der Höhepunkt der Abendmahlzeit war der Rundgesang, der bei jeder Strophe mit dem Refrain endete: Und wer im Januar geboren ist, steh auf – der nehm´ sein Gläschen in die Hand – und trink es aus bis auf den Rand – trink aus, trink aus, trink aus! – Alle Monate wurden so der Reihe nach abgesungen und diejenigen, deren Geburtstagsmonat es war, mussten sich dann mit ihrem Glase erheben und es restlos leeren. Darauf nahmen wir voneinander Abschied und fanden uns rechtzeitig wieder im Elternhause ein.

Eine der größten Festlichkeiten des Jahres war die sogenannte Kindergilde, welche von der Schule veranstaltet wurde. Es handelte sich hier um das alljährlich stattfindende Kindervergnügen beider Schulklassen. Seiner Art entsprechend verlangte es einen Sommertag. Wohl vermag ich bis in alle Einzelheiten den Verlauf des Tages zu beschreiben, doch von dem starken inneren Erlebnis, von dem Glanz, der sich um dieses Fest breitet, kann ich nur in unvollkommener Weise berichten. Die ganze Schar der Schulkinder, von der oberen Stufe bis hinab zu den A-B-C Schützen nahmen an der Gilde teil. Morgens um acht traten wir auf dem Schulplatz an, die Mädchen alle in weißen oder bunten Sommerkleidern, geschmückt mit Bändern und Schleifen in allen Farben, wir Knaben gleichfalls in unseren Festtagsanzügen, alle mit frohen Mienen, voran die Ortskapelle in schwarzen Röcken, die Blasinstrumente blinkend im Schein der Sonne – und über allem flatterte die Fahne im Wind. So ging es hinauf zur Höhe, wo Kirche und Glockenturm sich über das Land erheben. Das war ein Tag nicht nur für die Jugend, sondern auch für die Eltern, welche von morgens bis abends mit uns feierten.

Neben dem Kirchhof, unter dem Schutze der alten Eichen und des Glockenturms befand sich ein freier Platz, in dessen einer Ecke das schlichte, weiße Leichenhäuschen stand. Hier, im Winkel zwischen dem Häuschen und der Friedhofsmauer wurden Bänke und Tische aufgestellt. Der Dorfbäcker erschien mit seiner knusperigen Ware, unter der besonders die pflaumengefüllten Kringel viele Liebhaber fanden. Der Krugwirt sorgte für Getränke, von denen jeder das Seine erhielt, die Väter Bier und Punsch, die Mütter Kaffee und wir Kinder die sprudelnde rötliche Brause.

Die Kindergilde. Federzeichnung von Theodor Andresen

Der Morgen war bestimmt für die verschiedensten Spiele im Kampfe um ausgesetzte Preise, wie Sacklaufen, Eierlaufen, Pottschlagen, Kringelbeißen, Ringwerfen, Wettlaufen und ähnliche. Das waren spannungsvolle Stunden, denn jeder strebte nach der Königs- oder doch mindestens Herzogswürde. Wenn die Mittagsstunde nahte, waren die Würfel gefallen, manch beglücktes oder auch manch enttäuschtes Gesicht das Resultat.

Wieder ordneten sich die Reihen, die Kapelle, welche den ganzen Morgen ihre Kunst zum Besten gab, stellte sich an die Spitze, und der Festmarsch durchs Dorf begann. Er endete auf dem Schulplatz, von wo alles zum Mittagessen nach Hause ging.

Spiele auf der Kindergilde. Federzeichnung von Theodor Andresen

Aber damit war nur noch die Hälfte des festlichen Tages verstrichen. Ein zum mindesten ebenso schöner Teil stand noch bevor. Nachmittags versammelte sich die ganze Festgemeinde abermals und zwar im Dorfkruge von Ulsnis-Kirchenholz. Hier wurde in dem festlich hergerichteten Saal zum Tanze aufgespielt. Bläser und Geiger nahmen auf der Bühne Platz. Die Lehrer ordneten die Paare – ein Zeichen, und die Polonaise durch den Saal begann. Dann folgte der Tanz: Walzer, Polker, Rheinländer, Quadrille. Gewandt und elegant drehten und bewegten sich die Paare über den glatten Fußboden, aber es war auch viel Hopserei dabei, besonders unter den Kleinen. So ging es den ganzen Nachmittag hin. In dem Vorsaal saßen die Mütter und sahen lächelnd dem Treiben zu. Die Väter, welche sich erst gegen Abend einstellten, benutzten die Gelegenheit, um ein Kartenspiel zu machen. Wenn dann die goldenen Strahlen der Abendsonne schräg durch die Fenster fielen, wurden im Vorsaal die Tische gedeckt, an denen wir in langen Reihen Platz nahmen und die köstlich mundende Rote Grütze mit Milch und Zwieback verzehrten. Dann folgte das mit höchster Spannung erwartete Ende des Tages, die Verteilung der Gewinne, entsprechend dem Grundsatze, dass das Beste immer bis zuletzt aufbewahrt werden muss.

Ein anderes Volksfest ist zu erwähnen. Zwar fand es nicht alljährlich statt, führte aber eine ansehnliche Besucherzahl aus Nah und Fern zusammen. Es war die Tierschau. Hierbei handelte es sich um die Ausstellung und Prämierung landwirtschaftlicher Tiere, insbesondere von Pferden und Rindern eines bestimmten Gebietes. Naturgemäß wechselte diese Veranstaltung jedes Mal den Ort, so dass es geschah, dass wie während meiner Kindheit, soweit ich erinnere, wohl nur zweimal in meinem Heimatdorf stattgefunden hat. Dennoch erinnere ich mich lebhaft an eine solche Tierschau, war es doch nicht nur ein Ereignis für die Erwachsenen, sondern auch wir Kinder kamen bei dieser Gelegenheit voll zu unserem Vergnügen. Von der Festleitung war eigens ein Komitee eingesetzt, welches für die Belustigung der Jugend zu sorgen hatte. Als Festplatz diente ein großes Weidefeld östlich des alten Glockenturmes, an dessen einer Seite Tribünen für die Zuschauer errichtet waren. In der Mitte der Koppel stand in langen Reihen das Vieh. Ein Gerüst überragte das Ganze. Die Musikkapelle hatte hier ihren Platz. Rund um das Feld war eine Rennbahn freigehalten, denn auch dieser Sport wurde hier um viel umworbene Preise getrieben. Fahnen flatterten am hohen Mast, schwere Gerlanden umkränzten den Festplatz. In vorgeschrittener Nachmittagsstunde, wenn nach dem Rennen die Preisverteilung einsetzte, wogte die Menge hin und her, drängte sich die Jugend an die Brüstungen, kletterte auf Zäune und Bäume und jedes Mal wenn die Musik einen Tusch über das Feld sandte, gab es ein Fragen und Antworten, ein Für und Wider in buntem Gewirre. Dazwischen brüllte das Vieh, wieherten die prächtig gezäumten und stolz scharrenden Pferde und wieder riefe der Ausrufer seine Siegesmeldungen über das Feld. Auch wir Kinder hatten Gelegenheit, durch Spiele wie Wett- und Sacklaufen unseren Kampfesmut zu erproben und heiß begehrte Preise zu erwerben. So entsinne ich mich, bei solcher Gelegenheit einmal als Sieger im Wettlauf hervorgegangen zu sein und als Preis ein in meinen Augen wertvolles Notizbuch errungen zu haben. – Dieser Tag wird mir immer als ein rechtes Volksfest in Erinnerung bleiben. Da reckt sich der alte Glockenturm zwischen seinen Genossen, den knorrigen Eichen, empor und schaut hinab auf das dunkle Gewoge. In allen leuchtenden Farben malt die Sonne ein prächtiges Bild. Hoch wölbt sich der blaue Himmel, langsam ziehen darunter hin die weißen Wolken, ihre Schatten mit sich nehmend über die Flur. Das ist ein köstliches Bild aus der Kindheit Tagen, dessen Eindruck niemals vergeht.

Eine Reihe kleiner Festlichkeiten innerhalb des Schullebens folgen einander. Da ist die Schulvisitation zu nennen. Es war eine der wichtigsten Prüfungen, die in unserer Dorfschule stattfanden. Lange vorher wurden wir Kinder auf die Wichtigkeit dieses Tages aufmerksam gemacht und im Unterricht für ihn vorbereitet. War er dann angebrochen, saßen wir stumm und ehrfurchtsvoll in unseren Festtagskleidern auf unseren Plätzen. An den Wänden standen Stühle bereit für die Eltern, welche dieser Prüfung beiwohnen konnten. Unser Lehrer stand mit ernster feierlicher Miene auf dem Podium und harrte mit uns der Dinge, die da kommen sollten. Sie kamen in Gestalt des Ortsgeistlichen und des Generalsuperintendenten, welche mit viel Würde das Klassenzimmer betraten. Der hohe Herr mit dem unaussprechlichen Titel war in unseren Kinderaugen ein Würdenträger fast göttlicher Herkunft. Seine Fragen wurden von uns voller Angst und Ergebenheit beantwortet. Natürlich bildete eins der Hauptprüfungsgebiete die Religion. Wer in dieser Hinsicht nicht sattelfest war, wurde durch die scharfen Blicke des hohen Herrn besonders gestraft. Wir waren allemal froh, wenn die schwere Sitzung beendet, ja, ich glaube sogar, zu erinnern, dass wir uns freuten, an einem solchen Tage die Festkleider wieder ablegen zu können, denn sie beglückten uns nicht.

In gleicher Weise festlich, wenn auch nicht unter diesem Druck der Angst, wurde Kaisers Geburtstag, der 27. Januar, begangen. Vorher lernten wir wochenlang Gedichte, wie etwa „Der Kaiser ist ein lieber Mann" oder „Des kleinen Knaben Tischgebet", die wir am hohen Festtag, vor dem Pulte stehend, hersagen mussten. Der Lehrer hielt die Festrede. Auch an diesem Tage waren Väter und Mütter zugegen. Der Festgesang „Heil Dir im Siegerkranz" bildete den Höhepunkt und Abschluss dieser Schulfeier.

Ein von uns Kindern lange im Voraus herbeigesehntes Vergnügen war der alljährlich in Süderbrarup Ende Juli stattfindende Jahrmarkt, der seit alters her hier abgehalten wurde und wird und weit und breit unter der Bezeichnung „Brarupmarkt" eine starke Anziehungskraft ausübte. Mein Heimatdorf liegt etwa 9 km von Süderbrarup entfernt. Wir waren daher darauf angewiesen, mir irgendeinem Fuhrwerk benachbarter Bauern den Weg nach „Brarup" zurückzulegen. Der Markt selbst hatte in manchen Teilen ein anderes Gepräge als heute. Auch hier hat sich in einem halben Menschenalter vieles verändert. Zwar, den Mittelpunkt bildete auch damals die „Rutschbahn". Besonders anziehend, mehr als heute, waren die Kaufbuden, in denen oft noch gute, solide Ware zu verhandeln war. Eine Person ist, wir mir scheinen will, von einem solchen Jahrmarkt heute völlig verschwunden. Das ist „Jakob von Amerika", der bei uns Kindern ob seiner imponierenden Rednergabe gewaltiges Staunen erregte. Wenn dieser Schreihals seine Ware anpries, war es schier zum Verwundern, wie er sich immer wieder selbst unterbot. Angefangen von einem paar Hosenträger zum ausgerufenen Preise von 2 Mark, endete der ganze Handel damit, dass ein Bauernknecht sich nur diese sondern obendrein noch einen

Kasten Toiletteseife, eine Nagelschere, einen „echt" goldenen Ring für sage und schreibe eine Mark, nein, am Ende sogar für 80 Pfennige erstand und ihm noch „als Zugabe" eine Kleiderbürste hintendrein geworfen wurde.

Ein besonderer Vorfall kommt mir in den Sinn. Mit einem meiner Dorfkameraden war ich über den Marktplatz gezogen. Eine große lange Schaubude lockte uns an. „Hier ist das größte Riesenkrokodil der Welt zu sehen" stand in großen Lettern zu lesen. Wir stiegen die Treppenstufen hinauf und lösten uns bei der feisten schläfrig dreinschauenden Alten an der Kasse unsere Einlasskarten. Nun standen wir an der Brüstung und blickten hinab auf ein dicht verdecktes Bassin. Die Vorführung sollte beginnen, wenn viel Zuschauer beisammen. Und wir waren die ersten! Die Zeit verstrich. Der Ausrufer gab sich alle erdenkliche Mühe, das Publikum heranzuziehen. Wir beide aber hatten den strengsten Befehl, zu einer bestimmten Uhrzeit uns an einem bestimmten Platze einzufinden, um die Heimfahrt anzutreten. Dieser Zeitpunkt rückte näher und näher. Wir bekamen es mit der Angst, traten zur Kasse und erbaten unser Geld zurück. Höhnisch blickte die Frau auf uns herab, dass wir angstvoll die Treppenstufen wieder niederstiegen mit dem Ergebnis, unser Geld geopfert und nichts gesehen zu haben.

All diese großen und kleinen Ereignisse, die das Jahr herum das Kinderherz bewegen, werden fortgesetzt von anderen Dingen, welche die Zwischenräume ausfüllen, begleitet. Es sind die alltäglichen Spiele. Ihrer sind viele und es mag von Bedeutung sein, einige von ihnen hier näher zu betrachten. Auch Spiele ändern sich mit den Generationen und vielleicht sind schon einzelne der hier aufgeführten im Aussterben oder am Ende nicht mehr bekannt. Einige der bevorzugten Spiele in der Zeit meiner Kindheit, also im ersten Lebensjahrzehnt unseres Jahrhunderts, sind folgende:

Eierball – Eine große Anzahl Beteiligter legen ihre Kopfbedeckungen der Reihe nach an die Mauer, so dass das Innere nach oben zu liegen kommt. Der Eigentümer der ersten Mütze stellt sich etwa 3-4 Meter von der Reihe auf und versucht, einen Ball in eine der Mützen zu werfen. Glückt es, rennen alle Mitspieler davon und bleiben erst stehen auf den Ruf: Halt oder steh! Desjenigen, in dessen Mütze der Ball lag und der darum so schnell wie möglich hinlaufen musste, um den Ball herauszuholen. Jetzt gilt es, einen der Stehengebliebenen zu treffen. Geschieht es, scheidet dieser aus, sonst der Ballwerfer. – Beim nächsten Spiel werden die Mützen in der Reihenfolge gelegt, wie sich die Spielteilnehmer im vorherigen Spiel am längsten hielten.

Etwas über die Bälle: Wir kannten zu jener Zeit noch keine mit Gas gefüllte Gummibälle. Nur Stoffbälle wurden verwandt, welche die Schwestern oder Mütter selbst anfertigten. Inwendig bestanden sie aus einem Knäuel Wollgarn, das an der Oberfläche mit Garn bestrichen wurde. Die Mädchen spielten mit diesen Bällen, indem sie dieselben in der Zahl von 2-5 nacheinander in die Luft warfen und wieder aufgriffen. Darin entwickelten sie oft eine große Schicklichkeit.

Aba-Biba – Ebenfalls ein Stehballspiel: einer der Teilnehmer wirft einen Ball an eine Wand und ruft einen der vorher für jeden Mitspieler genannten Namen auf. In Erinnerung sind mir folgende: Aba – Biba – Kringelpeter – Dornbeck – Dickkopp. Der, dessen Name aufgerufen wurde, musste den Ball greifen und im Augenblick des Greifens „Stah" rufen. Darauf hatten alle anderen, die dem Namenruf davongelaufen waren, stehen zu bleiben. Es galt nun für den Aufgerufenen, einen Stehenden zu treffen, der dann ab war, sonst der Werfende.

Tax Bilax – Das bekannte Ab-klappspiel. Einer stellt sich an die Mauer mit verdecktem Gesicht. Alle anderen verstecken sich. Ist dies geschehen, ruft einer „nun!" Das Suchen beginnt. Wagt sich jedoch der Suchende zu weit von seinem Standort, kann es geschehen, dass einer der Versteckten ihm zuvor kommt und sich am Standort freiklappt. Gelingt es dem Suchenden, einen der Versteckten, sobald er ihn entdeckt, abzuklappen, scheidet dieser aus.

Tick – Auf dem Erdboden wird durch Striche ein „Mal" markiert. Innerhalb dieses Mals ist jeder gefriedet. Läuft er hinaus, jagt ihn einer der Mitspielenden, der vorher dazu bestimmt war. „Tickt" dieser ihn, übernimmt der Gestickte seinen Posten.

Oewerlopen – Ähnlich wie Tick, nur, dass zwei gleichgroße Parteien durch einen Strich geschieden werden und der Geklappte, der in das Gebiet der Gegenpartei gelaufen war, auf deren Seite weiterspielt.

Hinkepot – Das bekannte Spiel, welches mit einem Steinchen gespielt wurde. Wir haben aber dieses Steinchen während des Spiels immer mit dem Fuß gestoßen, nie inzwischen wieder aufgehoben. Der Stein wurde nacheinander in eins der Felder geworfen und musste in den „Himmel" gehinkelt werden, in welchem man sich ausruhen konnte. Hatte man die Figur durchgehinkelt, konnte man in ein beliebiges Feld seinen Namen zeichnen, worüber der oder die Mitspieler hinweg zu hinkeln hatten. – Bei der zweiten Zeichnung musste der Stein durch die Schnecke gehinkelt werden. War man im Himmel, ging es wieder zurück und war man glücklich draußen angelangt, durfte man sich einen Namen zeichnen. Dies wiederholte sich fortgesetzt, bis oft die Schnecke so voller Namen war, dass ein Spiel nicht mehr möglich.

Knopfspiel – Ein Strich wurde gezogen. In einiger Entfernung stellten sich die Spieler auf, die sich allerlei Knöpfen aus Mutters Nähkasten versehen hatten. Diese wurden nun geworfen und zwar möglichst so, dass sie nahe am Strich zu liegen kamen. Hatten alle Mitspieler einmal geworfen, wurde festgestellt, wessen Knopf am nächsten Strich lag. Ihm fielen alle Knöpfe zu. – Stoffknöpfe und solche, die sich nicht wieder einnähen ließen, hatten keine Gültigkeit.

Pottschießen – Schwere, runde Bleiplatten wurden geworfen und je nachdem wie dicht sie aneinander zu liegen kamen oder gar aufeinander, wurden die Sieger festgestellt. Zahlungsmittel waren auch hier Knöpfe.

En, twe, dre – Solt – Auch bei diesem Spiel zog man einen Strich. In einiger Entfernung desselben wurden zu beiden Seiten einige Steine niedergelegt. Nun galt es, sich gegenseitig die Steine wegzuholen. Wurde einer dabei dem Ruf „en, twe, dre – Solt" abgeklappt, musst er als Gefangener bei den Steinen stehen bleiben bis er „erlöst" wurde. Dabei konnten sich mehrere Gefangene zur Verkürzung der Anlaufzeit die Hände reichen.

Paalstick – Mit zugespitzten Knüppeln versehen, suchten wir weiches Graslaub auf und bemühten uns, durch kräftiges Werfen die Knüppel ins Erdreich zu treiben, wobei es darauf ankam, den „Paal" des Gegners zum Umfallen zu bringen.

Sonst gab es noch allerlei Zeitvertreib. Gerne betrieben wir das Flitzbogenschießen. Die Bogen machten wir uns selbst aus Weiden, die Pfeile aus Reet mit einem Kopf aus Holunder. Oft wurde noch an der Spitze ein Nagel befestigt, um auf diese Weise Spatzen zu schießen. Reifenlaufen, leichte und schwere Tonnenbänder wurden hierzu nieder getrieben.

In der Abenddämmerung haschten wir gerne nach Fledermäusen. Weiße Gegenstände, etwa ein mit einem Stein beschwertes Taschentuch, wurden in die Luft geworfen. Die Tiere jagten danach und es konnte geschehen, dass eines dabei zu Boden fiel.

Meiner Heimat zu Ehren folgt hier die Beschreibung einiger Stätten, die gleich Edelsteinen im goldenen Schmuck der schönen Natur ein besonderes Gepräge verleihen. Den Glanzpunkt bilden Kirche und Glockenturm.

*Der Glockenturm von Ulsnis. Federzeichnung von
Theodor Andresen*

Die Kirche von Ulsnis. Federzeichnung von Theodor Andresen

Weit leuchten die schneeweißen Mauern des langgestreckten, schlichten Kirchleins von der Höhe herab. Das Innere des Gotteshauses ist prunklos. Auch hier getünchte Wände, ein einfacher Bretterboden, an der nördlichen Langseite und der westlichen Schmalseite Emporen, deren Füllungen Barockformen zeigen. Eine Seltenheit ist es, dass der Altar sich unter der Orgel befindet. Diese ist äußerlich ein kleines Kunstwerk mit reichen Barockverzierungen. Zinnpfeifen, Groß und Klein, breit und schmal, zieren das hohe Prospekt. An diese Orgel hat mein Vater, welcher zugleich Organist der Gemeinde war, 25 Jahre Sonntag für Sonntag die Liturgien zu den Gottesdienstzeiten wie zu anderen kirchlichen Handlungen gespielt. Nur Krankheit konnte ihn zwingen, dieses Amt einem anderen zu überlassen. Sein Pflichtbewusstsein wollte es so. Mir ist jenes Bild besonders im Gedächtnis geblieben, wenn er in winterlicher Dämmerstunde am Sonnabendabend dort oben bei Kerzenlicht hinter der Brüstung saß und seine Hände über die Klaviaturen glitten. Über das Schnitzwerk der Orgel spielte das dürftige Licht. Aus dem Dunkel des Hintergrundes zeichnete sich in monumentalen Formen der bis an die Decke ragende Bau ab. Ein Rembrandt hätte seine Freude gehabt, den Kampf des Lichts mit der Finsternis zu malen. Dieser Augenblick in der Kirche meines Heimatdorfes ist darum für mich immer der Feierlichste gewesen. Keines Pastors Predigt hätte mehr vermocht. Die Innenkonstruktion der Orgel hatte infolge des hohen Alters viele Mängel. Wohl war mein Vater kein Künstler im Spiel, aber er kannte das alte Werk, seine Vorzüge wie Fehler, er war ein Leben lang mit ihm verwachsen, er verstand es, seine Eigenart zu meistern und Töne herauszulocken, bei denen mancher Begabte versagt hätte.

Wenn ich der alten Orgel meiner Heimatkirche gedenke, dann steht auch mein Vater auf aus seinem Grabe, das keine hundert Schritt entfernt liegt. Bei den Klängen, den machtvoll brausenden, dem aus der Ferne rauschenden, schau ich seine

Gestalt hinter der Brüstung, sehe seine Hände über die Tasten gleiten – ganz wie damals in der Dämmerstunde beim flackernden Schein der Kerzen. – Da ist auch wieder der alte Glockenturm, der sich einige Schritte östlich der Kirche auf einem Feldsteinmauer umfassten Hügel erhebt. Er ist ganz aus Holz gezimmert, der pyramidenförmige hohe Helm mit Eichenschindeln gedeckt. Eine windschiefe Wetterfahne ragt aus den Wipfeln der vielhundertjährigen Eichen und Buchen hervor. Durch ein Gewirr von dickem Gebälk steigt man die schmalen Stiegen zum Glockengehäuse empor. Zwei schwere Glocken hängen hier. Durch die Schallfächer genießt man einen köstlichen Blick über Dorf und Flur, über saftig grüne Wiesen und das helle Band der Schlei, die hinter einem Wäldchen den Blicken entschwindet. Ein sonderliches Erlebnis ist es, wenn der Glöckner sich in die Taue hebt, wenn die schweren Tragbalken beginnen, sich zu wenden, wenn die Glocken sich bewegen und die Klöppel aus Eisen schlagen – hin und her – hin und her. Dann zittert und bebt der ganze Turm, dann tönt und dröhnt es hinaus in die Nähe und Ferne. Staunend, in kindlicher Scheu und Furcht habe ich daneben gestanden, mir die Ohren zugehalten und unablässig dem Schauspiel zugesehen. Gedenke ich dieses Augenblicks, dann klingen die Glocken der Heimat wieder zu mir herüber und eine Weile ist es, als würde der Alltag zum Festtag.

Eine Viertelstunde Weges abseits vom Dorfe, zwischen den Feldern und hohen Bäumen versteckt, lag an einem schilfumwachsenen Teich die alte Wassermühle.

Der Teich, der von mehreren, starken, unablässig, sprudelnden Quellen gespeist wird, ist durch einen Damm aufgestaut. Davor lag das alte, weiß getünchte, zum großen Teil aus Holz errichtete Gebäude. An der Seite befand sich das Mühlrad, über das Wasser brausend und schäumend hinwegstürzten. Es war ein schöner, mir immer unvergesslicher Anblick, zu sehen, wie sich dieses gewaltige Gefüge von Balken und Brettern um seine schwere Achse drehte, langsam, aber stetig. Aber auch im Inneren der Mühle habe ich oft gestanden, dem Gewirr von Rädern, Wellen, Stangen und Riemen zuschauend, lauschte dem Summen und Klappern, dem Klopfen und Schleifen und vermochte nicht zu fassen, wie das alles ineinandergriff. Geheimnis webt sich um diese Mühle, getragen von einer märchenhaften Stimmung, gedenke ich jenes Rauschens, Summens und Klopfens aus meinen Kindheitstagen. Es war ein alter, solider Bau, in welchem nach Vätersitte dicke Eichenbalken- und bohlen reichlich Verwendung gefunden hatten. Unterhalb der Mühle zieht sich ein liebliches, grünes Wiesental hin, zu beiden Seiten von baum- und buschreichen Hängen begleitet. Ist dies alles nicht geschaffen, das Gemüt eines Romantikers zu erfassen? Ein Name genügt, um alles zu sagen: Eichendorff. Ja, wie oft die Lieder jener Dichter wehmutsvoll ausklingen, so zieht auch durch meine Brust ein trauriges Gedenken, sehe ich im Geiste die alte, weiße Mühle meiner Heimat, die nun schon lange nicht mehr ist. – Und das ging so zu:

Die alte Wassermühle von Ulsnis
Federzeichnung von Theodor Andresen

An einem dunklen Winterabend saßen wir Geschwister beim traulichen Schein der Petroleumlampe im warmen, behaglichen Zimmer des Elternhauses. Vater und Mutter waren verreist. Da – war es nicht, als dringe draußen ein Horn Ruf durch die Stille? Wir horchten. Da war es wieder – nun näher und vernehmlicher – kein Zweifel, das war das Feuerhorn. Wir rissen, getrieben von Furcht und Neugier zugleich, die Haustür auf und eilten auf die Straße, wo es schon lebendig geworden war. Aus allen Häusern lief es herbei und immer aufs Neue wurde die bange Frage gestellt: wo ist das Feuer? Nun kam der Hornbläser wieder näher. Gellend und schreckhaft waren seine Rufe. Einer wollte was wissen – dort müsst ihr hingehen, dort könnte ihr etwas sehen – und alles rannte zur bezeichneten Stelle. Vom Horizont hinauf wuchs der helle Schein in die Finsternis der Nacht. Nun sah man deutlich die rötlich flackernden Flammen. Das konnte nicht weit sein. Häuser wurden genannt, die in der Richtung lagen. Doch es hielt uns nicht länger, wir mussten dorthin. Was kümmerten uns Hut und Mangel. Wir rannten und sprangen um die Wette. Wagen mit Löschmannschaften rasten vorüber, aus dem Spritzenhaus zogen sie die Spritze hervor, ein Gespann galoppierte heran, vom Turme herab läuteten die Glocken. Stumm und immer heller, immer schauriger loderte das Feuer in der Nacht. Atemlos kam einer gerannt. Er wurde mit Fragen überhäuft. Ja, die Mühle sei es – die alte Mühle im Tal. Schneller rannten wir unten die engen Wege entlang und quer über die Felder – bis wir unten standen am stillen Teich. Im flackernden Schein züngelnder Flammen leuchteten die weißen Mauern der Mühle. Aus den Fensterhöhlen schlug das gierige Feuer, das willkommene Nahrung fand in dem hölzernen Bau. Hörner- und Pfeifensignale, Rufe und Kommandos hallten durch die Nacht. Prasselnd zischte der Wasserstrahl in die Glut, Menschen eilten, hasteten hin und her, schlugen mit Äxten auf das Gebälk ein. Dazwischen plätscherten unablässig die Quellen. Im Schein der lodernden Glut spiegelten sich zum letzten Male die weißen Mauern der sterbenden Mühle im stillen Gewässer. Ein Balken nach dem anderen stürzte funkensprühend herab: Vorbei! Die alte Mühle hatte ihr letztes Korn gemahlen. – Wohl ist danach an derselben Stätte ein neues Gebäude errichtet, das ein zeitgemäßes Räderwerk in sich birgt, aber es ist nicht das alte schlichte Haus im Grunde. Wohl rauschen die Bäume an den Hängen, wohl sprudeln die Quellen, die alten, bei Tag und bei Nacht, wohl wölbt sich der blaue Himmel wie damals, ziehen die Wolken darunter hin – aber Wehmut erfüllt das Herz dessen, der die Stätte in jenen Tagen gekannt und geliebt. Des Dichters Worte kommen mir in den Sinn:

> Hör´ich das Mühlrad gehen:
> Ich weiß nicht, was ich will. –
> Ich möcht am liebsten sterben,
> da wär´s auf einmal still!

Einen kurzen Spaziergang von meinem Elternhause entfernt verläuft jener Fördearm der Ostsee, die Schlei.

Anleger von Ulsnisland an der Schlei
Federzeichnung von Theodor Andresen

Ulsnis ist heute Anlegestelle für die auf der Schlei verkehrenden Schiffe. Ulsnisland werden die Wohnstätten genannt, welche hier in anmutiger Lage am Ufer des Gewässers, von Buchenwäldern umgeben, zumeist Gewerbetreibende und Fischer verbergen. In jenen Tagen, als ich noch ein Knabe war, lag dieses Dörfchen weit stiller, denn der Fremdenverkehr, namentlich nach Schleswig ausgehend, hatte sich noch nicht in dem Maße hierhergezogen wie heute. Das Strandhotel wurde damals erst gebaut. Vom Brückenkopf des Anlegestegs für die Dampfschiffe genießt man einen herrlichen Blick. Auf und nieder zieht das helle Band der Schlei, einem Strome ähnlich. Hügelige Felder, Buchenwälder und Wohnungen wie Gärten der Menschen folgen in freundlichem Wechsel. In südwestlicher Richtung erblickt man am Ufer Schwansens die Königsburg, ehemals eine Burganlage, von Knud Laward zum Schutze gegen die räuberischen Wenden errichtet, heute ein im neueren Stil schlossartig angelegter Bau. Dahinter, fern im bläulichen Dunst, steigen die Kuppen der Hüttener Berge an. Nach Osten gewandt, fällt zunächst der Blick auf die Türme des Herrenhauses des großen Gutes Büstorf auf der Schwansener Seite. Dahinter auf dem Höhenkamm ragen der Kirchturm von Rieseby und die Mühle von Norby. Ausgedehnter Laubwald, das Petriholz, schließt sich in nordöstlicher Richtung längs des Schleifufers an das Gut. In der Ferne erkennt man die Formen der Eisenbahnbrücke bei Lindaunis, die in meiner Kindheit noch eine doppelbogige Drehbrücke war. Bei Ulsnisland verkehrt über die Schlei nach Schwansen eine Bootsfähre. In meinen frühesten Knabentagen wurde diese Fähre von dem alten Vater Harms betrieben, ein Fischer, der noch aus dem Kriege von 1864 den Dänischen Königssold erhielt. Die Schlei hat bei Ulsnis eine Breite von 800 Metern. Es war daher nicht immer leicht, von drüben, von „Güntsiet", den Ruf „Hal öwer" eines, der übergesetzt werden wollte, zu vernehmen. Aber der alte Vater Harms hatte sein geübtes Seemannsauge immer wieder nach drüben gewandt. Entdeckte er einen dunklen Punkt, eine Gestalt, die da winkte, dann trat er aus seinem Häuschen heraus, ging gemächlichen Schritts hinab zum schilfrauschenden Ufer, täute sein schweres Boot los und ruderte mit langen Schlägen hinüber nach „Güntsiet". Ob Sonnenschein, ob Regen, bei Wind und Wetter passte er dieses Amt mit aller Gewissenhaftigkeit des Alters – bis eines Tages der Tod auch zu ihm in seine Hütte trat und das Amt eines Fährmanns an einen anderen alten Seemann des Ortes übertrug. So besteht noch heute jene Bootsfähre und wie damals vernimmt man zu Zeiten von Güntsiet den Ruf: „Hal öwer!"

Der Brückenkopf der Anlegestelle in Ulsnisland erweckt aus meiner Kindheit sonderliche Erinnerungen. Früh wurde ich von zu Hause auf die hohe Schule in die Stadt geschickt. Wenn ich nach beendeten Ferien wieder in die Stadt musste, fuhr ich zumeist die erste Strecke mit dem Schleidampfer. Die Abschiedsstunde war immer mit trüben Gedanken erfüllt, denn ungern vertauschte ich das freie Landleben in der Heimat mit dem gebundenen Dasein in der Stadt. Zwar, ein langes oder gar rührseliges Abschiednehmen kannten wir nicht, aber auf jene Landungsbrücke fiel doch bis zuletzt der Blick, wenn das Schiff mich davontrug. Dann geschah es auch immer wieder in dem Augenblick, wenn die „Concordia" oder der „Herzog Friedrich" ablegte, dass „Randi", das Hündchen des Fährmannes, das von der Schiffsbesatzung mit den Haltetauen gehänselt zu werden pflegte, ein mörderisches Gekläff anstimmte – ein Vorgang, der sich stets in meine Erinnerungen drängt, wenn ich Ulsnisland und seiner Anlegebrücke gedenke.

Unmöglich ist es, all die vielen schönen Stätten der Heimat in diesem Sinne zu beschreiben. Da ist kein Feld, keine Hecke, kein Wald, keine Wiese, die nicht dazu beigetragen haben, aus meiner Jugendzeit das zu machen, was sie ist und mir bleiben wird. Plätze an den ich mich unendliche Male im Spiel gesammelt habe, Plätze, an denen ich an sonnigen Sommertagen oder unter dem grauen Herbsthimmel geweilt und geträumt habe, liegen wieder vor mir, wie damals, als wären es nur Stunden und nicht Jahrzehnte, die mich heute von ihnen trennen. Ich schaue in Gedanken zurück und sehe die Heimat vor mir – so klar in allen Einzelheiten umrissen, so wundersam still in der Gesamtheit ausgebreitet.

Blick über die Schlei auf Rieseby
Federzeichnung von Theodor Andresen

Auch die Hauptfesttage des Jahres gestalteten sich für mich zu besonderen Erlebnissen. Hier ist in erster Linie das Weihnachtsfest zu nennen, mit seinem Mittelpunkt, dem Weihnachtsabend. In meiner frühen Kindheit war in mir wie bei jedem Kind das Märchen vom Weihnachtsmann mächtig. Wir Kinder durften nach alter Sitte mehrere Tage vor Heiligabend vor dem Schlafengehen unsere Hausschuhe ins Fenster stellen. Groß war die Freude, wenn sich darin am anderen Morgen die Gabe des Weihnachtsmannes in Gestalt von kleinen Leckerbissen wie Kuchen, Nüssen und Feigen fand. Aber auch eine Steinkohle oder ein Torfbrocken konnten davon zeugen, dass der Weihnachtsmann nicht mit uns zufrieden war gewesen. Es wurde ferner sorglich darauf geachtet, dass an den letzten Abenden vor dem großen Fest ein Eimer mit Wasser und ein

Bündel mit Heu vor die Haustür kamen, denn Knecht Rupprechts Esel brauchte der Dinge. –

Ein großes Geheimnis webte sich um den Tannenbaum. Die letzten Tage wurde jenes „Beste Zimmer" im westlichen Ende des Hauses stets sorgfältig verschlossen gehalten, denn dort vollzog sich das Mysterium, welches am Weihnachtsabend entschleiert werden sollte.

Der Abend begann mit einer häuslichen Andacht im Wohnzimmer. Zunächst musste eines von den Kindern – in den letzten Jahren kam dafür nur ich in Frage – an der Tür stehend frei aus dem Gedächtnis das Weihnachtsevangelium vortragen. Dann wurden unter Klavierbegleitung mehrere Weihnachtslieder gesungen, worauf unser Vater eine Geschichte passenden Inhalts vorlas. Inzwischen war der älteste Bruder unbemerkt ins Nebenzimmer geschlupft. Hatte der Vater geendet, saßen wir und horchten erwartungsvoll auf das Klingelzeichen, das uns hineinrufen sollte zu dem Lichterbaum. Endlich erklang ein helles Glöcklein, die Tür tat sich auf und vor uns erstrahlte vom Fußboden bis zur Decke im hellen, flackernden Schein der schneeweißen Kerzen der Lichterbaum. Der Duft der brennenden Kerzen mischte sich mit dem des Tannengrüns und durchdrang die Räume. An den Zweigen hingen in buntem Durcheinander glänzende silberne und goldene Kugeln und Zäpfchen, schillernde Fäden, Kuchen, Marzipan, Feigen, Nüsse – doch, wer sollte das alles nicht kennen. Wir schlossen, Eltern und Kinder, die Hände zum Reigen um den Baum und stimmten das alte, ewig neue Lied an:

O Tannenbaum, o Tannenbaum, wie grün sind deine Blätter!
Du grünst nicht nur zur Sommerszeit,
nein, auch im Winter, wenn es schneit.
O Tannenbaum, o Tannenbaum, wie grün sind deine Blätter!

Darauf folgte die Verteilung der Geschenke, die sorglich verdeckt auf einem Tisch ausgebreitet lagen. Das gab ein Staunen und Freuen, ein Betrachten und Begutachten und während wir Kinder uns daran machten, uns mit all den schönen Spielsachen zu befreunden, brachte die Mutter draußen in der Küche den Braten zu Feuer, dass es bald brodelte und schmorte und dann und wann ein lieblicher Duft zu uns durch die Tür hereindrang. Der Rest des Abends war wieder den Spielsachen geweiht – und – nicht zu vergessen – den Nüssen und Feigen, Apfelsinen, den Kuchen und dem Kaffee. So gestaltete sich auch für uns der Weihnachtsabend zu dem schönsten Familienfest des Jahres.

Ein besonderes Ereignis für uns Kinder war ferner der Altjahrsabend oder, wie er bei uns zu Lande im Volksmund genannt wurde, der Neujahrsabend. Bei Einbruch der Dunkelheit gab es bereits die ersten Scherben. Nach uraltem Brauch warfen Nachbarsleute oder andere gute Bekannte des Dorfes eigenes zu diesem Zweck aufbewahrte nicht mehr gebrauchsfähige Töpfe und Schüsseln mit lautem Geklirr vor die Haustür. Unser Bestreben war es dann, den Übeltäter auf frischer Tat zu ertappen, was meistens nicht gelang, da er in der Dunkelheit schnell genug entwischen konnte. – Der bedeutendste Gegenstand des Neujahrsabends war der „Rummelpott". Ein kleiner Steinguttopf wurde mit einer dafür präparierten Schweinsblase überzogen, durch die Mitte ein Stückchen Rohr gesteckt und dann durch Reibung dieses Rohres mit angefeuchtetem Daumen, Mittel- und Zeigefinger jenes eigenartige glucksende, rummelnde Geräusch erzeugt. So ging es in maskierter Kleidung von Haus zu Haus, wobei dieses Lied gesungen wurde:

Fruken, mak de Dör op – de Rummelpott will in!
Dar kümmt en Schipp von Holland mit en moje Wind.
Schipper, willst du wiken,
Bootsmann willst du striken,

Set de Segel op de Topp
Un giv mi wat in de Rummelpott.

Ick seh de Schostern roken,
Dor backt de Frau Appelkoken.
Lat mi nich to lang staan,
Denn ick schall noch widergaan.
Sind se'n beten to groot,
So hebt dat ok ken Not,
Sind se'n beten to kleen,
So givt dat twee for een!

Hau de Katt de Schwanz af,
Hau en nich to lang af,
Lat en lütten Stummel stahn,
Dat'n kann noch wiedergaan.

Der Vortragskünstler konnte gewiss sein, die begehrten Gaben mit freudiger Miene des Spenders zu erhalten. Sein Säckchen füllte sich bald mit allerlei leckeren Sachen, unter denen natürlich die „Appelkoken" nicht fehlten. Auch ist hervorzuheben, dass sich die diese Vorträge im Gegensatz zu dem oft nur auf viel Lärm hinzielenden Unsinn in den Städten in durchaus gesitteten Formen vollzog. Es geschah ja auch nicht ums Betteln willen, vielmehr war die kindliche Freude an diesem uralten Brauch die Haupttriebfeder.

Ein besonderer Künstler auf diesem Gebiet war mein engster Spielkamerad, der Sohn des Dorfschmieds. Er ließ es sich auf keinen Fall nehmen, an diesem Abend sein Talent zur Schau zu bringen. Obwohl er dabei sich auf gewitzte Weise zu markieren und zu verstellen wusste, verriet ihn doch meistens eben dies besondere Talent und sein allemal am besten glucksender Rummelpott.

De Rummelpott...
Federzeichnung von Theodor Andresen

Auch wurden truppweise Vortragsstücke geboten, wobei denn manches Komiker Talent aus entlegenem Dorfwinkel zum Vorschein kam. Selbst Erwachsene beteiligten sich daran. – So verlief der letzte Abend des Jahres unter viel Scherz und Fröhlichsein und wenn die Uhr zu ihren zwölf Schlägen ansetzte, beglückwünschten wir uns alle mit einem „Prosit Neujahr!", denn auch wir Kinder genossen an diesem Abend die Freiheit, ins Neue Jahr mit geöffneten Augen zu treten, was uns nicht schwer gelang, da ja der ganze Abend genug der Unterhaltung brachte und unsere Augen nicht Zeit fanden, sich um die Müdigkeit zu kümmern.

Weihnachten und Neujahr sind winterliche Feste und die Erde muss schneebedeckt sein, wenn es Rechtes sein soll. Naht aber der Frühling mit seinen milden Winden, dass der Schnee schmilzt und die schwarzbraune Mutter Erde wieder zum Vorschein kommt, dann ist auch das Osterfest nicht weit. Wohl sind Bäume und Büsche noch kahl, wohl ist oft noch der Himmel winterlich grau, aber die Lüfte sind anders geworden. Ihr weicher Hauch lockt die Keime zur Auferstehung. Siehe, da blüht unter der Dornhecke in unserem Blumengarten schon das erste Schneeglöckchen, auf dem Boden beginnt das Gras wieder zu grünen und drunten am Bach knospen die ersten Kätzchen. In der hohen Pappel schmalzt und flötet, vor seinem Kasten sitzend, der lustige Star seine Frühlingsweisen und selbst Hans, der Hahn, bemüht sich, in seine Stimme einen anderen Klang zu legen. Dann währte es nicht lange, dass wir Kinder zum Pastoratsgarten eilten, um dort am Zaun an der Wiese die ersten Veilchen zu suchen. So gedenke ich des Osterfestes. In meiner frühen Jugend war es am Ostersonntagmorgen das Erste, in den Garten zu laufen, um dort die Eier zu suchen, die der Osterhase für uns in Hecken und Büschen, auf Rasen und Beeten gelegt hatte. In allen Farben, scheckig und gesprenkelt, so viele, dass jeder sich daran satt essen konnte, was wir Kinder gehörig ausnutzten, war es doch das einzige Mal im Jahre, wo uns dies erlaubt wurde.

Nicht minder sehnlich wünschten wir das das Pfingstfest herbei. Das frische Maiengrün, der blaue Himmel lockten uns hinaus. Ein besonderer Anziehungspunkt in diesen Tagen war das Volksvergnügen an der Schlei in Ulsnisland. Von nah und fern strömte hier die Bevölkerung zusammen, um zwischen Wald und Wasser Stunden des Frohseins zu verbringen. Für uns Kinder gab es allerlei Kurzweil, in erster Linie ein Karussell, auf dem wir uns nicht genug im Kreise drehen konnten, wozu die Orgel leierte und die Glocke lärmte. Stolz saßen wir auf den hölzernen Pferden und schauten staunend auf die goldbestickten bunten Tücher und die flimmernden und glitzernden Verzierungen. Dann wieder trieb es nach der Zuckerbude, wo man die schönsten Schokoladenzigarren mit Zuckerasche und feuerrotem Papier für nur 5 Pfennige kaufen konnte, oder die großen Herzen mit den inhaltsvollen Sprüchen. Ungern trennten wir uns am Abend von all diesen Kostbarkeiten. Noch des Nachts im Traume leierte die Orgel und drehte sich das bunte, flimmernde Karussell.

Volksfest zu Pfingsten in Ulsnis
Federzeichnung von Theodor Andresen

Zu den schönsten Tagen des Jahres gehörte die Zeit der Sommerferien, die wir größtenteils bei den Verwandten verbrachten. Unser Vater stammte aus dem Dorfe Wees bei Flensburg. Dort lebte auf der Abnahme der in fremden Händen befindlichen heimatlichen Hufe seine alte Mutter, unsere Großmutter, die von der „Tante Marie", ihrer unverheirateten Tochter, betreut wurde. Hier – in den kleinen wohnlichen Räumen mit all dem Hausrat einer alten soliden Zeit, unter den schattenden Zweigen einer hochragenden, wettererprobten Tanne auf dem Hofplatz, in dem großen Obstgarten hinter den Häusern verbrachten wir gemeinschaftlich mit den gleichaltrigen Kindern des Hofbesitzers köstliche Stunden des Spiels. Das niedrige, mit Reet gedeckte Abnahmehaus, welches noch heute, zwar mit Blech bedacht und als Scheune[7] gebraucht, seinen Giebel zur Straße kehrt, war für uns Kinder eine gern besuchte Stätte. Da tickte in der freundlichen kleinen Wohnstube, die von 2 Seiten durch das Tageslicht erhellt wurde, die alte, sechseckige Wanduhr mit dem geschäftigen Messingperpendikel. Die ungeglättete rohe Bretterdiele wurde von der Tante stets weiß gescheuert gehalten und mit feinem Haffsand bestreut. Und dort am Fenster nach der Straße saß in ihrem weich gepolsterten Lehnstuhl die betagte weißhaarige Großmutter vor ihrem Spinnrad, das unter ihren ewig gleichmäßigen Tritten schnurrt. Langsam glitt der Faden weicher Wolle durch ihre von lebenslanger Arbeit gekrümmten Finger und zitternden Hände. Nur zuweilen hielt sie ein wenig inne und blickte gedankenversunken durchs Fenster hinaus in den Garten und auf die Straße. Ging wohl ein kurzes Erinnern an ein sorgenvolles, schweres Leben durch den Sinn der Greisin?

Die Abnahme auf der Hufe in Wees
Federzeichnung von Theodor Andresen

---

[7] Die 1855 anstelle der alten Hufe von Franz-Christian Andresen neu erbaute dreiflügelige Hofanlage mit der geschilderten Abnahme wich im frühen 20. Jahrhundert einem schmucklosen Neubau. Heute existieren hier keine landwirtschaftlichen Betriebe mehr. Die alte Hufe und deren Toft sind ein Neubaugebiet. Erg. D.M.

Neben dem freundlichen Wohnzimmer lag das von schattenden Bäumen im Dämmerlicht gehaltene Schlafzimmer. Dort standen die alte, heute in meinem Haushalt befindliche hundertjährige Standuhr, eine altertümliche Schatulle und andere Gebrauchsgegenstände. An das Schlafzimmer schloss sich die Küche mit der Diele aus hellen Ziegelsteinen und der offenen Herdstelle und daran wieder die sogenannte Kistenkammer und der Pesel, beide ebenfalls mit Steinen ausgelegt. An dieser Stelle sei auch der guten Tante Marie gedacht, deren hagere Gestalt mit den rot geränderten Wangen mir noch heute gegenwärtig ist. Viele Anzüge und Kleider hat sie für uns Kinder genäht, viele Strümpfe gestrickt. Sie wusste gut, wenn wir Nichten und Neffen erschienen, dass es uns besondere Freude bereitete, von den großen Roggenzwiebacken, mit Sirup bestrichen, zu essen und aus den alten bemalten Tassen den Kaffee zu trinken. –

Anna Catharine Andresen, geb. Simonsen. Die Großmutter von Theodor Andresen. Foto: Archiv Andresen

Wohnzimmer der Abnahme der Weeser Hufe
Federzeichnung von Theodor Andresen

In die Erinnerungen an Wees mischt sich ein Erlebnis, welches durch seine Art stark auf das kindliche Gemüt einwirken musste. Wir fuhren von der Heimat zuweilen mit der Kiel-Flensburger Bahn nur bis Maasbüll, um von hier quer landein, zum Teil über Fußsteige, nach dem Ziel unserer Reise zu gelangen. Eines Tages sollte unsere Mutter allein mit uns Kindern fahren. Sie war sich nun des Weges von Maasbüll nach Wees nicht sicher, erhielt aber von unserem Vater eine genaue Aufklärung. Wir traten also von Maasbüll die Fußwanderung an. Zunächst verlief alles gut. Aber auf der unbewohnten Feldmark verließ unserer Mutter der Orientierungssinn und die Erinnerung an die Erklärungen des Vaters. Wir befanden uns schließlich auf einer Koppel, wo weder Weg noch Steg zu finden war. Der Regen goss zudem in Strömen. Wir Kinder wurden aufgeregt und ängstlich, und ich entsinne mich, dass ich ein klägliches Geschrei anstimmte, was natürlich nicht der Mutter zur Hilfe in ihrer Ratlosigkeit diente. Endlich erreichten wir Weesries, wo wir uns den Weg erfragten, um schließlich, wenn auch durchnässt, bei den Roggenzwiebacken und dem Sirup der Tante Marie anzulangen. – Ungern sahen wir den Tag des Abschieds, war es doch eine große Veränderung, dieses schöne Landleben mit dem der Stadt zu vertauschen.

Denn anschließend an diesen Besuch ging es zur alten Großmutter mütterlicherseits, welche ihre Tage allein und ohne Hilfe auf einer Etagenwohnung in Flensburg verbrachte. Hier waren zwei enge Zimmer und eine kleine Küche alles, was uns innerhalb des Hauses zur Verfügung stand. Aber als Kind weiß man sich in vieles zu finden, und sei es auch nur, dass man immer wieder vor dem Guckkasten hockt, in dem man durch stereoskopisch vergrößerte Linsen Bilder aus aller Welt betrachten konnte. Nach draußen wagten wir uns nicht so recht, denn was konnten uns die Steinstraßen mit den hohen, beengenden Häusern zu beiden Seiten bieten. Die einzige Freiheit, wie wir sie vom Lande gewöhnt waren, vermochten wir auf dem unbebauten Schlossplatze der ehemaligen Duburg zu genießen. Dunkel ist mir noch das Vorhandensein des Restes der alten Schlossruine in Erinnerung. Am schönsten war es hier zur Mittagsstunde, wenn man, ans Gitter gelehnt, hinabschaute auf die Stadt im Tal, über die unzähligen roten Ziegeldächer, hinunter auf die Straßen und in die Gassen wie auch auf den Wald von Masten all der unzähligen Schiffe im Hafen – oder, hinauszuspähen aufs Wasser der Förde, wo die Dampfer kreuz und quer ihre Bahn zogen und im Sonnenschein weiße Segel aufblinken, wo waldesgrüne Ufer das blaue Gewässer säumten. Auch dann konnte sich das Kindesauge nicht satt sehen, wenn am Abend die Lichter aufflammten in Straßen und Häusern. Damals ahnte ich nicht, dass diese schöne Stadt mir später zur zweiten Heimat werden sollte. – Ich entsinne mich aus jenen Tagen eines Spielkameraden, von dem ich kurz berichten will. Das Haus, in welchem die Großmutter wohnte, war ein Mietshaus für eine Reihe von Familien, die zum größten Teil in bescheidenem wenn nicht gar dürftigen Verhältnissen lebten, so u.a. in einer lichtarmen Mansardenwohnung ein Ehepaar mit dem einzigen Sohn, mit ich manche Stunde im Spiel vertrieb. Die Eltern lebten unglücklich miteinander. Der Vater, Werftarbeiter, war dem Alkohol verfallen. Die Mutter, deren sorgenvergrämtes, bleiches Antlitz schon damals einen tiefen, traurigen Eindruck auf mich machte, saß fast beständig hinter der Nähmaschine, um für die Notdurft des Tages einige Groschen zu verdienen. Der Sohn hatte keine gute Erziehung, dennoch spielte ich gerne mit ihm, war er doch ein aufgeweckter Junge. Zum ersten Male in meinem Leben gewann ich auf diese Weise einen Einblick in das soziale Elend städtischen Lebens.

Die Großmutter von Theodor Andresen mütterlicherseits, Johanna Dorothea Petersen, geb. Schmidt. Foto: Archiv Andresen

Unsere Eltern legten Wert darauf, ihre Kinder frühzeitig zur Arbeit anzuhalten. Wenn auch wohl in dieser Hinsicht meine älteren Geschwister mehr haben leisten müssen, so habe doch auch ich meinen Teil dazu beitragen müssen, den Eltern im Haushalt und Garten zur Hand zu gehen. Die Vorwürfe meiner Geschwister, das Nesthäkchen habe stets den Vorzug, mögen also berechtigt gewesen sein, doch bleibt nur der Einwand, dass es nun einmal der Brauch ist. Ob das nachteilig auf mein späteres Leben eingewirkt hat, kann und will ich nicht entscheiden. – Was die Arbeit betrifft, handelte es sich vor allen Dingen um den Garten. Im Frühjahr galt es, den großen Gemüsegarten umzugraben, die Beete zu besäen, kurz, alles instand zu bringen für ein gedeihliches Wachstum. Viel Mühe wurde auch darauf verwandt, das Unkraut zu vertilgen. An jenem Sonnabend war Großreinemachen. Gleich nach dem Mittagessen ging es mit allen dafür entbehrlichen Kräften hinaus. Von der äußeren Ecke bis zur Pforte wurde der Garten einer gründlichen Säuberung unterzogen. Die Steige zwischen den Beeten wie die Hauptsteige mussten gewissenhaft „gestoßen und geharkt" werden, wobei es eine Spezialität der Mutter war, die breiten Steige mit einem Zick-Zack-Muster zu schmücken. Wenn dann der Abend sich neigte, war die Arbeit vollendet und wenn auch dieser Augenblick manches Mal herbeigewünscht wurde, weil man dann von der nicht gerne verrichteten Arbeit befreit war, so stellte sich doch auch oft ein Gefühl der Freude über das geleistete Werk ein. Es war darum auch ein etwas zaghaftes Unternehmen, wenn man am anderen Morgen als Erster den Garten betrat und durch die Fußspuren das schöne Zick-Zack-Muster zerstörte.

Am Abend des Sonnabends ging es zur Sommerszeit zum Kirchhof hinauf. Oft musste ich dann meinem Vater behilflich sein, musste die Belgen treten, wenn er Choräle für den kommenden Sonntag durchübte, zuweilen ging ich der Mutter zur Hand bei der Pflege der Gräber unserer früh verstorbenen

Schwestern. Auch wurde ich oft zum nahen Dorfkrug geschickt, um dort im Kaufladen Hausstandssachen für die kommende Woche einzuholen. – Ein bedeutsamer Arbeitstag war auch der Waschtag. An der Seite einer zur Hilfe genommenen Waschfrau stand unsere Mutter von früh bis spät hinter der Waschbalje, rieb ihre Hände weich und weiß am Rippelbrett, blaute die Wäsche und hängte sie an die Leine. Da das Waschhaus abseits vom Wohnhaus wie von der Pumpe lag, mussten wir Kinder beim Wassertragen behilflich sein, wie auch eine Wringmaschine drehen und in späteren Jahren, nachdem die Mutter eine Waschmaschine erhalten, diese bedienen, alles Tätigkeiten, zu denen ich nicht sonderlich Lust verspürte. Eine angenehme Unterbrechung war es darum, wenn am Nachmittag in der Waschküche der Kaffee eingenommen wurde, wozu es ausnahmsweise Bäckerkuchen gab. Eine besondere Arbeit bestand ferner darin, dass wir Kinder beim Rollen der Wäsche behilflich sein mussten. Auf unserm Hausboden stand noch eine von jenen schweren, solide gebauten Holzrollen, deren Kasten, mit Feldsteinen gefüllt, auf zwei Rollen hin- und hergeschoben werden musste.

In meiner frühesten Kindheit wurde alle vier Wochen im Waschhaus, in welchem sich auch ein Backofen befand, das Brot für unseren Haushalt gebacken. Ich entsinne mich sehr gut, dass ich am Tage vorher stets das Holz in Form von langen Scheiten in den Backofen kriechen musste, wobei ich jedes Mal durch die Türöffnung hineinzukriechen hatte in die dunkle Höhlung. Eines Tages jedoch geschah es, dass es mir schwer gelang, wieder aus der Öffnung heraus zu kommen. Von der Zeit an brauchte ich dieses Amt nicht mehr auszuführen. Das Holz wurde nun notdürftig vermittels eines Schiebers in den Ofen gepackt. – Ein besonderes Vergnügen bereitete uns im Herbst das Schlachten des Schweins. In der großen Tenne wurde es fachkundig vom Schlachter zerlegt, worauf unsere

Mutter daran ging, die einzelnen Teile für den Haushalt zu ver-
arbeiten. Dabei mussten wir fleißig die Hackmaschine drehen
und die Würste, Groß und Klein, stopfen helfen.

Eine schöne Zeit brach auch an, wenn die Früchte des Gartens reiften. Dann mussten wir Tag für Tag pflücken: rote und
schwarze Johannisbeeren, Äpfel, Birnen und Pflaumen. Auch
wanderte unsere Mutter gerne mit uns in den Wald hinein, um
Himbeeren zu lesen. So hielt man uns Kinder zu mancherlei
Arbeiten an – eine nützliche Lehre für das ganze Leben.

Ofen beschicken…. Federzeichnung von Theodor Andresen

Ich gehe nun dazu über, von einer Reihe markanter Personen meines Heimatdorfes eine Darstellung zu geben.

Da ist zunächst unsere Wasch u. Wartefrau Lena K., die viel
bei uns aus- und einging. Nicht nur, dass sie bei der Wäsche
behilflich war, auch wartete sie uns Kinder, wenn die Eltern ab-
wesend waren. Sie war eine resolute und vor allen Dingen red-
selige Frau, bei der es nicht darauf ankam, ob die Neuigkeiten,
die sie vorbeibrachte, auf sicheren Unterlagen ruhten. Aber
Fehler haben wir alle und es fragt sich am Ende, ob solches
„Phantasieren" als eine Untugend zu werten ist. Und überdies,

unsere gute Wartefrau war, da sie selbst eine große Familie betrieb, sehr kinderlieb, warum wir Kinder denn auch stets sehr froh waren, wenn sie kommen sollte, um uns zu betreuen. Eine Eigenart an ihr war es, dass sie die Ereignisse, welche sie aus ihrem erinnerungsreichen Gedächtnis hervorholte, so erzählte, dass man von der Wahrheit derselben ohne weiteres überzeugt war, ja, dass sie ihren Vortrag so zu gestalten wusste, als handelte es sich um wahrhaft welterschütternde Geschehnisse. Am besten lagen ihr Gespenstergeschichten. Wenn wir Kinder abends im Dämmerschein mit ihr im Wohnzimmer beisammen waren, dann begann sie, die schauerlichsten Geschichten zu erzählen, die natürlich alle auf Wahrheit beruhten und von diesem oder jenem ganz bestimmt erlebt sein wollten. So entsinne ich, dass sie einmal von ihren erwachsenen Sohne berichtete, der, als er eines abends sich auf dem Heimweg befand, plötzlich eine gewaltige Feuerkugel auf sich zukommen sah, die ihn in einen nicht geringen Schreck versetzt habe, zumal sie unbeirrt auf ihn zu und mitten durch ihn gerollt wäre. Ob dieses nun ein reines Phantasiegebilde gewesen ist, oder aber, wie ich mir später ausgelegt habe, es sich um die Naturerscheinung eines Kugelblitzes handelt, das vermag ich nicht weiter zu erörtern. Jedenfalls hat diese Erzählung auf mich einen nachhaltigen Eindruck gemacht.

In ganz besonderem Gedächtnis steht mir unsere Nachbarin Tante Schm. In demselben Hause, in welchem sich unsere Waschküche befand, wohnte sie im östlichen Flügel in einer bescheidenen Wohnung, welche für die Lehrerwitwen bestimmt ist. Ja, sie wohnt heute noch dort im betagten Alter und hat ein Leben hinter sich, wie es wohl selten einem Menschen beschieden: früh verlor sie ihren Mann, Lehrer von Beruf, und musste sich nun mit ihren drei kleinen Kindern durchs Leben schlagen. Aber sie verlor nie den Mut. In unserem Elternhause ging sie als nächste Nachbarin täglich ein und aus und besonders uns Kindern war sie unentbehrlich. Sie teilte Freude und Leid auch mit unserem Hause und es verging wohl kaum ein Tag, an dem wir nicht bei Tante Schm. Vorsprachen, wo wir immer eine kleine Gabe erwarten durften und wenn es auch nur ein Stückchen Zucker war. Hatte ich ein wenig Zahnschmerzen oder fühlte eine Erkältung im Halse und fand bei der Mutter kein Gehör, lief ich zur Tante Schm., der ich mein Leid klagte. Mit einem Stück Zucker, beträpselt mir Rum, wurde dann schnell dem Übel nachgeholfen. Welche unzähligen Erinnerungen tauchen in mir auf, sehe ich mich in jenem freundlichen Stübchen wieder, wo mir immer irgendwelche Spielsachen zur Verfügung standen. Kein Fest in unserem Hause, bei welchem Tante Schm. fehlte und kaum ein Tag im Jahr, an welchem sie nicht zu unserer Mutter in die Küche kam, um die vielen Dinge zu besprechen, die beider Gedanken beschäftigen. Nun sind die Eltern, ja fast alle, die zu ihrer Generation gehörten, zur ewigen Ruhe gebettet und noch immer verbringt die Alte in ihrem Häuschen ihre Tage, die im hohen Alter durch ein düsteres Geschick beschattet wurden, geschah es doch in einer Nacht, dass ihre Schwiegertochter und zwei kleine Enkel zusammen mit dem Hausmädchen von ruchloser Mörderhand erschlagen wurden.

Unter dem männlichen Geschlecht ist es zunächst der Pastor des Dorfes, dem ich hier einige Worte widme. Pastor P., der ein langes Leben in meiner Heimat amtierte, war ein Geistlicher Alt-Lutheraner, orthodoxer Richtung. Wenn er sich auch in seiner Seelsorgertätigkeit im Laufe der Jahre viele Feinde schuf, so wird auch der ärgste seiner Feinde ihm sein fest und tief verwurzeltes Christentum, sein Pflichtbewusstsein bis zum Äußersten – konnte er sich dessen rühmen, nie in seinem Leben krank gewesen zu sein und nie seine Amtstätigkeit versäumt zu haben – absprechen können. Mit meinem Vater, dem er als Ortschulinspektor vorgesetzt war, stand er in einem gespannten Verhältnis, das umso bedrückender war, weil ja unser Vater

auch im kirchlichen Dienst mit ihm zusammenarbeiten musste.
–

Das Pastorat von Ulsnis. Federzeichnung von Theodor Andresen

Ich entsinne mich vieler kleiner Episoden, durch die ich in meiner Kindheit mit Pastor P. in Berührung kam. Eine sei hervorgehoben: Ein enger, von hohen Knicks gesäumter Weg führt von der Dorfstraße abseits zum Pastorat. Es ist ein altes, langes, strohgedecktes Gebäude mit weißen Mauern und liegt reizvoll im Schutz eines Wäldchens, die Front zur Kirche gewandt, von der es durch ein Ackerfeld getrennt ist. Immer hatte ein Gang zum Pastorat etwas furchtgebietendes für mich. Vom Vater beauftragt, kam dieses häufig vor. Jeden Sonnabendnachmittag hatte ich eine besondere Mission auszuführen, die sich wie folgt gestaltete. Wenn ich am Pastorat angelangt war, streifte ich die Holzschuhe von den Füßen, öffnete behutsam die schwere Haustür und betrat den geräumigen, kühlen Flur. Leise klopfte ich an die Tür zum Studierzimmer. Auf ein kaum vernehmliches Herein trat ich scheu näher. Das war ein gar seltsames Zimmer. An zwei Wänden ragten riesige Bücherregale bis hinauf zur Decke. Da standen in Reih und Glied wie Kompagnien von Soldaten unzählige Bücher, Hefte und Mappen, von den dickleibigsten, protzigen Folianten bis zu den schmalen, zerfetzten Broschüren. Vor mir saß an seinem Schreibtisch, welcher zwischen den beiden Fenstern, aufgestellt war, der Pastor, ein Durcheinander von Papier, Zeitungen und Schriften vor sich hingebreitet. Mitten aus diesem Wirrwarr erhob sich ein zierliches, silbernes Kruzifix.

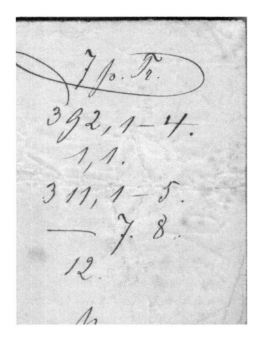

Der Nummernzettel von Pastor Petersen. Foto: Archiv Andresen

Der Geistliche selbst hockte zwischen all dieser Gelehrsamkeit wie die Spinne in ihrem Netz. Er war von kleiner Gestalt. Sein halblang geschnittener Vollbart, der die ganze unteres Gesichtshälfte umrahmte, verlieh seinem Aussehen etwas Alt-Apostelhaftes. Eine goldgefasste Brille nahm den Augen den natürlichen Glanz. Auf dem Kopfe trug er ein schwarzes Käppchen. Ein langer, mit Schnüren und Treffen besetzter Hausrock hüllte den ganzen Menschen ein. „Ich wollte, mein Vater bittet darum, die Nummern haben" war mein Anliegen. Mit einem gebrummten „hm" griff der hohe Herr zu einem Stückchen Papier, griff aus dem Haufen Bücher ein viel benutztes Gesangbuch mit Goldschnitt heraus und begann, eifrig darin zu blättern. Nach einigem Suchen nahm er seinen Federhalter, tauchte ihn ins Tintenfässchen und kritzelte auf einem Stückchen Papier einige Zahlen hin, welche die Choral- und Versnummern bezeichneten, nach denen die Gemeinde morgen am Sonntag in der Kirche singen sollte.

Diese ganze Zeit stand ich bescheiden an der Tür und blickte mich verstohlen im Zimmer um. Endlich reichte der Pastor mir den Zettel hin, wobei er ein kurzes „Bitte" in seinen Bart murmelte. Schnell bot ich ihm mein adieu und machte mich davon. Nach wenigen Minuten stand ich in der Kirche neben meinem Vater und sah zu, wie er nach dem wichtigsten Zettel die Zahlentäfelchen auf die großen schwarzen Tafeln schob, just wie der Apotheker seine Mixturen auf unfehlbarer Sicherheit nach dem geheimnisvollen Rezept bereitet.

Eine andere markante Person meines Heimatdorfes war der Totengräber, Heinrich W., ein schon ziemlich von den Stürmen der Zeit mitgenommenes Männchen, gebürtig aus Sachsen. In seiner Art und seinen Anschauungen schon stark an das Komische grenzend, wurde dies noch besonders gefördert durch seinen sächsischen Dialekt. Seine Amtstätigkeit bestand in dem Auswerten von Gräbern, im Glockenläuten, Klingelbeutel reichen und ähnlichen kleinen Kirchendiensten. Er vollführte dies alles mit einem ganz besonderen Gebaren, als ob er von seiner Person zum mindesten ebenso viel abhinge als etwa von der des Pastors. Wenn eine wichtige Frage zu erörtern war, hatte er seine bestimmte, eigene Meinung und gar oft äußerte er zu meinem Vater die bedeutungsvollen Worte: ich und der Pastor haben es so beschlossen. In seiner außerkirchlichen Tätigkeit war er meistens in seinem Häuschen hinter seinem klappernden Webstuhl beschäftigt, denn er war gelernter Weber und hatte, der Not gehorchend, seine Heimat verlassen – zu einer Zeit, von der Gerhard Hauptmann in seinen „Webern" eindrucksvolle Bilder entwirft. Bis hoch in den Norden Deutschlands war unser Weberlein gekommen und hatte nun neben seiner erlernten Kunst den Spaten und die Schaufel ergriffen, um jahraus, jahrein, bei Sonnenschein und Winterkälte, seinen Mitmenschen das Bett der ewigen Ruhe zu bereiten. Jetzt liegt er selbst unter den Bäumen, wo er so manche Erbschollen über die schwarzen Bretter warf. So gräbt ein Geschlecht das andere zu Grabe.

War unser Totengräberlein von einer lebhaften, komischheiteren Art, so war wiederum unser alter Tagelöhner Fritz A. von ganz anderem Wesen. Gab es im Garten schwere Arbeit zu verrichten, musste der alte Fritz A. herbei. Einmal im Jahre auch hatte unser Vater ihn auf mehrere Tage zum Holz sägen. Er war ganz alten Schlages der eingesessenen Bevölkerung unseres Landes. Seine Wohnung hatte er in einem entlegenen Winkel des Dorfes, unten an der Schlei zwischen Wald und Wasser, wo in weitem Umkreis keine Menschensiedlung war. Daher kam es wohl auch, dass der Alte etwas Schwerfälliges und Unbeholfenes an sich hatte, so dass er mit seiner Sprache nur nach langem Hin- und Herquälen herauskam und sich verlegen hinter dem Ohr kratzte, wenn ihm in seiner Arbeit etwas Unerwartetes in den Weg kam. Von früh bis spät stand er in immer nickender Bewegung hinter seinem Sägebock und zerteilte einen Holzkloben nach dem anderen. Seiner schwerfälligen Art ist er wohl auch zum Opfer gefallen, soll er doch beim Teerbrennen verbrannt sein. So still, einfach und ereignislos das Erdenleben dieses Mannes gewesen ist, so bildete es dennoch ein wertvolles Glied in der Kette schaffender Menschen. Von Anfang bis Ende erfüllte dieses Leben seine Aufgabe im Gegensatz Schlemmer- und Schmarotzerdasein unzähliger Tagediebe, die unsere schöne Erde bevölkern und anderen Menschen zur Last fallen.

Haus des Tagelöhners Fritz A.
Federzeichnung von Theodor Andresen

So könnte ich weiter erzählen von den Menschen des Dorfes, von den einzelnen Gestalten eines urwüchsigen, bodenständigen Bauerngeschlechts, von ihren Eigenarten, ihren edlen Zügen, ihrer Nächstenliebe, von ihren seltsamen Gewohnheiten, ihren derben Ausdrücken in der Sprache des Volkes – aber auch von ihren Lastern und Leidenschaften, aus denen so manches Familiengefühl erwuchs. Wer an einer solchen Stätte und unter solchen Menschen von Kind auf geworden und gewachsen ist, weiß nur zu gut, wie eng diese Menschen gleich den Gliedern einer Familie untereinander verbunden sind, wie ein Haus die Freuden und Leiden des anderen mit sieht, erlebt und empfindet, wie aber auch unerfreuliche Dinge aufschießen, oft nur aus Veranlassungen geringfügiger Art. Aber ich nahm mir vor, von meinem eigenen Leben zu schreiben.

Da will es mir scheinen, dass die Natur meiner Heimat in erster Linie Mitgestalterin meines Lebens wurde. – An den

Straßen und Gärten meines Heimatdorfes, an seinen Wäldern und Feldern habe ich in meiner Kindheit das gefunden, wozu es mich trieb. Durch die Knicks bin ich gebrochen, sog den Duft der Heckenrosen, sah im Herbst die Hagebutte blutrot aufleuchten – über die grünen Weiden, die braunen Äcker bin ich in atemloser Hast gerannt, bin geschlichen zwischen Korn und Knick, wo blau aus goldenen Halmen die Kornblume schaut, wo die rosenfarbenen Glockenblumen blühen und die Brombeeren wild sich ranken – über die Gräben bin ich gesprungen und durch die Wiesen gestapft hin durch das gelbe Meer der Sumpfdotterblumen – am Wegesrande habe ich gesessen und Pfeifen aus den saftigen Zweigen der Weiden geschnitzt, hoch am Hügelhang habe ich im Sonnenbrand gelegen – und um mich her blühten Kopf and Kopf die Margariten, wölbte sich über mir der blaue Himmel, segelten die Wolken selig ihre Bahn.

Und du, schöner Wald, warst meiner Jugend Freund, du mit deinen säulengleichen, silbergrauen Buchenstämmen und deinem kühlschattenden Blätterdach, mit deinem rostbraunen Laubboden, wo zur Frühlingszeit das Buschwindröschen und die Sternmiere so zart aufblühen. – Soll ich es sagen, dass nur hier die Natur so schön, so üppig, so mitteilsam ist, dass nur hier und sonst nirgends auf der Welt Blumen blühen, Wälder rauschen und Vögel singen? – Die Fülle und Eindringlichkeit aller Erlebnisse, der Trieb, alles zu schauen und zu ergründen, die Lust am Gedankenspiel, die große, nie geglättete Phantasie, alles zusammen erfüllt die Tage meiner Kindheit gleich den Träumen jenes „Taugenichts", der seines Vaters klappernde Mühle verließ und sorglosen Herzens hinaus in die bunte Welt wanderte. – Ein stilles Wesen war mir zu eigen, aber ich fühlte mich nicht einsam, nicht verlassen, wenn ich keine Genossen zum Spiel und Zeitvertreib fand. Alles gäbe ich drum, diese Stunden des innigsten Spiels noch einmal zu genießen. Aber vorbei – vorbei für immer! Nur die Erinnerung ist stark und goldig geblieben. Erinnern ist alles von unserem Leben. Doch keins ist so stark wie jenes, das uns in eine Zeit versetzt, da wir noch Kind waren und die Welt mit unseren hungrigsten Kindesaugen sahen und erlebten. Unglückselig ihr Menschen, die ihr mit Bitternis auf die Zeit eurer Kindheit zurückblickt, welche euch hätte die große herrliche Lust am Erdenleben bringen sollen.

SCHULZEIT IN SCHLESWIG

En neues Leben begann für mich im Alter von 13 Jahren. Meine Eltern, denen es daran lag, ihren Kindern eine Schulbildung zu Teil werden zu lassen, die ihnen den Weg zu aussichtsreichen Berufen eröffnete, schickten mich auf die Realschule der nächsten Stadt. Während meiner einjährigen Vorbereitung bei dem ersten Lehrer unseres benachbarten Kirchdorfes hatte ich genügende Kenntnisse erworben, um die Aufnahmeprüfung in die Unter-Tertia ohne Schwierigkeiten zu bestehen. Ostern des Jahres 1907 trat ich dieses neue Leben an. Es war ein Ereignis von entscheidender Bedeutung. Bisher war aus dem kleinen Bereich des heimatlichen Dorfes, abgesehen von Ferienreisen zu Verwandten, nicht herausgekommen. Das wurde nun mit einem Schlage anders. Wenn es auch ein Städtchen war, in dessen Mauern sich jetzt der größte Teil meines Lebens abspielte, alles geschah doch unter veränderten Verhältnissen. Wenn ich auch für die Dauer des Sommers noch täglich mit der Kleinbahn nach Hause fuhr, um den Abend und die Nacht im Elternhause zu verbringen, so war doch die Lebensweise viel bewegter, bunter und von ganz veränderter Art.

Ehe ich nun in eine Schilderung dieser neuen Lebensführung eintrete, will ich zunächst von der neuen Umgebung, von dem Städtchen verrichten, in welchem ich volle drei Jahre die Schule besuchte. Es ist die alte Bischofs- und Landeshauptstadt

Schleswig, am Dom. Federzeichnung von Theodor Andresen

Nicht nur damals machten all die Gassen und Häuser, die
blaue Förde, das Gewimmel von den unzähligen roten Ziegeldächern auf mich einen tiefen Eindruck, auch heute noch beschäftigt diese alte Kleinstadt manches Mal meine Gedanken,
ja, gar oft drängt sie sich blitzartig auf Augenblicke in die Kette
des alltäglichen Denkens und baut sich in wunderbarer Klarheit mit ihrem alles überragenden Domturm vor mir auf. –
Schleswig ist eine uralte Stadt und taucht schon zu Anfang der
Geschichtsschreibung unserer nordischen Heimat auf. Manches Geschehnis von weitragender Bedeutung für unser stets
umstrittenes Land hat sich in seinen Mauern abgespielt. Altehrwürdige Bauten zeugen von gewesener großer Zeit, in der
diese Stadt eine beherrschende Rolle spielte.

Schleswig, Holm. Federzeichnung von Theodor Andresen

Da ist das Schloss Gottorf, der schöne stolze Sitz vergangener Herzogsgeschlechter – inmitten hoher Alleebäume, umgeben von tiefen, schilfrauschenden Burggraben, daran anschließend Neuwerk mit dem heute verfallenen Wasserkünsten am Rande des ausgedehnten Tiergarten-Waldes – da sind die alten Bürgerhäuser, prunklos, vom Alter gebeugt, als raunten sie sich mit ihren hohen Giebeln allerlei Dinge aus vergangenen Jahrhunderten zu – da ist der Holm, diese ureigene, seltsame Fischerstadt mit ihrem eigenartigen Gemeinwesen und dem stillen Petridom mit seinem mächtigen Gemäuer, seinem gewaltigen Schrägdach, das ganze ausgedehnte Massiv dieses schönen Bauwerks überragt von dem 112 Meter hohen, schlanken Turm aus neuerer Zeit.

Nicht schurgerade und eintönig sind die Straßen und Gassen der Stadt, immer winden sie sich hin in Biegungen und Krümmungen. In schier endlosem Lauf schlingt sich die

Hauptstraße von einem Ende zum anderen um die buchtende Schlei. Von den Höhen herab stürzen sich die Gassen. Immer aufs Neue schaut der müßige Betrachter liebliche Bilder. Bald schweift sein Blick über altehrwürdige Häuserfronten, bald leuchtet das Zinnoberrot der Ziegeldächer dazwischen, bald tut sich ein grüner Platz auf, dann wieder enden die Häuserreihen, eine salzige Brise steht vom Wasser herein, es rauscht im Schilf und in den hohen Bäumen. Auf der Höhe entlang zieht hinauf und hinab die „Allee".

Vom Schneckenberg genießt man eine herrliche Aussicht über die Stadt und ihre nahe und weite Umgebung. Aus den blauen Fluten der Schleibucht taucht die Möweninsel auf, die einst ein Schloss, jene Juriansburg, trug, die aber heute eine Brutstätte ist für jene Flugkünstler unter den Vögeln. Beständig liegt ein Flimmern über dem Eiland von all den unzähligen und unruhigen weißgefiederten Möwen. Und drüben am anderen Ufer der Förde wölbt sich eine Waldeskuppe: die Oldenburg, Haithabu, historische Stätten aus der Frühgeschichte unseres Landes.

Haithabu, Federzeichnung von Theodor Andresen

Manches Mal habe ich all dieses im stillen Verweilen genossen, denn die Sehnsucht nach den Fluren der Heimat packte mich gar oft. So halb ländlich die Stadt auch war, die engen Straßen wollten mir nicht gefallen und die Schule mit ihrem toten Wissenskram behagte mir auch nicht. Fasse ich jedoch alles zusammen, dann bleibt es dabei: die Stadt, deren menschlichen Einrichtungen ich viele unerquickliche Stunden meiner Kindheit verdanke, haftet immerdar mit all ihren freundlichen Eindrücken in meinem Erinnern. Sie hat mir unzählige köstliche Stunden bereitet, an denen ich mein Leben lang zu zehren vermag.

Doch will ich nun erzählen von diesen Stunden, Tagen und Jahren, von allen trüben, den trüben und freudvollen.

Ich fuhr also in den Sommermonaten täglich nach Schluss des Unterrichts in die Heimat zurück. Früh um 6 musste ich aus den Federn. Bis zur nächsten Bahnstation Steinfeld war es eine halbe Stunde Fahrt mit dem Fahrrad. Die Eisenbahn gebrauchte von hier bis Schleswig eine Stunde Fahrt mit dem Fahrrad. Die Eisenbahn gebrauchte von hier bis Schleswig eine Stunde. Nachdem der Schulunterricht um ½2 Uhr beendet war, ging es um 3 Uhr wieder mit der Bahn heimwärts. Erst zwischen 4 und 5 erhielt ich auf diese Weise im elterlichen Hause meine Mittagsmahlzeit. Zwei Tage in der Woche aber kann ich weit später nach Hause. Wenn wir am Nachmittage Unterricht hatten, war die nächste Fahrgelegenheit für uns erst um 8 Uhr, so dass es nahezu 10 wurde, ehe ich nach Hause kam.

Diese Bahnfahrt zwischen Steinfeld und Schleswig von jeweils einer Stunde zusammen mit anderen Schulgenossen muss ich hier kurz beschreiben. Das tägliche Hin und Her machte uns vertraut mit allen Vorgängen, mit jeder einzelnen Gegend der Strecke, die wir in dem langsamen Tempo der Sekundärbahn abrollten. Noch heute ist mir jede Station in meiner Vorstellung lebendig, jede Biegung des Schienenstranges, die Felder, Häuser und Wälder, die vorübereilten. Wir waren vertraut mit allem, mit dem Zugpersonal, das gar oft seine liebe Not mit uns wilden Fahrgästen hatte, mit seinen Gewohnheiten und Eigenheiten, ja, am Ende selbst mit den Lokomotiven, die, hätte man uns gewähren lassen, wir unbedenklich allein bedient hätten. – Übel war es um das Betragen der Fahrschüler bestellt. Es ist nicht zu viel gesagt, wenn ich behaupte, dass wir oder doch ein gewisser Teil von uns, dem sich der übrige zu fügen hatte, eine Horde radaulustiger Flegel waren. Im Schülerabteil des Zuges ging es stets hoch her. Lärmendes Gebaren, dumme Streiche, die zu schlimmen und schlimmsten Taten ausarteten, brachten uns überall in üblen Ruf. Aber, wie gesagt, Anführer in allen Dingen waren immer nur wenige und immer dieselben Gesellen. Gegen diese konnten wir anderen nichts ausrichten und mussten uns wohl oder übel fügen. Wir Besonnenen mussten manches Mal schweres Unrecht leiden. Die Gewalt des Stärkeren, die Brutalität der Faust ließ mich früh einen bitteren Hass gegenüber die empfinden, die uns mit Rücksichtslosigkeit ungehemmter Willkür regieren wollte.

Die Schule lag nur eine kurze Strecke Weges zum Bahnhof. Ich denke ungern an dieses unfreundliche Gebäude zurück. Der Massenbetrieb war mir zuwider: die langen Korridore mit ihrem hohen Widerhall, das Getöse und Gewimmel bei Beginn und Schluss des Unterrichts, die schrille Glocke, die kahlen Klassenzimmer und besonders die Lehrer, die uns mit ihrem Unterrichtsstoff plagten, als hätten sie selbst keine Freude daran und lehrten uns nur weil sie mussten, der Direktor, der uns Furcht einflößte weil er der Direktor war und kein Mensch. Jahraus, jahrein unterrichteten uns die Lehrer nach vorgeschriebenem Pensum und diktieren Strafen, weil sie keine anderen Methoden wussten, uns zu erziehen. Da entsinne ich mich auch einiger Erzieher der Jugend, fürchteten sich aber vor den Kindern, weil diese Gewalt über sie hatten und mit ihnen trieben, was sie wollten. Lasst mich von diesen armseligen, bedauernswerten Geschöpfen ein wenig erzählen.

Vor mir steht unser Mathematiklehrer Dr. Brandes äußerlich eine gute Erscheinung im Alter von etwa 30 Jahren, unverheiratet. Auf dem Katheder postiert, bemüht er sich, eine energische Miene aufzusetzen, versucht in seiner hastig und nervös hervorsprudelnden Sprache uns den pythagorarischen Lehrsatz klar zu machen, sieht sich aber alle Augenblicke genötigt, zur Ruhe und Aufmerksamkeit zu mahnen. Versuche, die stets vergeblich verlaufen. Denn die Klasse lässt sich nicht bändigen. Hier schwatzen einige, dort werden Arbeiten für die nächste Stunde gemacht, eine Gruppe steht am Fenster und betrachtet die Außenwelt. Beständig ist ein Gesumme in dieser Klasse. Ganz verwegene Schüler wagen es, unseren Oberlehrer durch Fragen, die gar nicht in den Unterricht gehören, nur noch mehr zu verwirren. Der hilflose Mann weiß nicht, was er beginnen soll – er schimpft, er ringt nach Ausdrücken, von denen er Ruhe in der Klasse erhofft, aber es nützt ihm alles nichts, er steht machtlos, er verstummt – und seine Mienen drücken Verzweiflung und Ohnmacht aus.

Jetzt aber, da der Schwall zur Gewohnheit geworden war, jetzt hat er es erreicht, dass durch das letzte Gemurmel dieser Horde abebbt. Alles hat sich wieder ordentlich auf den Platz gesetzt, aller Augen sind auf das Katheder, auf seine hilflose, unglückliche Figur gerichtet. Es ist, als ob auf einen Augenblick das Mitleid bei der Horde eingezogen wäre. Der gute Dr. Brandes glaubt, er habe gesiegt, seine Mienen hellen sich auf, ja es ist, als sprächen sie dieser zügellosen Gesellschaft noch einen stillen Dank dafür aus, dass man am Ende zur Ruhe gekommen. Er fühlt in seinem Inneren etwas wie Autorität erstehen und das befriedigt, gibt ihm den Mut, den Unterricht fortzusetzen.

Er steigt hinab zur Tafel, hantiert Zirkel, Lineal und Kreide und beginnt, jene pythagoraische Figur zu zeichnen. Kaum hat aber unser Lehrmeister uns den Rücken gekehrt, als wir auch schon wieder in unser altes Treiben verfallen. Lassen sich nicht mit einem Stückchen Gummi und einem Fetzen Papier die schönsten Späße vollführen? Klatsch! Ein kleines Geschoss schlug auf die Tafel ein. Dr. Brandes hat`s gemerkt. Wie soll er sich verhalten? Noch bezähmt er sich, der Schweiß perlt auf der Stirn. Einen Augenblick hält er inne, dann fährt er fort – stotternd – überlegt inzwischen: ereiferst du dich, die Horde wird keine Notiz von dir nehmen – vielleicht, wenn du dich nicht um diesen Vorfall kümmerst, wird man einsehen, dass solche Angriffe zwecklos – vielleicht – Klatsch! Der saß im Nacken – ein kurzer Schmerz – aufsteigende Wut – im Nu ist er an der vordersten Bank, er schimpft, er wütet, er stampft mit den Füßen, fuchtelt mit den Armen, die Worte bleiben ihm im Halse stecken, Schaum tritt ihm vor den Mund, nun greift er blindwütend einen Schüler heraus, bestimmt einen Unschuldigen, er packt ihn, schüttelt ihn, will ihn verprügeln – nein, er tut es nicht – daraus könnten Folgen entstehen – mit der körperlichen Züchtigung ist es ein eigen Ding, Dr. Brandes hat es einmal erlebt, seitdem schlägt er nicht gerne.

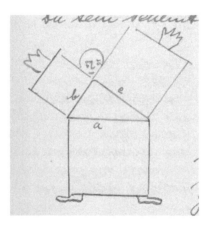

Die Figur von Pythagoras. Skizze von Theodor Andresen,
Das Bunte Buch (Flensburg 1929), 113.

Darum lässt er auch jetzt ab von dem Knaben, wankt zurück zum Katheder, und trägt ihn wegen ungebührlichen Betragens ins Klassenbuch ein. Aber damit hat er nun wieder einen falschen Schritt getan. Der Junge war in der Tat unschuldig. Alle Schüler stürzen nach vorne, beschwören den Lehrer, fordern drohend, diese Strafe wieder rückgängig zu machen. Er tut es. Geht an eure Plätze, herrscht er die noch unruhige Gesellschaft an. Die verfällt wieder in ihre alten Ungezogenheiten. Ohnmächtig steht Dr. Brandes am Pult, wieder ereifert er sich, wieder quillt weißlicher Schaum aus den Mundwinkeln.

Plötzlich fällt sein Blick auf den Primus, einen großen, kräftigen Jungen. Der grinst ihm frech ins Gesicht. Das geht zu weit. Der Lehrer will ihn packen, seine Wut auslassen – aber nun folgt eine schlimme, eine widerliche Szene. Der Primus erhebt sich in großer Gemütsruhe von seinem Platze, hebt in demselben Augenblick als der Lehrer ihn packen will den Arm hoch, ballt eine Faust und spricht ruhig aber drohend: „Wagen Sie es nur, mich anzupacken, Sie werden etwas erleben." Fassungslos steht der Lehrer da, mit bleichen Wagen, mit blutleeren bebenden Lippen. Er möchte etwas erwidern, er kann es nicht, die Worte bleiben ihm in der Kehle stecken. Er weiß, der Flegel wird seine Drohungen zur Tat werden lassen. Wie sollte er sich aber dagegen wehren. Der Schüler ist stärker als sein Lehrer. Wie furchtbar wäre eine solche Blamage. Hilflos gleitet des Lehrers Blick des Lehrers Blick über die Klasse. Die ist mit einem Male verstummt. Das scheint auch ihr zu weit zu gehen – oder denkt sie anders und harrt in gespannter Erwartung des Ablaufs dieses außergewöhnlich interessanten Vorfalls. Aber Dr. Brandes gibt auf, er weicht von seinem Platz, taumelt zurück, pflanzt sich am Pult auf, das heißt, er bemüht sich, eine feste entschlossene Gestalt herzugeben, in Wahrheit ist es eine klägliche Figur.

Da ertönt der schrille Klang der Glocke. Wie eine Erlösung kommt dieser Ruf. Beim ersten Laut stürzen die Schüler zur

Tür hinaus auf den Korridor. Dr. Brandes sitzt alleine vor seinem Klassenbuch, gebrochen an Geist und Gemüt.

Domschule Schleswig. Federzeichnung von Theodor Andresen

Es konnte sich aber auch ereignen, dass wir mit unserm Dr. in sehr freundschaftlicher Art umgingen. Nicht viel gehörte dazu, ihn so zu stimmen, dass wir ihn sozusagen um den Finger wickeln konnten. Seine Natur war viel zu schwach, um uns trotz aller unser Streiche, unter denen er wieder und wieder leiden musste, nicht dann und wann ein erbetenes Vergnügen zu gewähren. Zudem besaß unser Primus, dem die ganze Klasse als ihrem Anführer widerspruchslose Gefolgschaft leistete, eine ihm eigene diplomatische Fähigkeit, sich nach seinem Belieben bei Dr. Brandes einzuschmeicheln, der denn auch nach und nach alle Macht über diesen Schüler verlor.

Eines Tages, mitten im Unterricht, erhebt sich unser Primus und bittet in höflichem Tone: „Herr Dr., wir hätten Sie gerne einmal zu einem Ausfluge in die Umgebung der Stadt eingeladen, vielleicht Sonnabendnachmittag, wir dachten, es könnte ein schöner Spaziergang nach Seeblick sein." – Ein anderer hätte sich natürlich diese Ungehörigkeit, den Unterricht zu unterbrechen, verbeten und den Bittsteller gehörig gerügt. Aber Dr. Brandes war an solche Dinge gewöhnt und er erblickte in solcher Aufforderung sogar eine Schmeichelei für sich, ja, er gewann das Gefühl, dass die Klasse an ihm hing. Gewiss, ein wenig sträubt er sich noch, aber dann sagt er doch zu.

Am Sonnabendnachmittag hat sich die grünbemützte Horde vollzählig am Treffpunkt (am Rathausmarkt) eingefunden, auch Dr. Brandes erscheint pünktlich. Singend marschiert die Schar bei prächtigem Wetter zur Stadt hinaus. Man könnte glauben, zwischen Lehrer und Schülern herrscht die schönste Harmonie – nun, heute es ist auch so. Draußen auf der Landstraße geht es zwar nicht mehr so geordnet einher, in kleinen Trupps läuft alles auseinander. Man bricht die Zäune, man rennt wie eine wilde Meute über die Felder. Was soll Dr. Brandes auch anders erwarten – und mag die Horde nur toben, es ist ja kein Kollege, kein Direktor in der Nähe. Der Primus, dieser Schurke, hat sich schmeichelnd an seine Seite gemacht. Er weiß sich mit seinem Lehrer über allerlei Dinge zu unterhalten, die diesen gefangen nehmen.

Nach etwa einer Stunde hat man den in anmutiger Gegend gelegenen Wegkrug Seeblick erreicht, wo der Kaffee eingenommen wird. Eine feierliche Ansprache des Primus begrüßt den Lehrer als den Freund der Klasse. Dr. Brandes strahlt in Wonne. Kaum sind die Tassen abgeräumt, als der Primus dafür sorgt, dass Bier aufgetischt wird. Der Lehrer wehrt ab, das ginge nicht, das könne er nicht dulden. Aber der Primus beruhigt ihn, und schließlich ist auch unser Dr. keine Verächter des Alkohols. Wie man nun unter Singsang und Lärm so recht im Zuge ist, lockt einer der Schüler unter dem Vorwande, es gäbe ein schönes Bild zu sehen, in eine Ecke des Zimmers den willig folgenden Lehrer. Schnell zieht der Primus ein Fläschchen aus seiner Tasche, welches eine wasserhelle Flüssigkeit enthält: konzentrierten Alkohol. Er gießt einen kräftigen Schuss davon in das Glas des Lehrers. Wieder stößt man an und trinkt in herzhaften Zügen. Am Ende geht man zum Grog über. Noch einmal gelingt es, den Lehrer fortzulocken und wieder erhält sein Getränk eine kräftige Verstärkung. Das Mathematikergehirn beginnt, in Unordnung zu geraten, kurz, der gute Dr. Brandes wird betrunken, wohingegen die Horde leidlich auf den Beinen bleibt. Es bleibt nichts anderes übrig, der Wirt muss dieser widerlichen Szene ein Ende bereiten. Er wirft die ganze Tertianerhorde mitsamt ihrem wankenden Lehrer hinaus in den dämmernden Abend. Der Primus uns sein Stab haben Mühe, ihr Opfer wohlbehalten in das Weichbild der Stadt zu bringen. Dort lässt man es laufen, oder vielmehr, hin wanken, wohin es will.

Dr. Paul D., kurz Paul genannt, war ein enger Freund von Dr. Brandes, aber um seine Disziplin war es noch schlimmer bestellt. Paul – der Primus scheute sich sogar nicht, ihn so anzureden – war Jude. Er unterrichtete uns in der Untersekunda im Deutschen, das heißt, ein Unterricht war es kaum zu nennen. Wilhelm Tell, die Jungfrau von Orleans, sie uns nur sehr oberflächlich vorgestellt. Das größte Vergnügen bereitete es uns, die Schauspieler mit verteilten Rollen herunter zu lesen, wobei wir mit Vorliebe den schauspielerischen Pathos in übertriebener Form anwandten, während Paul auf dem Pult saß, machtlos dem Treiben zusah oder zum Fenster hinabblickte.

So sehr sehe ich dich vor mir, Paul, einen stillen Dulder gleich, in dessen Mienen geschrieben steht: was habe ich euch denn getan, dass ihr solche mit mir tut. Unzählig sind die Streiche, welche dieser Mann über sich ergehen lassen musste. Beständig war ein Lärmen, Rennen, Toben in der Klasse, Händel wurden auf der Stelle durch eine wüste Balgerei ausgetragen.

Paul aber saß auf seinem Pult und schwieg. Wenn es gar zu arg wurde, stellte er wohl einen von uns Schülern draußen vor die Tür aber nicht zur Straße als Posten, darauf wenn ein anderer Lehrer oder der Direktor sich näherte, rechtzeitig Meldung erstattet würde und die Klasse für diesen Augenblick ruhig wäre. Eine Marotte hatte unser Paul. Das war seine Richard Wagner-Schwärmerei. Es verging wohl keine Stunde, dass er nicht das geliebte Thema aufgriff. Dann war es, als ob in ihm ein Feuer angefacht würde, es lohte und flammte und mit Pathos und Verzückung pries er jenen Großen und sein Werk. Mit welch unnachahmlicher, schwärmerischer Betonung allein sprach er die Worte aus: Richard Wagner. Er schloss halb die Augen dabei, er warf sein Haupt zurück, er streckte die Arme vor wie einer der Stammespropheten, wenn er wähnte, zwischen den Wolken die Glorie Jahwes zu sehen. Am stärksten waren solche Zustände am Montag. Dann stand Paul noch völlig unter dem Eindruck der Wagner Aufführung, die er am Sonntag in der Oper in Hamburg genossen, denn er ließ es sich nicht nehmen, jeden Sonntag deshalb nach der Großstadt zu fahren.

Sein Wagner-Enthusiasmus wurde jedoch zuweilen unterbrochen und zwar geschah dies, wenn sich in der Welt irgendetwas Bedeutendes ereignet hatte. Ich entsinne mich hier der Nachricht von der Entdeckung des Nordpols durch Cook und Peary. Der Streit ging darum, ob und wer von diesen beiden in Wahrheit wohl den Pol erreicht hätte. Unser Paul stand aber derartig unter dem Einfluss dieses Konflikts, dass er Tag für Tag Zeitungen der lokalen wie der großen Presse mit in den Unterricht brachte, um uns die spaltenlangen Berichte vorzulesen und mit viel Eifer seinen eigenen Standpunkt in dieser bedeutungsvollen Sache zu fixieren.

Von noch einem Vorfall, der allem die Krone aufsetzt, will ich berichten. Sekundaner haben nun einmal das Verlangen nach allerlei Leckereien. Diese Neigung machte sich unser durchtriebener Primus zu Nutze. Wieder stand unser Paul auf dem Pult und schwelgte in Wagners Themen. Die Klasse kümmerte sich wenig darum und der Primus ging selenruhig von Bank zu Bank, um Kuchenbestellungen entgegenzunehmen: einmal Kremschnitt, einmal Schnecke, zweimal Kremschnitt, einmal Schnecke, zweimal Kremschnitt und so fort. Als auch der Letzte seinen Wunsch geäußert, verschwand unser Primus ohne den Lehrer eines Blickes zu würdigen aus dem Zimmer.

Nach etwa zehn Minuten erschien er wieder, an beiden Händen belastet mit einer Tüte. Die Verteilung ging auftragsgemäß vor sich und bald war die ganze Klasse mit ihrem Kuchenschmaus beschäftigt. Dies hätte nun wohl als vollkommene Unverschämtheit dem in sein Schicksal ergebenen und hilflos dreinschauenden Lehrer gegenüber genügen können, aber es sollte noch schlimmer kommen. Der Primus trat an das Pult zu und sprach großmütig zu seinem Lehrer: auch einen Kuchen gefällig? Aber der arme Mann schüttelte verneinend sein Haupt und leise kam es über seine Lippen: „Lassen Sie nur – gehen Sie an Ihren Platz." – Was selten vorkam, in der Klasse herrschte Ruhe, alles war mit dem Kuchenschmaus beschäftigt, und das war für Paul eine kleine Befriedigung.

Aber zum Glück gab es auch Lehrer, die es verstanden, die Anhänglichkeit wenigstens des größten Teiles ihrer Zöglinge zu gewinnen. Hier erwähne ich besonders unseren Klassenlehrer in der Untersekunda, einen Professor, der wenn er auch streng war – und diese Strenge war bei der Zuchtlosigkeit, die in unserer Klasse herrschte, notwendig – so doch die Fähigkeit besaß, die Liebe der Schüler durch eine besondere väterliche Art zu erwecken.

Es geschah auch nur selten, dass einer der Lehrer ohne einen treffenden Spitznamen blieb. Da hatten wir einen Papa – Karl Schmolz – Esche – Mister – Louis Piep usw. – Die Zuchtlosigkeit der Klasse fand in der Obertertia dadurch einen gehörigen Dämpfer, dass in einem mit aller Schärfe eingeleiteten tage-

und wochenlangen Verhör, bei welchem wir oft stundenlang in Einzelhaft in einem Klassenzimmer eingesperrt wurden, über schwerwiegende Untaten Gericht abgehalten wurde, das damit endete, dass acht Schüler unserer Klasse der Schule verwiesen wurden, jedoch nicht der Anführer der Horde, jener Primus, der es in gerissener Weise verstand, sich als unschuldig hinstellen.

Es mag das ganze System gewesen sein, das zu solchen Ergebnissen führte. Eine rechte Freude am Unterricht habe ich darum in diesen drei Jahren nie empfunden. Der Gang zur Schule war mir zuwider. Dennoch verlor ich nicht die Kraft, meine Pflicht zu tun. Ich erledigte meine Arbeiten gewissenhaft und da es mir auch nicht schwerfiel, den gestellten Anforderungen zu genügen, war ich immer einer der besten Schüler. Die Folge war, dass ich oft in den Augen gewisser Mitschüler als Streber angesehen wurde und manche Anfeindungen über mich ergehen lassen musste. Doch lag mir ein solches Strebertum fern. Ein angeborenes und anerzogenes Pflichtgefühl sagte mir nur, du hast deine Arbeit mit Gewissenhaftigkeit zu erfüllen, wohingegen der Streber es darauf anlegt, sich bei seinen Lehrern in ein gutes Licht zu rücken – diese Lehrer aber – doch möge Schluss gemacht werden mit der Schilderung dieses trostlosen Schullebens andere Dinge da sind da, die zu beschreiben ich für wichtiger halte, Dinge und Ereignisse, die andere Menschen vielleicht bedeutungslos erscheinen mögen, die es aber für mich keineswegs sind. Ich wende mich also den freien Stunden zu, die mir zum Glück im reichen Maße gegeben waren.

Im Winter war die tägliche Fahrt nach Hause zu beschwerlich. Ich blieb darum die Woche in der Stadt, um nur Sonntag in der Heimat zu verbringen. Zunächst fand ich einem bürgerlichen Hause volle Unterkunft. Mein Pensionsvater war seines Berufes ein Schlachtermesser. Manch schöne Stunden habe ich bin diesem Hause verbracht. Eine Reihe Kinder brachten Abwechslung und Spiel. Das alte, einstöckige Haus lag an der

Hauptstraße, jedoch in der Front der übrigen Häuser zurück-
geschoben. Schaltende Linden breiteten ihre Zweige über den
festlichen Eingang. Daneben lag, noch weiter im Hintergrunde,
das alte im vornehmen Stil adeliger Stadthäuser des 18. Jahrhunderts erbaute Amtsgerichtsgebäude, der ehemalige Clau-
senheimlicher Hof. Parkartige Anlagen erstreckten sich zwischen der Front des Hauses und der Stadtstraße. Hier auf den
Rasen und im dichten Gebüsch haben wir Kinder uns viel im
Spiel vergnügt, rannten die Steige entlang und kletterten an jenem bekannten Chemnitz-Bellmann-Denkmal herum. Besonders in den Abendstunden zog es uns hierin. Das trübe Licht
der Gaslampen leuchtete nur dürftig zu unserem Versteckspiel.
Noch heute trage ich an meinem Körper ein Erinnerungszei-
chen an diese Zeit, denn das Unglück wollte es eines Abends,
dass ich in meinem Eifer in einen Stacheldraht lief und mir
nicht nur das Zeug, sondern auch den Oberschenkel zerriss.

Auch in dem alten Hause selbst mit seinen vielen Winkeln
und Räumen wie in den geräumigen Stallgebäuden haben wir
Kinder oft in frohem Spiel die Stunden hingebracht. Dann wieder stürmten wir die enge krumme Stiege zum Hesterberg empor und spielten mit viel Hallo Versteck in all den Winkeln und
engen Höfen des alten Stadtteils.

Besonders erinnere ich mich des großen, tagelang währen-
den Brandes des Hotels Stadt Hamburg, eines Schauspiels, das
im kindlichen Gemüt von langanhaltender Nachwirkung blieb.
Noch sei ein kurzes rühmendes Wort gesagt von meiner Pensionsmutter: Sie war eine Frau von einer überaus großen Her-
zensgüte und sorgte von früh bis spät für alle ihre Lieben, war
so gut im Haushalt tätig wie im Laden. Unter den Frauen, die
mir bisher in meinem Leben begegnet, nimmt sie einen hervor-
ragenden Platz ein.

Im zweiten und dritten Winter wurde ich andernorts in Pension gegeben und zwar bei einer alten, schwerhörigen Witwe,
die den größeren Teil ihrer Wohnung an Schüler vermietete,

um ihren Lebensunterhalt auf diese Weise zu bestreiten. Eine Beschreibung des alten Hauses in der Langenstraße mag hier eingeflochten werden. Ein breiter, von Wind und Wetter zernagter Giebel ragte grau, fast unfreundlich unter seinesgleichen in den Himmel. Im Erdgeschoss starten zu beiden Seiten der alten, matronenhaften Tür große, düstere Fenster zur Straße hinaus. Hinter ungeputzten Scheiben waren vergilbte Hüte und andere stark abgenutzte Gebrauchsgegenstände ausgelegt. Schon dieser Anblick ließ vermuten, dass hier ein Sonderling hausen musste, ja, der Eindruck wurde noch erhöht, wenn man die Tür aufblinkte und den Flur betrat. Der war ein langer, dunkler Gang, von dem aus hohe und breite, aber schiefe und altersschwacher Türen blieben stets sorgsam verschlossen. Nur zuweilen konnte man Glück haben, im Hintergrund des düsteren Ganges ein gebücktes hageres Männchen vorüberhuschen zu sehen. Auch über diese geheimnisvolle Person vermochte man nichts in Erfahrung zu bringen. Doch sie gehörte zu diesem Hause wie die Seele zum Menschen. Einen anderen Eindruck gewann man, wenn man die breite düstere Treppe empor ins erste Stockwerk stieg. Unsere alte Pensionsmutter war eine kleine, gebückte Gestalt, auf deren Antlitz sich manche Sorgenfalte eingegraben hatte. Sie war sehr taub und fragend und hilflos blickte sie den Sprecher an, wenn er nicht laut genug zu ihr sprach. Wohl waren auch hier Gänge und Zimmer zum Teil düster doch keineswegs unfreundlich und die Bewohner seine lichtscheuen Gestalten.

Mein Zimmer lag im hinteren Giebel, während alle anderen Wohn- und Schlafzimmer sich nach vorne zur Straße befanden. Ich hauste hier ganz allein, denn das Zimmer nebenan war nur tagsüber an Schüler vermietet. Meine kleine bescheidene, aber äußerst gemütliche Stube verriet in allen Teilen das Alter des Hauses. Die Tür hing schief in den Angeln und hatte ein kleines rundes Guckfenster in Kopfhöhe. Auch das einzige Außenfenster war schief, ja, der Fußboden und sogar die Wände neigten sich bedenklich von der normalen Richtung. Ein altertümliches Sofa, ein runder Tisch, der wegen des schrägen Fußbodens stets einer Unterlage bedurfte, eine schlichte Bettstelle und ein kleiner altersschwacher Ofen, das war wesentlich das ganze Inventar. Dennoch fühlte ich mich hier heimisch. Wie still war es in diesem engen Raum. Von der Straße her drang kein Laut. Nun wenn der Sturm brauste, ächzte das Gebälk und heulte der Wind im Giebel über mir. Der Blick schweifte durch das Fenster über eine köstliche Landschaft. Rechts und links hemmte zunächst das Mauerwerk der benachbarten Häuser den Blick, dann aber ging er in die Ferne, eilte über grünes Wiesenland, über das graue Band der Schlei bis hin zu den Hügeln und Wäldern am Horizont. Gar oft habe ich an diesem Fenster gestanden und ließ die Blicke über dieses schöne Fleckchen schweifen.

Der Blick aus meinem Schleswiger Pensionszimmer
Federzeichnung von Theodor Andresen

In einem Zimmer lebte ich ein eigenes Leben. Besonders in den Abendstunden beim freundlichen Schein der kleinen Petroleumlampe konnte ich lange Zeit verträumen. Nur zu oft stellte sich das alte Leiden ein. Wer das Heimweh nie empfand, wem seine Qualen erspart blieben, mag sich glücklich schätzen. Dennoch, auch der fand Gewinn, der sie erduldet und überwunden.

An dieser Stelle darf ich nicht vergessen, von jenen Gesellen zu berichten, die mir in meinen einsamen Stunden mach Kurzweil brachten. Zwar, in der ersten Zeit unserer Bekanntschaft war ich weniger von ihnen erbaut und das ist nicht verwunderlich, wenn man bedenkt, dass es weder Menschen noch umgängliche Haustiere waren. Gar seltsame Kreaturen hatten sich zu mir gesellt. Gleich im ersten Abend, kurz, nachdem ich mich zur Ruhe gelegt und das Licht gelöscht hatte, fing es über und neben mir in der Wand an zu poltern und zu toben, dass mir Herz und Atem stockten. Hier schien es nicht geheuer zu sein. Nach dem ersten Schreck wagte ich mich ein wenig im Bett zu rühren – ja – am Ende fasste ich Mut und klopfte einige Male hart an die Wand. Einen Augenblick war diese Stille – dann ein furchtbares Poltern auf und nieder, dass mir ein Schaudern über den Rücken lief. Ich verharrte in Bangen begann aber, vernünftig zu überlegen und der Sache auf den Grund zu gehen. Die Wand neben meinem Zelt war mit Leinen, auf welches die Tapete geklebt, überzogen. Zwischen Mauer und Bespannung befand sich ein leerer Raum. In dieser schmalen Schicht, das wurde mir jetzt klar, musste das Gespenst sein Unwesen treiben. Aber welcher Art mochte dieses sein? Ich riet hin und her – ohne Ergebnis. Ich wartete ein Poltern ab. Es war ein Flattern von oben nach unten und wieder von unten nach oben. Kein Zweifel, es musste ein Vogel sein. Da fiel mir ein, sicherlich waren es Fledermäuse, die hier ihre nächtlichen Tänze aufführten. Nun erst gewann ich meine Ruhe wieder und es währte nicht lange bis ich in Schlaf fiel. Fast jeden Abend wiederholte sich dieser Lärm, aber mit der Zeit gewöhnte man sich daran – ja, bald schien er mir unentbehrlich zu sein.

Noch ein anderes Völkchen war da, welches mir zuweilen zum Zeitvertreib wurde. Es war die große Zahl der Holzkäfer, welche sich in das holzreiche Mauerwerk eingruben und sich mit ihren leisen Tick-Tick gegenseitig lockten. Oft lauschte ich solchen Zwiegesprächen. Irgendwo hämmerte es leise, dann herrschte einen Augenblick Ruhe, worauf aus irgendeiner anderen Ecke die Antwort gepickt wurde. Dann habe ich gar oft mit meinem Bleistift in die Unterhaltung eingegriffen und manches Tierlein mag dadurch irrgeführt worden sein. Zwar gelang es mir nicht, das Wesen dieser Sprache herauszufinden. Die Tierlein mögen doch wohl dahintergekommen sein, dass sie es bei mir mit einem Betrüger zu tun hatten und änderten darum ihre Sprache.

Haithabu. Federzeichnung von Theodor Andresen

Von früher Kindheit an, wohl angeregt durch das Interesse meines Vaters, insbesondere durch meines um zehn Jahre älteren damals studierenden Bruders, zogen mich stets die Stätten an, welche in der tausendjährigen Geschichte unseres Landes eine bedeutsame Rolle spielen. Besonders Schleswig und seine nahe und weiter Umgebung sind ja reich an solchen Stätten.

Eines Tages – es mag im Jahre 1908 gewesen sein – hieß es, dass an den alten Wallanlagen bei Haddeby erneut Ausgrabungen gemacht wurden. Ich zögerte nicht herauszuwandern. Sobald man die letzten Häuser von Busdorf hinter sich hat, geht es die Chaussee am südlichen Ufer der Schlei entlang. Nach kurzer Zeit erreicht man das alte geräumige Wirtshaus von Haddeby. Gegenüber erhebt sich inmitten des bescheidenen Friedhofs das alte Kirchlein. Abseits geht der schmale Weg. Zwischen hohen Knicks wandert man hinauf zu einem Wäldchen auf einer Anhöhe. Diese Stätte ist geweiht von den Geschehnissen in grauer Vorzeit. Wohl erkennt man kaum den Ringwall, der sich in ovaler Form über die ganze Höhe erstreckt. Es ist die Oldenburg, wohl eine Verteidigungsanlage für Haithabu. Zahlreiche Erdhügel innerhalb der Wallumfriedung, Grabhügel, zeugen davon, dass diese Gegend schon in vorgeschichtlicher Zeit besiedelt war.

Nachdem man den Bezirk in seiner ganzen Länge durchwandert, lichtet sich der Wald, eine stille anmutige Landschaft zeigt sich den Blicken. Zur Linken blinkt der schmale Streifen des Selker Noors, von dessen Ufer ein mächtiger Erdwall in großem Halbkreisbogen landeinwärts zieht. Die Höhe dieses Walles beträgt reichlich 6 Meter, er hat eine Länge von 1330 Meter und umschließt ein Areal von 28 Hektar. Es ist ein eigenartiges Bild, welches sich dem Fremdling darbietet. Braune Sturzäcker, wechselnd mit Grasweiden, ziehen vom Fuß des Walles hinab zum schilfbestandenen Ufer. Auf der Erdmauer selbst wuchern die Gräser, Heidekraut, Ginster wie Strauch – und Buschwerk. Kein Haus, keine Menschensiedlung weit und breit und doch hier mitten in der Landschaft dieses ganz offensichtlich von Menschenhänden geschaffene Werk, zwar im Laufe der Zeit von der Natur erobert und so dem Landschaftsbilde natürlich eingefügt.

Wo jetzt der Pflüger seine Furchen zieht, begleitet und umflattert von kreischenden Möwen und krächzenden Krähen, wo jahraus jahrein ein stilles Wachstum sich entfaltete, wo Gräser und Halme aufsprießen und reifen, wo der Schnitter sie erntet und wieder der Pflüger seine Furchen zieht, da herrschte vor 1000 Jahren ein reges Leben. Wagemutige Wikinger gründeten hier im Winkel der Schlei eine Stadt, deren Name in der damaligen Kulturwelt einen bedeutsamen Klang hatte. Hütte reihte sich an Hütte, im Hafen Mast an Mast, die Betriebsamkeit eines Handel und Seefahrt betreibenden Geschlechts gab dieser Stätte das Gepräge – und heute? Ja, es ist, wie der Dichter singt:

Haithabu, auf deinen Wällen
Rujht sich's süß an Sommertagen,
Wenn die vollen Aehren schwellen,
Wenn im Sonnenschein, im hellen,
Weiße Wolkenschlösser ragen.

Dann, in stiller Mittagstunde,
Wanderer musst du träumend lauschen.
Stimmen schwirren durch die Runde
Und verworren alte Kunde
Hörst du nun die Wälle rauschen.

Und ein Lied wogt um die Ähren,
Wie von Kampf und Kriegesbeuten,
Wie von alten Heldenmähren –
Niemand weiß das Lied zu deuten.

Horch, nun kommt aus weiten Räumen,
Dumpfer wird der Klang und trüber,
Als ob ferne Wellen schäumen.
Leis noch flüsterts in den Bäumen
Und der Zauber zog vorüber.

Doch der Wandrer sinnt indessen,

wer hier liebte, wer hier lebte,
welch Geschlecht hier einst gesessen,
nie kann der den Klang vergessen,
der die tote Stadt umschwebte.

Ernst Sander

Doch ich wollte von jenem Tage meiner Kindheit erzählen,
als ich zu den Wällen Haithabus hinauspilgerte. Da saß ich nun
hoch oben auf der Krönung des Walles, dort wo die Alten im
nördlich gelegenen Teil einen Einschnitt ließen. Hier, im Nord-
tor, hatte man begonnen, zu graben. Behutsam wurde ein Spa-
tenstich nach dem andern angesetzt, eine Erdscholle nach der
anderen von fachkundigen Händen untersucht. Nun kommen
Balken, zum Teil verkohlt, zum Vorschein und schließlich eine
pflasterartige Steinbrücke. Ich entsinne mich sehr gut des Ein-
bruchs, den all dieses damals auf mich machte. Scheu und Ehrfurcht, gemischt mit Neu- und Wissensgier zauberten allerlei
phantastische Bilder in mir hervor. Zum ersten Male erlebte ich
in sonderbarer Weise Geschichte, fühlte den unmittelbaren Zusammenhang zwischen dem, was uns in der Enge des Klassen-
zimmers in oft gar blutleerer Erzählung gelehrt wurde und diesen wenn auch nur dürftigen so doch anschaulichen Zeugen
von Leben und Schaffen eines längst vergangenen Geschlechts.

MEINE KONFIRMATION

Petritür am Dom in Schleswig
Federzeichnung von Theodor Andresen

Am Tag der Konfirmation von Theodor im Garten vor der Schule von Ulsnis. Von links nach rechts: Mariechen, Frl. Brandt (Schleswig), Anna Amalie, die Eltern Anna und Franz, Theodor und Nikolaus Andresen. Foto: Archiv Andresen

Der Tag meiner Konfirmation rückte heran. Meine Eltern wünschten, dass ich in der heimatlichen Dorfkirche eingesegnet würde, doch willigte der Ortsgeistliche hierin nicht ein aus dem Grunde, weil ich bei ihm nicht den Konfirmandenunterricht besucht hätte. Diesen besuchte ich wie die Schule in Schleswig und zwar bei dem damals schon betagten Propsten am Dom, dem durch seine künstlerischen Interessen bekannten Th. Stoltenberg. Wir waren eine große Schülerzahl und es fehlte manchmal sehr an der Zucht.

Ich fand schon als Kind nicht sonderliche Freude weder am Religionsunterricht noch am Kirchgang. Nur die Patriarchengeschichten des Alten Testaments und die so plastischen Erzählungen aus dem Leben Jesu konnten mein starkes Interesse erwecken. Die lehrhafte Dogmatik aber, dieses oft sinnlose Auswendiglernen von Chorälen, Sprüchen und Hauptstücken des Katechismus stießen mich ab und machten den Widerwillen von Jahr zu Jahr größer.

Die Einsegnung fand statt in der Kathedralkirche unseres Landes, Palmsonntag, im Dom zu Schleswig am 1. Ostertage, am 4. April des Jahres 1909. Unter dem Prachtwerk des Brüggemannschen Altars gab mir der Geistliche den Spruch 1. Tim. 6 v. 12 zum Geleit: „Kämpfe den guten Kampf des Glaubens", welches Wort in meinem späteren Leben einen eigenen Sinn erlangen sollte. Es waren feierliche Stunden, die ich an diesem Ostermorgen erlebte, feierlich vornehmlich durch die Weihe des Ortes. Mächtig ragten die massigen Pfeilerbündel aus der Menge der andächtigen Gemeinde empor zu dem schönen gotischen Gewölbe. Durch die hohen buntverglasten Fenster in den Seitenschiffen fielen gedämpft die Strahlen einer wärmenden Frühlingssonne, streiten über die Pfeiler, über die reich ornamentierten fürstlichen und adeligen Epitaphen, erglänzten an den goldenen Rahmen der vielen Gemälde. Dumpf dröhnten oben im Turme die schweren Glocken, wie aus weiterer Ferne hallte die getragene Stimme des Geistlichen durch den

Raum, in feierlichen Akkorden brauste die Orgel auf, klang aus in feine, wie aus fernen Regionen dringende Stimmen. Hoch über dem Chor ragte das wunderbar gewaltige Schnitzwerk nordischer Gotik, auf all den tausend Figuren, auf Krabben und Fialen, auf Ornamenten und Schnörkeln, glänzte und zitterte der Sonne Licht. Dann sprach der Geistliche seinen Segen, die Orgel intonierte das Ausgangslied, die Gemeinde strömte hinaus in den lichten Frühlingstag und wogte in buntem Gewimmel hinaus in den lichten Frühlingstag und wogte in buntem Gewimmel unter dem mächtigen grauen Mauerwerk des 900jährigen Domes auf und nieder.

Equipagen, gezogen von stolz schreitenden Kappen, gelenkt von weißbehandschuhten, uniformierten Kutschern, führen auf, Türen klappten, die Peitsche wippte, auf dem holprigen Pflaster der engen Gassen klapperten rhythmisch die Hufe der Rosse, rollten die Räder der eleganten Gefährte – bis wieder Stille herrschte um den alten, ehrwürdigen Dom und kein anderer Laut vernehmlich als dieses ewige kjak-kjak der Dohlen, die hoch oben um den schwankenden Turm ihr flatterndes Spiel trieben.

Auch mein Vater hatte, da die Reifeverbindung nach der Heimat mit der Bahn ungünstig lag, ein Fuhrwerk gemietet. Zur Stadt hinaus ging es in den blinkenden Frühlingstag hinein, langsamen Schritts den Gallberg hinauf, trabend wieder hinauf nach St. Jürgen, vorbei am einsamen, geheimnisvollen Brutsee, hinein ins Angelland, wo sich die Wege zwischen den Knicks hügelauf- und ab winden, wo die Dörfer zu Hauf liegen und die Felder bunten Teppichen gleich gebreitet sind, wo die Ahnen im Wiesengrunde langsam schleichend ihre Bogen schlagen, wo aus Baumwipfeln spitze Kirchentürme ragen, wo am Wegesrande Anemone und Sternmiere im weißen Kleide erblühen, dieweil das schüchterne Veilchen seine zarte Knospe am Erdreich birgt.

Bei Kahleby in Angeln. Federzeichnung von Theodor Andresen

EINE HARZREISE

Im letzten Jahre meiner Schleswiger Schulzeit, in den Sommerferien 1909, war mir ein besonderes Erlebnis beschieden. Aus
Gesundheitsgründen fasste mein Vater den Entschluss, in den
Sommerferien eine Erholungsreise zu unternehmen. Das Ziel
war der Harz. Ein mitteldeutscher Kollege meines Vaters
brachte durch Bekanntmachung in der Schulzeitung eine Reisegesellschaft zusammen, welche er uneigennützig, nur aus
Liebe zur Heimat, als Führer dieser etwa 20 Köpfe starken Gesellschaft in einer vierzehntägigen Wanderung durch das
schöne Gebirge ausführte.

Zu meiner größten Freude durfte ich an dieser Reise teilneh-
men. Es war das erste Mal in meinem Leben, dass ich weit über
meine engere Heimat hinauskam. Schon die lange Zugfahrt gestaltete sich zu einem besonderen Erlebnis. Wie sollte ich Langeweile oder gar Müdigkeit spüren, wechselten sich doch beständig die Bilder, welche man durch das Eisenbahnfenster
schaute. Am schönsten war es, durch die Lüneburger Heide zu
sausen. Da brauste und zischte es an den Fenstern, in unablässig rhythmischem Takt rollten und klapperten die Räder und
draußen eilte die Landschaft vorüber: Telegraphenpfähle,
Bäume, Häuser, Dörfer, winkende Menschen, dann wieder die
Flur, das von der Sonne hell beglänzte, in sanften Höhenwech-
sel wogende Land darüber zerstreut, die düsteren Wachholder-
büsche, wieder Leben darin, ein träge dahinschleichendes Bau-
ernfuhrwerk, ein munter springendes Bächlein, wieder Häuser,
Klappern von Weichen, ein Ruck, dass alles zur Seite fliegt, eine
Station eilt vorüber, abermals klappern Weichen und dann wieder dasselbe Lied der rollenden Räder – stundenlang.

Schon sank der Abend hernieder. In langsamen Tempo ging es vorwärts, denn die Hauptstrecke hatten wir verlassen. Aber was tauchte dort in der Ferne aus dem Dunstschleier hervor? Eine wachsende graue Wand, rätselhaft, gespenstisch. Allmählich gestalteten sich die Formen, die riesenhafte neben- und hintereinander gelagerten Maulwurfshügel. Ja, das war das Gebirge, der Harz. So zwar hatte sich meine Vorstellung das nicht gebildet, so plötzlich aus der Ebene aufwachsend solche Formen wuchsen ins schier Erdrückende, je näher wir kamen, je düsterer die Schatten des Abends wurden. Der Zug hielt. Wir waren am Ziel des Tages.

Goslar, du alte Kaiserstadt, du berufenes Eingangstor zum Harz! Wer deine Gassen zum ersten Male betritt, ist bezaubert von der Ehrwürdigkeit deines Alters. Welche Pracht entfaltest du mit deinen vielhundertjährigen Bauten, mit deinen festen Stadtgiebeln und behäbigen Rundtürmen, mit den hohen Giebeln und steilen Dächern deiner alten Bürgerhäuser, mit deinen engen Gassen und stillen Winkeln. Angeschmiegt an die Berge ist es, als breite sich über dir ein goldener Schimmer, als sänkest du träumend zurück in das bunt bewegte Leben deiner großen Vergangenheit. Auf stolz sich bäumenden Rossen ziehen in prunkenden Gewändern, hochgeborene Ritter durch die Gassen, die Knappen hintendrein, das Volk steht neugierig gaffend vor den Türen, hängt aus den Fenstern, ja, erklettert die Dächer

– Fanfaren – schmettern, Ordnungsrufe der Wächter, Geklapper von Pferdehufen, auf einem tief verhängten Schimmel eine Gestalt im besten Mannesalter, jedoch, ein wenig gebückt, bartlos das wetterharte, von Sorgenfalten durchfurchte Antlitz – trotz allem, oder gerade darum ehrfurchtgebietend. In Ehrfurcht beugt sich das Volk – der Kaiser! – Hinauf zur Kaiserpfalz zieht der ganze Tross. Goslar erlebt große und festliche Tage und das Volk weiß Nutzen daraus zu ziehen.

Herrlich über allem aber erstreckt sich die Front der Pfalz mit der rundbogigen Reihe der offenen romanischen Fenster. Doch Zeiten und Geschlechter vergehen mit ihnen, mit Streit und Krieg das Haus der Kaiser. Da liegt es in Schutt und Asche bis nach Jahrhunderten ein neues Kaisergeschlecht kommt. Es baut wieder auf, aber die neue Pfalz ist nicht die alte und gar armselig schleicht das neugierige Volk der „Touristen" über die Parkettfußböden und lässt sich vom bestellten Führer die übergroßen Wandgemälde erklären. Nein, da ist schon mehr Lebensfreude draußen im Sonnenschein zu finden, wo sich alles in lebenswahren bunten Farben malt, wo sich in bläulich schimmerndem Tannengewand majestätisch die parabolisch geformte Kuppe des Rammelberges über Stadt und Kaiserpfalz wölbt.

Am anderen Tage traten wir bei prachtvollem Wetter unsere Wanderung ins Gebirge an. Es ging das Okertal aufwärts. Schroffe Felsen zur Rechten und zur Linken, stolze Tannen an den Hängen bis hoch hinauf und nur ein kleines Stückchen blauen Himmels über uns, dabei beständig begleitet von der in der Tiefe lustig hüpfenden und rauschenden Oker, der wir bald auf der einen Seite bald auf der anderen folgen, diesmal schmal gezimmerte Brücken unsern Pfad über sie hinwegleiten. – In Romkerhall, welches unter seinem rauschenden Wasserfall eingebettet liegt zwischen steilen Waldeshängen, endete der erste Wandertag. Und dann, früh am Morgen ging es hinein in die wundersame Bergesnatur. Wie sagt es Heinrich Heine?

„Die Sonne ging auf. Die Nebel flohen wie Gespenster beim dritten Hahnenschrei. Ich stieg wieder bergauf und bergab, und vor mir schwebte die schöne Sonne, immer neue Schönheiten beleuchtend. Der Geist des Gebirges begünstigte mich ganz offenbar.

Auch mich sah der Harz, wie mich nur wenige gesehen, in meinen Augenwimpern flimmerten ebenso kostbare Perlen, wie in den Gräsern des Tals. Morgentau der Liebe leuchtete meine Wangen, die rauschenden Tannen verstanden mich, ihre Zweige taten sich voneinander, bewegten sich herauf und herab, gleich stummen Menschen, die mit den Händen ihre Freude bezeigen und in der Ferne klang´s wunderbar geheimnisvoll, wie Glockengeläute einer verlorenen Waldkirche. Man sagt, das seien die Herdenglöckchen, die im Harz so lieblich, klar und rein gestimmt sind."

So wanderten auch wir, immer weiter, immer höher steigend. Und mit einem Male tat sich der Tann auf. Ein herrliches Bild lag vor uns. Steil stürzte es in die Tiefe hinab, ein silberner Faden wand sich dort unten hin, eine Straße, die sich durch das enge Tal krümmte. Drüben wieder türmten sich die Gipfelzacken der Tannenwälder hinauf zum Bergesgrat. Sieh, wie sich das in der Tiefe lustig ausmacht, die Menschen wie hastende Ameisen, die Häuser gleich zierlichem Spielzeug. Was für ein betäubendes Verlangen ist das mit einem Male in der Brust: sich hinabstürzen von der schroffen Höhe – ein Sprung, nur ein Sprung – ist es denn wahr, muss denn der Körper fallen? Könnte es nicht auch geschehen, dass dieser Körper über allem schweben bliebe, über Tal und Höhen – wie es Märchen ist und ein Traum. Und es steigt ein Luftstrom empor aus dem Tale voll der lieblichsten Düfte, gemischt vom harzigen Geruch der Tannen und vom Duft all der Büsche, Gräser und Blüten, die dort unten in der Tiefe wachsen und blühen. Die heißen Strahlen der Mittagssonne brüten darüber und machen die Düfte schwer und sinnberauschend. Das winkende Band glitzert im

Glanze der Sonne und schweigend recken die regungslosen Tannen ihr königliches Haupt.

Unsere nächste Rast war in Bad Harzburg. Hier sahen wir zum ersten Male im Dunst der Ferne die Kuppe des Vaters Brocken. Er war uns gnädig gesonnen, verhüllte nicht wie es gewöhnlich sein soll, sein Haupt in Nebel- und Wolkenschleiern. Der Anblick dieses Königs der Berge ist unbeschreiblich. In ruhiger, erhabener Linienführung zeichnet er sich, der Sagenumwobene, vom Himmel ab. Nur auf der höchsten Höhe seiner Kuppe erhebt sich ein winziger Punkt. Verweilen möchte man, ihn schauen, den Berg. In unerschütterliche Größe steigt er über seine Untertanen, die sich in gemessenem Abstand ihrer Höhe unter ihm scharen. Ja, so herrscht er seit tausend und aber Tausend Jahren, so wird er weiter herrschen, dieweil die Menschen, dieses sterbliche und vergängliche Volk, von Generation zu Generation ehrfürchtig aufschaut und über seinen Körper pilgert. Wind und Wetter fegen über ihn hin, aber was können sie ihm anhaben, er bleibt ewig der Alte.

Über Ilseburg stiegen wir empor, anfangs durch schier endlose Tannenwälder, wo sich in mächtigem Wuchse Stamm neben Stamm reckt. Allmählich aber lässt ihr Wachstum nach, immer kleiner und schmächtiger werden sie bis sich am Ende nur krüppelhaftes Gewächs mühsam aus dem Boden quält. Der bittere Kampf ums Leben wird so recht sichtbar und je höher man steigt, desto augenscheinlicher ist es, dass die rauen Gewalten Feind alles Lebens sind. Nur noch dürftige Gräser, Moos und

Flechten begleiten den Wanderer. Die Luft wird kühl, dass man zu seinem Umhang greift, um den erhitzten Körper zu schützen. Voller Spannung drängt man zum Ziel. Aber Vater Brocken hat gute Weile. Immer noch lässt er den Pfad bergauf kriechen. Da – ein Dach lagert sich auf dem Erdboden, es hebt sich, Mauern wachsen darunter, das Brockenhotel. Man ahnte es nicht dort unten, dass es von solcher Größe. Schön ist es nicht, aber was nützen hier oben Zierde und Schmuck, wo Wind und Wetter regieren. Dort auch erhebt sich der Beobachtungsturm. Aber das Herz will andere Dinge sehen, die weite Welt von diesem hohen Punkte in weitem Umkreis. Und siehe, da breitet sich gen Norden tief unten und in der Ferne die Ebene mit Städten und Dörfern in buntem Wechsel. Im Glanz der Sonne leuchten goldene Felder auf, Wolkenschatten eilen darüber, dunkle Wälder sind dazwischen gestreut. Ja, wie ein Kartenblatt liegt unter dir die Welt, nur weit märchenhafter und prächtiger. Es ist wohl wahr, der Blick vom Brocken mag machen enttäuschen, schaut man doch weniger in die Nähe als in die Ferne, und diese Ferne verschwimmt zu einem großartigen Panorama. Ein solch sonniger Sommertag ist natürlich auch weniger danach angetan, den Blocksberg und seine Teufel und Hexen kennen zu lernen. Man muss bekanntermaßen sich schon in der Nacht zum 1. Mai hier einfinden, um zu erleben, wie diese Sorte auf Besen durch die Lüfte fegt.

Unser Weg abwärts ging mit der Brockenbahn, einer Fahrt von nicht minder starken Eindrücken, wie die Fußwanderung. In Wernigerode, der kleinen freundlichen Stadt, die sich mit ihrem ragenden Schloss ebenbürtig in die Reihe der Städte am Nordrand des Harzes einfügt, machten wir Rast. Dann ging es weiter durch eine stets waldige Gebirgslandschaft nach Elbingerode. Hier mutet es seltsam an, dass eine weite Rodung ringsum den typisch waldigen Charakter des Harzes entfernt hat. Weite nicht eben gebirgige Felder umgeben den Ort. Wohl erblickt man in der Ferne die zahllosen bewaldeten Bergeskuppen, ja dort drüben reckt auch schon wieder der Vater Brocken sein ehrwürdiges Haupt, doch in der Nähe grasen auf den Feldern die Kühe, mit dem melodischen Klang all ihrer Glocken, Groß und Klein, die Luft erfüllend.

Am folgenden Tage kamen wir nach

berühmt durch seine Tropfsteinhöhle. Welch eine Märchenpracht in den unterirdischen Räumen! Welch ein Glitzern und Flimmern in den „Stalaktiten" und „Stalagmiten". Tausend und abertausend Zapfen hängen, denen des Eises vergleichbar, von der Felsendecke herab und zu ihnen herauf wachsen aus dem Boden die ebenso zahlreichen Gegenzapfen. Welch eine regungslose Stille ringsum – beängstigend. Hier schaffen Hunderttausende von Jahren – die Ewigkeit schaut dich mit starren Augen an. Eine Weile weicht dem Staunen ob der Märchenpracht vor einem Schauer, der dich bei der Überlegung erfasst, welch unermessliche Zeiträume an diesem Wunderwerk schufen. Dein kleines Menschentum schwindet zu nichts vor dem rätselvollen Schweigen der Ewigkeit.

Der Führer belehrt dich, wie viele Jahrzehnte, Jahrhunderte erforderlich sind, um einen winzigen Zapfen zu bilden und unter ihnen sind große und größte. – Als wir wieder in das grelle Sonnenlicht hinaustraten, empfing uns das kraftvolle Leben. Wir nahmen behände die Mäntel ab, die uns drinnen im kühlen Bergesinnern so sehr vonnöten gewesen.

Das Bodetal mit seinen unendlichen Reizen bildet einen Glanzpunkt des Harzes. – Sahst du je die schroffen, himmelhoch steigenden Wände zur Rechten wie zur Linken, hörtest du das Murmeln in der Tiefe, das Rauschen und Stürzen der Wasser über Steingeröll und Klippen. Nun geht es eine schmale Brücke über das alles hinweg, eine neue Schlucht tut sich auf, ein schönerer Blick – und immer das Rieseln und Plätschern, das Rauschen und Murmeln, das Lispeln und Flüstern, das Hüpfen und Springen, das Tollen und Grollen. Ein gar seltsames Bächlein, die Bode, bald stürzt sie geschäftig dahin, bald hält sie den Atem an und lauscht als horche sie dem fernen Rauschen der Tannenwipfel hoch über ihrem Bette.

Altenbek-Treseburg – da liegen sie eingebettet ins Tal und der Wanderer, der von den Höhen zu ihnen hinabsteigt, staunt ob ihrer Schönheit. – Im heißen Sonnenbrande geht es die Schurre hinauf zur Roßtrappe, wo man die Phantasie bewundert, mit welcher man aus einer hufförmigen Vertiefung im Gestein jene bekannte Sage erdichtete. Drüben im Bodetal hinweg erblickt man den Hexentanzplatz. Ja, auf Schritt und Tritt begleiten uns im Harz die Sagen, unter denen die von dem Teufel- und Hexengesindel den ersten Platz einnehmen.

Endlich erreicht die Bode Thale, die betriebsame Stadt und tritt damit in die weite Ebene hinaus. Als wolle sie sagen: hier wohnen die Menschen, die sittsamen, vernünftigen Wesen, hier musst du dich bezähmen, hier darfst du nicht mehr tanzen, hüpfen und springen – so wird sie besonnen und fließt gemächlich hinaus in das Land. Aber ach, die alte lustige Bode, die helllachende Harzbode ist es nicht mehr. Wenig danken die Menschen es ihr, dass sie ein so lustiges Lied gesungen, einen solchen Tanz gesprungen. All den Auswurf der Fabriken leiten sie ihr zu und grau und beschämt schleicht sie davon, hinaus zu ihren Genossinnen, die gleich ihr einer munteren Jugend gedenken.

Durch weite, in allen Farben schimmernde Blumenfelder führte uns die Bahn am anderen Morgen von Thale hinaus in die Ebene nach Quedlinburg.

Eine große, geschäftige Stadt empfing uns. – Welch mächtiges Bauwerk reckt sich dort beherrschend über dem roten Dächermeer des alten Stadtteils. Es ist der Dom, wie alle Bauten der Sachsenkaiser hier in der Harzgegend im romanischen Stil errichtet. Hier ruhen die Gebeine vieler Hochgeborener, unter denen der Höchste Kaiser Heinrich der Erste, der „Vogelsteller" und Städtebauer. Auch die Sarkophage erlauchter Damen zeigt man uns, so von der Aurora von Königsmarck, einer der vielen Geliebten des Königs August des Starken von Sachsen. Aber das Bauwerk selbst nimmt uns doch mehr in seinen Bann. Die schöne romanische Bauart der Haupt- und Seitenschiffe lässt uns das edle, an der Antike gebildete Kunstgefühl der Baumeister in der Frühzeit deutscher Geschichte bewundern. Prächtig ist auch der Blick von der Höhe hinab über die Stadt, die nahezu tausendjährig. Über ein Meer von Blumen hinweg schweift das Auge hinweg zu dem Gebirgsmassiv des Harzes, gen Norden aber hinaus in die norddeutsche Tiefebene.

Am Nachmittag fuhren wir mit der Bahn zurück ins Gebirge. Wieder wanderten wir bergauf, bergab im Schweiße unseres Angesichts. Aber die Natur, die schönen Wälder, die singenden Vögel, der Genuss all der herrlichen Ausblicke entschädigten uns in reichem Maße. Dann wieder ging es eine Strecke mit der Bahn, vorüber an Gernrode mit seinem imposanten romanischen Dom nach Mägdesprung-Alexisbad. Der Südharz nahm uns auf. Hier tritt die Tanne vor dem Laubwald zurück. Auf der Josephshöhe erhebt sich ein gewaltiger eiserner Turm in Kreuzesform. Wir stiegen hinauf, über die Wipfel des Waldes hinaus. In schwindelnder Höhe standen wir, schauten nach Norden in die dunklen Wälder und Berge des Harzes, nach Süden in die goldene Aue, hinüber zum Kyffhäuser, dem sagenumwobenen Bergeszuge.

Drauf zogen wir den Berg hinab. Unter uns lag Stollberg, das wundersame Städtchen. Es lag da, hineingebettet zwischen den Bergen – grüne Hänge über den Dächern der Häuser, Wälder auf den Höhen, ringsum. – Wollt ihr, Menschen, die Hast des Alltags von euch schütteln, wollt ihr Ruhe, Natur genießen in ganzer Fülle, in süßem Nichtstun euch wiegen lassen von dem Frieden einer weltabgeschiedenen Stätte, dann kommt nach Stollberg – lasst euch aber nicht in den Sinn kommen, hier wäre der Aufwand einer bad- und kurlüsternen Gesellschaft vonnöten, das Städtchen, die grünen Hänge, die Wälder, Berge und Täler. Hier ist kein schriller Pfiff der Lokomotiven zu hören, keine Fabrik breitet ihre Rauchschwaden über Häuser und Gassen, nur das Geläut der Kuhglocken ertönt in früher Morgenstunde, tönt morgens, mittags und abends. Das weiße Schloss drüben am Berg erhebt sich schützend über den roten Dächern, aus denen bläulicher Rauch senkrecht emporsteigt zum klaren Himmel. Dem Wanderer, der hier vorbeizog, wohl auch rastend ein Stündchen Einkehr hielt, ist es im Weiterwandern als wäre es ein Traum gewesen.

Am anderen Tage zogen wir weiter durch die goldene Aue. Sie hat ihren Namen mit Recht bekommen, denn goldener Glanz liegt über ihr und golden schimmern die Felder des breiten Tals. Hieß glühte die Sonne hernieder. Nah und näher rückte der lang gestreckte Kyffhäuser. Wir tauchten in den Schatten seiner Wälder ein und wanderten lange, ehe wir jenes östliche Ende des Bergzuges erreichten, wo sich über den Ruinen der alten Burg das gewaltige Denkmal neuerer Zeit erhebt. Die starken Eindrücke von diesem Bauwerk wurden noch erhöht durch den Rundblick, den man von dieser Stätte genießt. Da schauten wir hinab in die goldene Aue, hinüber zum Harzgebirge und nach Süden hinein in den Thüringer Wald.

Zurückwandernd durch die goldene Aue, fuhren wir von Berga mit der Bahn nach Nordhausen, um von hier aus dem Rande des schönen Südharzes zu folgen. Über Sachswerken ging es nach Ilfeld und von hier weiter über Walkenried und Sachsa nach Lauterberg. Die nächsten Orte, die wir berührten, waren Herzberg und Osterode. Aber der Wettergott war uns in diesen Tagen nicht freundlich gestimmt. Tief hingen die grauen Wolken und wegen des Regens waren wir oft genötigt, die Bahn zu benutzen. Klaustahl-Zellerfeld – freundliche Gebirgsstädte, in denen sich die Betriebsamkeit eines industriellen Lebens mit dem eines alteingesessenen Kleinbauerntums vermischt, aber doch herrscht das Ländliche vor und morgens wie abends ertönt das Glockengeläute der Kühe, die von dem Hirten hinaus getrieben werden auf die Weide und bei Sonnenuntergang in faulem Trott wiederkäuend zurückzukehren.

In Wildemann besuchten wir ein Silberbergwerk. Als wir wieder ans Tageslicht traten, jagten die Wolken durch die Täler, klammerten sich an die Bergeslehnen, Blitze zuckten, Donner grollten nah und fern, rollten wieder durch die Wälder, kamen nach dem idyllisch gelegenen Städtchen Grund, das sich wie ein verborgener Schatz tief im Tale birgt, rings umhegt von der waldigen Bergesnatur.

Der letzte Tag brach an, die letzte Wanderung wurde angetreten. Was tauchte dort gegen Abend zwischen den Bergeshängen auf? Die Türme von Goslar, der alten Kaiserstadt. Wir waren am Ziel. Den letzten Abend verbrachten wir unter gemütlichem Beisammensein im alten „Achtermann", plauderten von schönen Tagen, tauschten unsere Adressen aus und waren im Inneren bekümmert, dass diese 14 Tage so schnell verstrichen.

Epilog zur Harzreise: Es mag wohl sein, dass ich in jenen Knabenjahren dies alles nicht so eingehend erlebte wie es hier beschrieben. Vielleicht sind auch Eindrücke mit hinein verflochten, die von einer späteren Reise in den Harz in mir haften geblieben. Wie dem aber sei, es war jenes das erste große Reiseerlebnis, das mir zuteilwurde. Dass es tief und eindrucksvoll war, geht daraus hervor, dass es heute noch nach nahezu 30 Jahren in mir gegenwärtig. Damals schrieb ich gewissenhaft ein Tagebuch über die empfangenen Eindrücke. Leider kam dieses später abhanden.

Nicht unerwähnt lassen will ich einiges von der Gesellschaft, in der wir reisten. Sie bestand aus allen Gauen des Reiches. Es geschieht wohl immer so, dass in einer solcher bunt zusammengewürfelten Gemeinschaft sich auch irgendein Spaßvogel einfindet. So auch unter uns. Es war ein stets zu Späßen aufgelegter wohlbeleibter kleiner etwa 30jähriger Mensch namens Napp. Er stammte aus Schierstein am Rhein. Seinen Namen erklärte er bei jeder Vorstellung aus seiner Abstammung von Napoleon. Das oleon sei von seinen Vorfahren abgelegt worden, um nicht als Franzosen zu gelten, man habe dafür aus Schönheitsgründen das zweite p angefügt. Stets trug er auf seiner Brust während unserer Wanderungen ein großes Schild mit dem Namen „Herzynia", der lateinischen Bezeichnung für Harz. Wenn wir in irgendeine Ortschaft kamen, rief er mit lauter, feierlicher Stimme, wobei er den Ton auf die langgezogene zweite Silbe legte: „Herzy-nia!" Ein besonderes Objekt seiner

Späße war der alte Herr Junggeselle, mit Namen, Damski, irgendwo aus der äußersten Ecke Posens. Er gab auch ohne weiteres Anlass zu solcher Behandlung, hatte er doch ein junggesellenhaft mürrisches Aussehen. Oft jammerte er über die große Hitze und das viele Wandern und dabei lief er in dunkler Kleidung mit einem schwarzen Kugelzylinder über dem sorgenfaltigen Antlitz. Das waren die markantesten in der ganzen Reisegesellschaft.

Das auf diese Reise folgende Winterhalbjahr war angefüllt mit reger Tätigkeit für die Schule. Zwar war ich von Anfang an einer der besten Schüler, doch standen wir jetzt vor der Abschlussprüfung, durch welche uns die Berechtigung zum einjährig freiwilligen Militärdienst zuerkannt wurde. Diese Prüfung bestand ich unter Befreiung vom Mündlichen am 8.3.1910. Damit endete auch die Zeit meiner Schleswiger Schuljahre.

Somit hätten auch die „Tage der Kindheit" ihren Abschluss gefunden. Zwar, es ist keineswegs so, dass dadurch im menschlichen Werdegang ein scharfer Einschnitt zu verzeichnen wäre, vielmehr setzt sich das Leben in gleichmäßiger Entwicklung fort, ein Tag fügt sich dem anderen. Es dient uns nur als Hilfsmittel, um in diesen Fortgang Klarheit zu bringen, wenn wir derartige Einschnitte und Einteilungen machen. Von diesen Gedanken geleitet, will ich hier noch einen Augenblick verweilen und mich mit der Entfaltung des Innenmenschen wie seinen Zuständen in den Kindheitstagen ein wenig beschäftigen.

Es ist schwer, sich selbst zu beobachten und zu erkennen, soweit denn dieses möglich. So gern man aus sich selbst heraustreten möchte, es gelingt nur unvollkommen. Dabei ist es eine Selbstoperation und eine Operation verursacht Schmerzen. Auch sehe ich meine Kindheit heute mit anderen Augen als es sonst, zu anderen Zeiten geschehen sein mag.

Ich war noch gänzlich ein Kind als ich aus der Heimat, dem Elternhause, fortmusste. Die Veränderung der Umgebung brachte Eindrücke, die fremd und plötzlich um mich kamen, denen ich nicht gewachsen war, eben weil ich noch ein Kind war. Sie drangen auf mich ein, sie überwältigten mich, ich wurde ihr Feind. Deshalb verabscheute ich gar bald dies Leben auf der Schule. Ich war von der Dorfschule her an eine ganz andere Art des Unterrichts gewöhnt. Das Verhältnis zwischen Lehrer und Schüler war hier persönlicher Natur, während es auf der höheren Schule zur Unpersönlichkeit hinabsank. Es gab jetzt nur auf der einen Seite den Lehrer, den gefürchteten oder Gegner, auf der anderen den Schüler, als Kind von der Boshaftigkeit noch nicht ergriffen, vom Lehrer aber hineingetrieben. Es bestand da eine Kluft, die zu überbrücken nicht versucht wurde. Zum ersten Male in meinem Leben empfand ich die Gewalt des Mächtigen, die Ohnmacht des Schwachen. Das führte bei meiner Natur am Ende zur Furcht.

Ich habe von dieser Zeit an bis fast zum Ende meiner Schuljahre stets alle meine Lehrer gefürchtet oder doch zum mindesten ein beklemmendes Angstgefühl vor ihnen gehabt und dieses übertrug sich auch auf die späteren Jahre im Verkehr mit meinen Vorgesetzten. Das hat in einer allzu frühen Zeit meines Lebens dazu geführt, dass ich bei allen Dingen, welche die Schule angingen, keine rechte Freude empfand, wenn ich auch stets meine Pflicht erfüllte. Das ist wohl ein bitteres Bekenntnis, aber ist zugleich eine schwere Anklage gegen das System der höheren Bildungsanstalten. Es ist wahr, dieser Gegensatz zu meinen Lehrern ist zu einem großen Teil auch aus meiner Natur zu begründen, die leicht zum Einschüchtern geneigt war und ist. Aber diese Natur ist zugleich gut und hat mit zu meinem Glück beigetragen. Trotz Furcht und Hass ließ ich mich nicht bewegen, den Hass der Bosheit, der Hinterlist und Rachsucht zu verwandeln. Ich bin stets dem Gemeinen ferngeblieben.

Von früher Kindheit an war mir eine starke Phantasie zu eigen. Ich war im Spiel viel auf mich allein angewiesen, wodurch mein reiches Gedanken- und Traumleben nur gefordert wurde. Mein oft stilles und verschlossenes Wesen findet darin seine Erklärung, sofern ich es nicht als Vererbung von Vaters Seite herleiten will. In späteren Jahren war diese stille Art sogar so stark in mir, dass sie nach außen abstoßend und unfreundlich wirkte. Ich zog es vor, mich an einsame Plätze zurückzuziehen und mich hier mit der Natur oder den von Menschenhand geschaffenen Dingen zu beschäftigen. Ich liebte es, stundenlang über Büchern zu hocken, deren mein Vater ein ganzes Zimmer voll besaß. Besonders Bilder, Illustrationen zogen mich an. Ich konnte unter innigster Versenkung all diese Hefte, Folianten, Sammlungen durchstöbern. Die bescheidenste Abbildung regte meine Phantasie an, ja, ich entsinne mich, dass ich manchmal in die höchste Gemütsregung geriet, wenn ich Bilder betrachtete, die meine Vorstellungskraft in besonderem Maße erweckten. Mit tränenden Augen vertiefte ich mich in jene Darstellung, wo Siegfried in tückischer Weise von Hagen ermordet wurde.

Dieses frühzeitige Interesse für Abbildungen mag grundlegend gewesen sein für den später bei mir zur Entwicklung gekommenen Trieb, selbst Bildnerisches herzustellen. Es ist andrerseits verständlich, dass ich viel in und mit der Natur verkehrte, verbrachte ich doch den größten Teil meiner Kindheit auf dem Lande. In den vorhergehenden Schilderungen ist dieses genügend zum Ausdruck gekommen.

Der hier gestreifte Hang, mich vor den Menschen zu verschließen, hat dann später dazu geführt, dass ich in meinem Innenleben mehr und mehr ein Einsamer wurde. Die Neigung zum Sinnen und Grübeln wurzelt tief in mir. Sie liegt im Blut, aber sie hat auch frühzeitig Nahrung gefunden. Schon als Kind gab ich mich gern dem Träumen hin. Lange Zeit konnte ich am Fenster stehen, die Natur betrachtend, dabei wunsch- und willenlos in einem fast hypnotischen Zustande verweilend. Dieses muss zuweilen krankhaft gewesen sein, denn ich entsinne mich, dass ich hierbei die seltsamsten Erscheinungen haben konnte. In meinen frühen Kindheitsjahren hatte ich auch zu Zeiten krampfartige Anfälle, die von einem furchtbaren Angstgeschrei vor etwas Beklemmendem begleitet waren. Diese Zustände sind mir heute noch deutlich in Erinnerung. Wie auch aus weiten Fernen kamen eigenartige, angsterregende, sich immer wieder kreisförmig gestaltende Farbeindrücke auf mich zu, wobei die Empfindung des Erwürgens und Erstickens sich beständig steigerte. Auch in wachem Zustande konnten diese Anfälle auftreten, dergestalt, dass sich die Dinge um mich in weite Ferne verschoben und die Stimmen von Sprechenden gleichfalls wie aus großer Ferne her an mein Ohr hallten. Ich spürte deutlich vorher, wenn dieser Zustand eintreten wollte.

So bin ich denn ans Ende meiner Darstellung von meinen Kindheitstagen gelangt. Ich überschaue noch einmal und komme zu dem Ergebnis, dass diese Tage und Jahre glückhaft waren, dass die Erziehung, welche meine Eltern mir zuteilwerden ließen, nicht besser hätte sein können, dass die Umgebung, in welcher ich aufwuchs, den Besten, weil natürlichen Einfluss auf mich ausübte. Auch war das Geschick mir gütig, wenn es mit die Veranlagung gab, die mir von Anbeginn meines Lebens bis auf den heutigen Tag zu eigen: eine enge, innere Beziehung zu allem was die Natur in ihrer unerschöpflichen Kraft erzeugt, eine Empfänglichkeit für alles Schöne, was uns diese Natur wie auch der Menschen Werk bereitet. Unbeirrt gehe ich die Wege

weiter, die mir von meiner Jugendzeit her vorgezeichnet und
die allein zum wahren Menschentum führen.

Was ist es anders, das den Menschen gestaltet
als diese ineinanderfließenden Kräfte,
als da sind:
das Erbe der Väter und Mütter,
die Erziehung der Eltern,
die Umgebung der Natur und der Menschen –
Sonnenschein und Regen, Glück und Unglück, –
alles in einem.

ENTWICKLUNGSJAHRE

Der neue Abschnitt meines Lebens ist bestimmt zunächst durch eine neue Umgebung. Die Ereignisse sind kurz folgende: Nachdem ich in Schleswig meine Abschlussprüfung abgelegt hatte, welche mir die Berechtigung zum einjährig freiwilligen Militärdienst brachte, ward ich vor die Frage gestellt, welchen Beruf ich ergreifen sollte. Mein Vater überließ es mir vollkommen, mich hierüber zu entscheiden, und stellte es uns auch frei, in einer anderen Stadt noch durch einen weiteren Besuch einer Oberrealschule es bis zum Abiturienten zu bringen.

Mein ältester Bruder, selbst im Studium, riet hierzu, da nun einmal die Möglichkeit dazu offenstand. Ich selbst habe dann diesen Rat befolgt, wohl weniger aus einem inneren Verlangen heraus als in der Unschlüssigkeit. Einen Beruf jetzt schon zu ergreifen, konnte ich mich nicht entschließen, schon aus dem einfachen Grunde nicht, weil ich zu keinem irgendeine Neigung empfand. Hätte mich der Zwang der Verhältnisse dazu genötigt, wäre ich auch ohne Widerwillen dazu bereit gewesen. So geschah es denn, dass ich in eine andere Stadt – nach Flensburg – kam, nicht ahnend, dass diese mir zur zweiten Heimat werden sollte. Ich will auch hier zuerst eine Beschreibung der Stätte geben, an der ich noch heute weile und die aller menschlichen Voraussicht nach auch die Wohnstätte sein bis an mein Ende sein wird.

An einer tief einschneidenden Förde der Ostsee gelegen wird die Stadt ringsum von Höhen umgeben. Es ist ein alter Handelsplatz. Die Gründung geht ins 13. Jahrhundert zurück. Daher sind noch manche alte Häuser und Altertümer hier zu finden, ja, die ganze Anlage der Altstadt verrät noch heute ihr hohes Alter wie auch ihre Bedeutung als Handelsplatz sowohl in der Vergangenheit wie in der Gegenwart. Die Hauptstraße, die sich parallel zum Hafen hinzieht, geht nicht in schurgerader Richtung wie bei modernen Städten sondern in einer sich stets krümmenden Linie. In alter Zeit bevorzugte man derartige Anlagen, was das ästhetische Moment betrifft, wahrhaft Treffliches geleistet. Der Gang durch diese Straßen hat stets der Abwechslung genug. Immer aufs Neue eröffnet sich ein anderer Blick auf die Fronten der Häuser, die hier noch mit besonderer Liebe in der Architektur behandelt sind. Der Treppengiebel ist häufig, vor allen Dingen der an das Barock-Zeitalter erinnernde geschwungene Giebel. Marktplätze mit den alten Kirchen hier wie dort geben die schönsten Stadtbilder.

Flensburg vor 1912. Quelle: Kalender des SSW

In früheren Zeiten dehnte sich die Stadt nicht über die angrenzenden Höhen hinaus. Heute ist dies anders. Nach allen Seiten führen moderne, saubere Straßen empor zu den Höhen, über die sich die Stadt immer weiter hinausdehnt. Im Grün der Bäume liegen große staatliche und städtische Bauten mit ihren leuchtenden roten Ziegeln. Parkanlagen, blumengeschmückte Friedhöfe, Villenviertel folgen darüber.

Es ist eine Kaufmannsstadt und das tut sich auch am ganzen Leben und Treiben der Bevölkerung kund. Zwar ist der Geist der Bewohner auf literarisch-wissenschaftlichem Gebiete ganz allgemein gefasst, in allen höheren menschlichen Dingen, sofern sie geistig in Frage kommen, sehr beschränkt. Die einzige Kunst, die vorzugsweise gepflegt wird, ist die Musik. So sehr der Fortschritt in kaufmännisch-wirtschaftlichem Sachen gepflegt wird, ebenso sehr wird es in künstlerischen, geistigen Dingen vernachlässigt.

In diese Stadt kam ich als Sechzehnjähriger 1910, um die hier bestehende Oberrealschule zu besuchen. Wiederum ward ich in eine ganz andere Umgebung versetzt, aus einer Kleinstadt in eine dreimal größere, geschäftige Stätte. Es ist mir außerordentlich schwergefallen, mich hier heimisch zu fühlen und es verging geraume Zeit, ehe ich diesen neuen Ort liebgewann. Heute ist er mir zur zweiten Heimat geworden, von der ich nur schweren Herzens scheiden könnte.

Ich wurde in Pension gegeben bei einer Dame im Süden der Stadt. Um Kosten zu sparen, musste ich das Zimmer mit zwei Bewohnern teilen, einem jüngeren Schüler und einem älteren, unverheiratetem Beamten. Schon dieses stand nicht nach meinem Sinn. Ich war an ein Alleinwohnen bisher gewöhnt. Unverträglichkeiten waren es nicht, die mir dies Leben leid machten, sondern die Gesellschaft an sich, der Zwang, der dadurch in Dingen mir angetan wurde, die mein Seelenleben betrafen. Es war mir nicht möglich, wie früher, mich meinen Träumen hinzugeben, meine Gedanken in die mir liebe Richtung zu leiten. Dazu kam, dass es mir schwer wurde, mich den Mitbewohnern anzuschließen. Ich war und blieb still, in mich verschlossen und schließlich trat wieder das alte Leiden auf, das seelisch an mir zehrte, das Heimweh

Die ehemalige Oberrealschule in Flensburg. Foto: Archiv Andresen

Theodor Andresen 1909. Foto: Archiv Andresen

Auch die Schule ward mir zur Last. Die Anforderungen, welche hier gestellt wurden, waren bei weitem größer. Ich musste alle meine Energie, meinen ganzen Fleiß benutzen, um dem Unterrichte, der sehr scharf war, folgen zu können. So blieben auch die Schule und die Arbeit, die sie erforderte, mir ein mechanisches Aneignen von Wissen, dessen eigentlich tiefere Bedeutung mir nicht bewusst ward. Es war auch hier nicht möglich bei der hohen Schülerzahl in ein persönliches Verhältnis zu den Lehrern, selbst nicht zum Klassenlehrer, zu gelangen. Nur durch meinen angestrengten Fleiß gelang es mir, meine Leistungen auf ein gutes Mittelmaß zu bringen, aber fern lag die Liebe zum Unterricht, die wirkliche Lust zur Arbeit. Das alte Pflichtbewusstsein half auch hier über manche Klippen. Die einzigen glücklichen Stunden in dieser Zeit waren für mich die, wenn ich in meinen Freistunden, die ich jedoch nie herannahm, wenn ich meine Arbeit für die Schule nicht erfüllt hatte, auf meinem Fahrrad hinausstreben konnte aus der Stadt, die mir zu laut und bunt war in jenen Jahren.

Ich fuhr häufig in die nähere Umgebung der Stadt, ins hügeлige Land, wo grüne Buchenwälder abwechselten mit bunten Feldern, wo aus der Ferne das blaue Wasser grüßt und der alte, heimatliche Himmel sich über allem wölbt. Die Natur ward immer wieder zum Arzt meiner Seele, hier war ich aller Sorgen ledig, die meine Jugend umgaben, hier durften meine Gedanken ihre Freiheit genießen. Gar oft habe ich mich in den kühleren Schatten der Bäume hingestreckt, empor geträumt zu dem hohen Blätterdach, oder an den Hecken verweilt und über die Felder geschaut, wenn das Korn reifte und die Ähren wogten im Wind. Es war doch immer das alte, gute Lied, das dann durch meine Brust zog, das alte und immer neue Lied der Natur.

Die Stunden gingen dahin und wenn ich zur Abendzeit in die Stadt hinabfuhr, war es, als legte die tägliche Last sich wieder über mich; so war mir das Leben leid. Aber auch diese Zeit musste überwunden sein. Es lag nicht in meiner Natur, den Mut sinken zu lassen. Ich arbeitete, dass die trüben Stunden überwunden würden und um die Gedanken meiner Lust und Freude zu betäuben. Unsagbar litt ich unter dieser Qual, doch wer weiß, ob es nicht zum Besten gewesen ist. Eines blieb mir auf jeden Fall: das war die Entwicklung des inneren Menschen zum Guten, wozu Erziehung und Veranlagung geschaffen waren.

Ich vergesse auch nicht die Fahrten in jener Zeit nach meiner alten Heimat. Wenn am Sonnabend der Unterricht beendet war, fuhr ich, wenn auch nicht jede Woche, so doch zu verschiedenen Malen auf meinem Rade der Heimat zu. Der Weg führte durch die herrliche Gegend und froher schlug das Herz je näher das Dörfchen kam. Ich fände sie noch heute, die Straße, die ich lange nicht gekommen bin, jede Biegung, die hohen Knicks, die Wälder und Dörfer, sie alle würde ich begrüßen als alte Freunde meiner Jugend. Aber der Wege sind es viele, die jetzt dazwischen liegen, und der alte Staub und die alten Spuren sind dahin, sind von den Jahren zerstreut und verwischt. Es würde doch immer nur ein wehmütiges Erinnern sein, denn das wahre Erlebnis geht nur einmal durch die Brust, weil doch des Menschen Seele ein gar zu veränderliches Ding ist.

Das erste Jahr in dieser neuen Umgebung war so vergangen. Durch mein angestrengtes Arbeiten hatte ich erreicht, dass ich Ostern in die Prima versetzt wurde. Hier nun begann ein ganz anderes Leben, welches durch den Verkehr mit den Kameraden außerhalb der Schule gestaltet wurde. Es herrschte seit vielen Jahren der Brauch, dass die Schüler der beiden Primen allwöchentlich am Sonnabendnachmittag zu einem von der Anstalt erlaubten Kommers in einem der ersten Lokale der Stadt sich versammelten. Hier ging es kameradschaftlich und heiter, ja manchmal recht ausgelassen her, hier konnte, ja musste jeder, der vielleicht in seiner Entwicklung durch die Schule und das Elternhaus gehemmt wurde, aus sich heraus, hier war jeder gezwungen, in freier Rede der Beratungen, in scherzenden Worten der Unterhaltung unter seinesgleichen aufzutreten und zu handeln, oft zum Gespött, aber auch zur Selbstermutigung, auf alle Fälle aber zur Bildung des selbstbewussten, inneren Menschen. Da wurde die Lücke ausgefüllt, welche die Schule nicht zu überbrücken wusste. Der Trennungsstrich zwischen Lehrer und Schüler fiel fort. Die Allgemeinbildung, das heißt die Vorbereitung auf den Kampf mit dem Leben, welche sich die Schule als Ziel setzte, sie wurde letzten Endes hier gegeben. Wie unselbständig, ja zum Teil wie schüchtern waren wir, als wir in diesen Kreis eintraten und wie schnell änderte sich unser Auftreten. Da wurden das Herz und die Augen geöffnet, da wurde die Welt zuerst in all ihren tausend Farben, in all ihren Harmonien und Disharmonien uns geöffnet, und wir glaubten sie in unserem noch unbesiegten Jugendgeist meistern zu können. Kameradschaften wurden geschlossen, während sich früher außerhalb der Schulzeit, der eine um den anderen kümmerte. Nun kam die Zeit der Freundschaften. Und mit ihnen beginne ich ein großes, unendlich reiches Kapitel meines Lebens, eine Zeit des Überschwanges, des geistigen Wachstums, eine Zeit des unglaublich starken Dranges nach Erkenntnis. Es sind diese Jahre so überaus voll der Eindrücke, dass es unendlich schwer ist, sie recht zu schildern.

Als eins der höchsten Güter unseres Menschendaseins sei sie immer wieder gepriesen: die Freundschaft. Wer sie nicht kennt, der hat nicht alles vom Leben gehabt, für den muss eine Lücke klaffen im Zusammenhang seiner Schicksale. Und immer sind mir die Freundschaften, die Gewaltigsten, die in der Zeit des Stürmens und Drängens in unser Leben traten. Sie werden nicht plötzlich geschlossen mit feierlichem Redeschwall und pathetischen Schwüren, kommen leise und wachsen von Tag zu Tag, sie stehen eine Weile im höchsten Glanze da, stolz, edel, voll idealer Kraft und Reinheit bis allmählich das Leben an ihnen reißt, sie lockert und löst, ich kenne sie, diese Freundschaft der Jünglingsjahre, ich habe sie durchlebt in all ihrer Größe, ihrem herrlichen Glanz, bis auch sie von mir ging, weil ich weiter meinen Weg wandern musste. Ja, es waren ihrer mehrere, die um meine Seele rangen und ich habe sie alle genossen, wie sie da waren, an ihnen gehangen, sie gehegt, sie zur vollsten Blüte entfaltet, denn meine Seele war trunken nach Freundschaft.

Dem ersten meiner Freunde aus jener Zeit habe ich den größten Teil zu verdanken. Wir wohnten in der Nähe zueinander. Sobald das Mittagessen verzehrt war und der schulfreie Nachmittag winkte, ging ich hinüber zu ihm. Bei schlechtem Wetter saßen wir bei ihm im Zimmer, welches freundlich und hell war. Wir plauderten miteinander, tauschten Meinungen und Gedanken aus und ließen uns vor allen Dingen in unserem jugendlichen Mut von allen neuen Geistesströmungen der Gegenwart begeistern. Literatur und bildende Kunst waren die hauptsächlichsten Gebiete. Mein Freund besaß hier eine köstliche Auswahl der neuesten Erscheinungen, besonders war unsere Neigung auf die bildende Kunst gerichtet. Wir kauften uns ja nach unserem Vermögen die bekannten, billigen Probebände der „Münchener Jugend" über welche wir uns mit Begierde heranmachten.[8]

Münchner illustrierte Wochenschrift für Kunst und Leben, Hirt´s Verlag Leipzig

---

[8] Georg Hirth (Hrsg.), Jugend. Münchner illustrierte Wochenschrift für Kunst und Leben 1896–1931 G. Hirth's Kunstverlag (München – Leipzig 1896).

Wir bahnten uns durch ein buntes Gewirr von Abbildungen einen Weg und pflückten voller Freude die Blüten, die uns wertvoll schienen. Wir priesen ihre Schönheit und sogen den Duft ein, der um sie war. Aber wir konnten auch verächtlich und spöttisch sein wieder jene Erzeugnisse, die uns nichts wert waren und aus denen wir den Moder einer alten Zeit, will sagen, einer kunstlosen, einer erkünstelten Epoche, zu spüren glaubten. Schau ich zurück auf unsere kritischen Studien, so muss ich bemerken, dass eine gesunde, klare Urteilskraft in uns wohnte. Mag sie auch hier und da ins Extreme ausgeschlagen sein, was jedoch unserer Jugend und unseren Erstlingsversuchen auf diesem Gebiet zuzuschreiben ist, so war sie doch wiederum kraft unserer natürlichen, jugendlichen Empfindung rein und frei von allen Vorurteilen, von allen schädlichen Einflüssen einer belehrenden und tendenziösen Macht. Wir sahen die jungen Künstler jener Zeit durch ihre Werke, die vor uns lagen, mit den gleichen wagemutigen Augen, mit denen sie diese Werke geschaffen. Wir fühlten in uns die gleiche Kraft, das gleiche Wollen, Bahnbrechen, Emporheben, mit einem Worte: die gleiche Revolution. Wir verabscheuten und hassten mit ihnen das Alte, Überkommene, jene Zeit der Gründerjahre, in welcher der Geist unter der Last der Materie sich beugen musste.

Wir sahen sie vor uns, die Werke dieser „Alten", die Bauten der Stadt in ihrer bezeichnenden Stillosigkeit, ja in unserem eigenen Zimmer, an Tisch und Stühlen und allen Gegenständen, die man uns unter die Augen stellte, machte sich diese banale Kunstlosigkeit breit. Und wir begannen zu reformieren, soweit wir dies vermochten. Die alten Bilder wurden von der Wand gerissen und in einer Ecke zur Unsichtbarkeit verbannt, dafür pflanzten wir unsere Götter auf, von denen wir wussten, dass sie wahr waren. Hier wurde der erste Grund gelegt zu meiner stets frischen vorurteilslosen Kritik, soweit es wie hier die bildende Kunst betrifft. Heute noch, wo mich so viele Jahre von jener Zeit trennen, merke ich auf, sobald ein Neuer unter den Alten auftritt und hüte mich wohl, den Reformator zu verdammen. Ich fürchte stets den Totengeruch des Konservativen, welcher sich bemerkbar macht, sobald die geistigen Werte der Werke ihre Kraft verlieren. Dann ist es recht, wenn das Neue sieghaft durchbricht, das Neue, von welchem man zunächst nichts weiß, als dass es da ist, das aber von der Masse befeindet und bespöttelt wird. Immer ist es die Jugend, die den Weg bahnt aus der Liturgie des Überkommenen und auch damals war es unsere Jugend, die uns diesen rechten Weg zeigte. Ich nenne sie heute noch, die Namen jener Künstler, die unsere Wegbereiter wurden und vor deren Werken wir immer wieder standen.

Unsere Freude an dem Geschauten war groß und stark, war die reine, ungehemmte Freude der Jugend. Wir ereiferten uns, aus dem Bilderschatz eine Auswahl zu treffen, wir trennten das uns Wertvolle heraus, brachten es auf eine passende Unterlage, wobei Probieren und beiderseitiges Kritisieren unser Auge schärfte. Wir legten unsere Mappen an, ordneten und klassifizierten. Unsere Sammlung wuchs von Tag zu Tag, der eine beneidete den anderen mehr, wir ließen uns aufs Tauschen, aufs Handeln ein, ja, unsere Passion nahm manches Mal die Absonderlichkeit eines alten, einseitigen Sammlers an.

Ich entsinne mich, dass es Bilder geben konnte, welche infolge irgendeiner eigenartigen Laune des Künstlers mich derart faszinierten, dass ich sie unbedingt mein Eigen nennen musste, koste es, was es wolle. Wir brachten oft ganze Nachmittage zu in dem Laden eines Kunsthändlers, dessen Inhaber meinem Freunde sehr zugeneigt war. Hier befand sich auch eine ständige kleine Ausstellung, die natürlich im Mittelpunkt unseres Interesses stand. Es war dies eine wunderbare Zeit, der ich mich stets mit Sehnsucht erinnere, als müsse sie wiederkehren, als wären all die Offenbarungen, die sie brachte, nur der Anfang eines großen, reichen Lebens voller Schönheiten. Und wenn ich es heute recht bedenke, kehrt sie auch immer wieder, diese herrliche Zeit, wenn nicht bei anderen Menschen so doch bei mir. Es ist mein altes und immer wieder neues Glück, in meinen Muße- und Traumstunden, so selten sie auch sind, diese Zustände der inneren Neugeburt stets wieder zu erleben.

Die Welt des Schönen ist der Inbegriff meines Lebens, Natur und Kunst sind die Pole, um die meine geistige Welt zirkuliert. Das Leben, mit dem ich als Mann zu kämpfen habe, wäre schal und ratlos ohne diesen ideellen Wert, den es durch diese geistigen Qualitäten empfängt. Ja, so gut ich weiß, dass der Mensch der Materie bedarf, umso größer ist meine Überzeugung, mein fester Glaube, dass ich ohne diese ideellen Werte nicht leben könnte. Diese Anschauung war von Anfang an mir gegeben, denn Geburt und Erziehung verleugnen sich nicht. Aber zu ihrer schönsten Blüte für mein Leben lang ist sie erweckt durch jene ersten Offenbarungen in meinen frühen Jugendjahren, als ich einen Freund fand, der mir einen Weg zeigte, nachdem wir beide sichten.

Theodor Andresen mit dem Skizzenbuch. Titelblatt zu
„Mein Leben 2". Archiv Andresen

Es war naheliegend, dass wir auch praktisch uns auf dem Gebiet betätigten, dem unser Interesse gewidmet war. Wir nahmen an schönen Sommertagen unser Skizzenbuch in die Hand, begaben uns hinaus ins Freie und zeichneten nach Herzenslust drauf los. Zeichnungen aus jener Zeit wollen mir natürlich heute nicht mehr gefallen, aber wir waren überzeugt von unserem Können und galten auch unter unseren Kameraden als die geborenen Künstler. Wenn ich heute die Werke betrachte, so sehe ich den langen Weg, der von ihnen herführt auf meine heutigen Arbeiten und ich weiß jetzt gewiss, dass ich Großes hier nie mehr schaffen werde. Aber das Feuer jener Zeit flammte hoch auf, und der heiße Wunsch war lange lebendig, in die Reihe jener Großen gestellt zu werden, als Meister unseren Ehrgeiz anfachten.

Es beginnt nun jene Zeit, die mit ihrem „Sturm und Drang" den inneren Menschen durchdringt und im Kampf der Meinungen in der Offenbarung des Geschauten den Menschen vorbereitet für die Jahre, in welchen die Art der inneren Lebenslinie fester und bestimmte sich gestaltet.

In jenen Stunden trat ich aus dem Zustand einer noch von den großen Dingen der Welt unberührten Seele hinüber in jenes Reich, das den Mann zwingend in seine Gewalt nimmt, das ihn schonungslos vor die Schranken des großen Lebens fordert, damit er bekenne, welch Geistes Kind er sei, damit er, sich selbst richtend, der Welt sage: Der bin ich und kein anderer. Wenn dieser Richterspruch über sich selbst gefällt ist, wenn der Charakter in seinen großen Zeigen festgelegt ist und der Mensch dann zurückblickt auf jene Jahre des Werdens, des Überganges aus dem Chaotischen zum Komischen, dann ja ohne eine gewisses Gefühl der Sehnsucht, dass diese Zeit des Glücks nur einmal im Leben dem Menschen blüht. Man ist geneigt zu glauben, sie wäre doch nicht ganz ausgenützt worden, sie hätte noch reicher, noch vielfarbiger, noch bewegter sein sollen. Aber hinterher ist es leicht, Maßstäbe anzulegen, Forderungen an die Vergangenheit zu stellen. Es geht auch hier den Menschen so: Das Leben immer wieder meistern zu wollen. Wir ändern ja alle nichts an dem Schicksal, dass so über so über uns kommt.

Und sollte ich über mein Schicksal richten? Am allerwenigsten über diese Zeit. Ward sie mir nicht in ihrem vollsten Glanze offenbar? Ja – Schönheit und Liebe, Kunst und Natur hätte sie – ich wag es zu sagen – in größerer Reine geführt als ich. Alle Freuden der Welt, alle Reichtümer sind nichts gegen dieses Glück: stille Freude zu kosten an den Brüsten des Alls, aufzugehen in diesem Dreigestirn: Dem Guten, Wahren und Schönen. Für mein Leben lang bin ich gestärkt durch die Erfahrungen jener Tage, die mir alles brachten, was aus dem Glanz dieses Gestirns in die Brust des Menschen dringen kann. Ich schaue zurück und immer klarer liegt mein vergangenes Leben vor mir.

Erbe, Kindheit, Jünglingszeit, das eine entsprungen aus dem anderen und das stille Glück immer im Geleit. Kampf ist auch in meinem Leben gewesen, Nacht und Tod und Verzweiflung, Hass und Verbitterung, aber die Liebe war immer noch größer und wird stets größer bleiben.

Und fragst Du warum? Weil der Glaube da ist, dieser Glaube an das Ideal, der des Menschen höchstes Glück ausmacht, das da wächst aus der Erkenntnis, dass alles Leben zurückzuführen ist auf die Natur, auf den Kosmos, der Welten in uns und um uns ist. Fortab wird diese Erkenntnis meine Zeilen geleiten, ja sie ist es, die mir die Feder in die Hand gab, damit ich mein Leben vor mir selbst ausbreite, ihr selbst zu Preis und Ehre.

Hier will ich zurückgreifen auf meine zeichnerische Begabung. Ich sage: Begabung. War sie es denn? Einen großen Teil meiner erreichten Leistungen mögen zurückgeführt werden auf Interesse und Fleiß. Aber ist nicht schon Liebe zu einer Sache der Beweis, dass ein Wollen da ist und dass dieses Wollen entsprungen ist aus dem inneren Menschen, dem dieses wiederum als Gabe der Natur verliehen ist? Ein Teil davon mag auch Vererbung sein.

Aus Erzählungen und Schriften meines Vaters weiß ich, dass bereits mein Großvater in seiner Tätigkeit als Landmann große Geschicklichkeit in der Herstellung praktischer Dinge, vornehmlich von Handwerkszeug für den landwirtschaftlichen Betrieb an den Tag legte. Mein Vater hegte eine große Liebe für die Tischlerei und hat in seinen Mußestunden manch häusliches Zierstück an der Hobelbank hergestellt. Die Kerbschnitzerei, die Ende des 19. Jahrhunderts sehr in Mode war, wurde gleichfalls von ihm wie meinen älteren Brüdern eifrig betrieben. Jedoch ist das Zeichnen und Malen, soweit mir bekannt, in meiner Familie nicht geübt und gepflegt worden, es sei denn, in Gestalt von Vorlagen für die eben erwähnte häuslichen Zierarbeiten.

Meine Unterrichtsstunden auf der Dorfschule konnten mir im Zeichnen nicht die geringste Grundlage geben, denn es wurde nur nach schematischen Vorlagen gezeichnet, in denen kein Leben steckte und die dem Anschauungsvermögen des Kindes vollständig fremd waren. Es ist mir heute unbegreiflich, wie es eine Pädagogik geben kann, die zu solchen Dingen fähig ist. Mein Vater hat dies von jeher eingesehen, wie ich bestimmt weiß, aber er konnte an den Vorschriften nichts ändern. Kein Wunder, dass er, sobald er meine Neigung zum Zeichnen bemerkte, mir in meinen Freistunden, wenn der Trieb sich einstellte, Gelegenheit bot, dieses Land der Schönheit von einer anderen, weit näherliegenden Seite zu beobachten. Er selbst, ohne eigentliche zeichnerische Begabung, fühlte dennoch, sei es auch nur ahnend, wo der richtige Weg sei. Vorlagen lebendiger Art wurden nun beschafft und ich auf viele Dinge aufmerksam gemacht, die mir ein Tor nach dem anderen öffneten.

Ich entsinne mich, wie er mich behutsam in die Anfangsgründe der Perspektive einweihte, wie er die Form der Gegenstände für mein Auge erschloss, dass es mir war, als öffnete sich vor mir langsam aber immer klarer und herrlicher ein wundersames Land der Schönheit.

Wer in dieses Land von Kindheit auf hineingepilgert ist, der weiß zugleich, dass der Weg zu ihm stetig weiterführt, dass das Ziel, und sei es auch noch so klar, immer unserem Streben entweicht. Ja, ein ewiges Streben ist es, aber so mühsam und voller Qual oft, so sammelt es immerdar aus neuen Quellen seine nie versiegende Kraft. Der Künstler wird nie ein Vollender. Er ringt mit seiner Kunst, die ihm heilig und schön ist, weil er durch sie mit sich selbst ringt. Es ist immer das große Rätsel, das dahintersteht, ihn lockt, ihn ereifert, ihn quält, zermartert, von neuem aufgepeitscht und zerreißt: Das Leben. Der Wege sind viele und dem einen sind Rosen gestreut, dem anderen Dornen, aber alle führen sie zur Sonne, die aus weiter Ferne ihren Glanz erstrahlen lässt: Das Leben. In meiner Kindheit ward mir das erste Tor geöffnet und weit ist der Weg, der hinter mir liegt. Rosen warn wohl darauf, aber auch Dornen und doch habe ich ihn nie verflucht und werde ihn weiterwandern wie es auch sei.

In jener Zeit nun, von der ich berichte, fällt ein wichtiger Abschnitt meiner zeichnerischen Tätigkeit, hervorgerufen durch die gemeinsamen Studien mit meinem Freunde. Es war in den Sommerferien, welche ich wie immer in meiner Heimat auf dem Lande verlebte. Ich hatte an einem größeren Aufsatz für die Schule zu arbeiten. Das Thema hatte ich mir, da dies gestattet war, selbst gewählt. Es hieß: „Ludwig Richter und seine Kunst".[9]

Die Jahreszeit, der Ort für diese Arbeit war wie geschaffen und es bedurfte nicht viel, um mich mit Liebe und Begeisterung

---

[9] Adrian Ludwig Richter (1803–1884) war ein bedeutender Maler und Zeichner der deutschen Romantik und des Biedermeier.

dem Thema hinzugeben. Was Wunder, wenn die Kunst jenes Meisters mich verleitete, selbst mein Skizzenbuch unter den Arm zu nehmen und im Sonnenschein der herrlichen Jahreszeit hinauszuwandern durch Wald und Feld. Die stille, anmutende Freundlichkeit der heimatlichen Natur mit ihren abwechslungsreichen Motiven boten Anlass genug, um an stillen Plätzchen nieder zu sitzen und den Zeichenstift hervorzuziehen

Überfahrt am Schreckenstein, Ölbild von Ludwig Richter von 1837.
Gemäldegalerie Staatliche Kunstsammlungen Dresden. Theodor
Andresen hatte diesen Bilddruck in seiner Bildermappe

Hier muss ich erwähnen, dass ich solches immer nur tat, wenn ich versichert war, dass kein Mensch mich beobachtete. Diese Eigenschaft beim Zeichnen und Malen haftet mir bis heute an. Ich vermied sorgfältig an solchen Plätzchen im Zeichnen zu verweilen, an denen andere Menschen mir auf meine Arbeit sehen. Ich hüte meine Liebe zur Kunst in diese Tätigkeit wie ein Geheimnis, da ich immer das Gefühl habe, diese Arbeiten würden von der Umwelt nur als eine Spielerei, als ein leichtes Vergnügen, gewissermaßen als die kindliche Beschäftigung eines sonst Gelangweilten aufgefasst. Es mag dies ein Trug sein, jedenfalls aber ist diese Furcht vor der falschen Einschätzung meiner Tätigkeit da und wohl hauptsächlich daraus zu erklären, dass ich diesen Trieb zur künstlerischen Betätigung in mir als über allen anderen Beschäftigungen, die mir das Leben aufzwingt, stehend betrachte, eine Überzeugung zwar, die alle anderen Menschen, vor allen die, welche sonst mich praktischen Beruf wissen, von mir kaum erwarten werden.

Ich lasse also meine Mitmenschen in einem falschen Glauben, ich bin ein anderer Mensch, als ich erscheine, kurz, bei meiner künstlerischen Betätigung kommt der wahre, innerste Mensch in mir zum Ausbruch und fraget doch einmal, welcher Mensch geneigt ist, seine Heiligstes vor aller Welt zu offenbaren. So sitze ich denn an meinen Plätzen, immer einsam, es sei denn, von den Menschen begleitet, denen mein Innerstes zu zeigen, ich nicht zu fürchten brauche.

Die Zeichnungen aus jenen Tagen sind heute noch in meinen Händen, winzig kleine, bescheidene, aber liebe Erinnerungen an sonnige Sommertage in meiner Heimat! Ja, es war das letzte Jahr, welche meine Eltern hier wohnten[10], und mir ist, als hätte mir dieses Bewusstsein damals besonderen Trieb gegeben, auch alle mir erdenklichen Plätze aufzusuchen, um sie im Bilde festzuhalten. Ja, es ist ein eigenes Gefühl nach einer Reihe von Jahren, solche Blätter wieder zu beschauen und mit leiser Weh-

---

[10] Franz Andresen zog nach seiner frühzeitigen Pensionierung als Lehrer 1913 mit seiner Familie nach Flensburg.

mut zu empfinden, dass wohl manche dieser Orte niemals wieder der Fuß betreten wird, Stätte, an denen du als Kind sogar oft weiltest. Ich sehe im Geiste vor mir ein bestimmtes Plätzchen, so klar und deutlich, als sei ich gestern noch da gewesen und wenn ich aus meinen Gedanken erwache, so finde ich, dass eine Trauer mich beschleicht und von neuem in Gedanken über den Wandel der Zeit, über die Unstetigkeit und die Vergänglichkeit unseres Lebens versinke, denn jene Stätte, sie sah mich und ich sah sie zum letzten Male.

Federzeichnung von Theodor Andresen aus seiner Zeit als Oberrealschüler in Flensburg, Archiv Andresen

Aber doch ist es gut, dass wir in solchen Fällen nie wissen, wann dieses letzte Mal war, um wie viel mehr mit schweren trüben Stunden wäre dann unser Leben erfüllt. Jeder Augenblick würde für uns bedeutungsvoll und der Grübelei und Nachdenkens wäre kein Ende. Da ist es besser, zu Zeiten stille zu halten, und dann nicht auf die Gegenwart oder gar die Zukunft zu blicken, sondern auf das Vergangene und sich an dem fernen Glanze in Träumen zu ergötzen.

Bei diesen praktischen Studien in Feld und Wald ward es umso leichter, in die Seele eines großen Meisters der Kleinkunst einzudringen und in seinen Werken die gleichen Empfindungen wiederzufinden, die mich im Anschauen der Natur bewegten. Zum ersten Male wurde ich dessen inne, was es heißt, in Künstlers Lande selbst zu gehen, ja, dass nur so ein Bild, eine Zeichnung ganz und recht erschaut wird, wenn sie durch des Künstlers Auge sieht. Das ist es, was die Heimat so hoch und edel macht, dass sie zur Sprache des inneren Menschen wird, zum Ausdruck all seiner frohen und schweren Stunden, ja, es ist die Kunst das einzige Mittel, die Seele zu befreien von den Fesseln, die ihr durch tausend Dinge der Natur auferlegt sind. Hier wird die Kunst zur Erlöserin des Innenmenschen, zur Mittleren zwischen Menschen und Gott.

Jene kurze Zeit unvergleichlich schöner Sommertage hat mir tiefe und immerwährende Erlebnisse gebracht. Zum ersten Male kam das Bewusstsein deutlich zu mir, dass jenes Kinderland, die Heimat mit all ihrem stillen Frieden für immer hinter mir liegen sollte und mit aller Inbrunst meiner Empfindungen durchlebte ich diese letzten Tage von morgens bis abends, ja, in die sternhellen Nächte hinein. Wie einen sehnsuchtsvollen Pilger trieb es mich oft an wohlbekannte Orte, fernab von dem Dörfchen in einsame Wälder, um noch einmal jenes Plätzchen zu sehen, jenen Baum und Strand, noch einmal den Blick durch die Stämme hinaus ins Land zu erhaschen und in stillen Gedanken versunken von der Kinderzeit zu träumen – und dann zu scheiden, immer wieder zurückblickend und prüfend, die Stätte froher und glücklicher Zeiten.

Die Zusammenkünfte mit meinem Freunde wurden noch durch ein anderes tiefer und reicher gestaltet. Es wurde damals um einen kleinen Kreis geistig verwandter Kameraden ein engeres Band geschlungen in Gestalt einer Vereinigung, die danach strebte, auf wissenschaftlich-künstlerischem Gebiete wechselseitig sich weiter zu bilden. Sie nannte sich „Pan". Es war uns ein Bedürfnis, in allen Fragen des Lebens uns gegenseitig auszusprechen, denn auf der Schule wurde dies Ziel gar nicht oder doch nur in ganz schwachem Maße erstrebt. Wir hielten Vorträge, Diskussionen, kurz, beschäftigten uns mit allem, was uns wissenswert und der Aufklärung notwendig schien. Der ursprüngliche Gedanke, der diesen Bestrebungen zugrunde lag, war gut und edel, gelangte auch in der ersten Zeit des Bestehens dieser kameradschaftlichen Zusammenkünfte zur schönsten Blüte. Vieles habe ich aus diesen Tagen in mein ferneres Leben mitgenommen. Noch heute findet sich das interessante, umfangreiche Protokoll aller Sitzungen in meiner Bücherei. Doch kamen in den „Pan" später harte Risse, so dass er schließlich nicht mehr lebensfähig war. Auf diese Ereignisse komme ich später zurück, wo ich auf das Verhältnis mit einem anderen Freunde eingehen werde.

Ich streife hier noch kurz meine letzten Schuljahre. Durch den Verkehr mit den Kameraden, insbesondere mit meinem Freunde wurde für mich die Schule immer gleichgültiger. Mein altes Pflichtgefühl, stets meine Arbeiten für die Schule gewissenhaft zu erfüllen, schwand zusehends. Zunächst geschah dies wohl infolge jener engen Freundschaft. Ich sah an meinem Freunde, dem Begabung mit in die Wiege gegeben war, wie spielerisch er seine Aufgaben der Schule gegenüber löste, hörte, wie er sich spöttisch über dies „Bildungsanstalt" ausließ.

Und das war es, was für mich erlösend wirkte, denn ich hatte all die Jahre durch die Schule nur einen beklemmenden

Zwang empfunden. Mir kam jetzt zum Bewusstsein, dass hinter diesem Bildungstand nichts Rechtes stecken könnte. Vor allen Dingen war diese Überzeugung gestärkt durch den Blick in jenes große und schöne Land der Kunst.

Die Jugend sieht nicht, wenn sich eines Tages die weite Welt vor ihr öffnet, die grauen Wolken, die sich später türmen, sie sieht nur ein großes lichtes Land in hellen Farben. Sie ist von diesem Augenblick, wo es wie ein Schleier von ihren Augen fällt, ganz überwältigt und empfindet nun erst recht den dumpfen Druck der Vergangenheit, den sie hasst und von sich wälzt. So war es mir. Was kümmerte mich jetzt noch die Schule. Meine Seele, die ich gleichsam selbst in meinem Busen zittern fühlte, galt mir weit mehr. Ich musste sie hegen und pflegen wie ein kleines Kind, denn sie sollte die große, herrliche Welt schauen. Und alles tat ich um meiner selbst willen. Was lag daran, wenn ich in der Schule dem Unterricht nicht folgen konnte – da waren wichtigere Dinge zu bedenken, da war das Leben zu genießen, in vollen Zügen, keine Augenblicke durfte hier ungenutzt bleiben. So unendlich reich der Eindrücke war diese Zeit eine Fülle der Empfindungen waren es, die mich beherrschte, dass es keine Zeit für andere Dinge gab. Hinzu kam die Liebe zu einem Mädchen, die mich ganz in ihre Gewalt nahm.

Die Folge von all diesem war, das mir das Ziel der Schule versagt blieb, trotzdem ich immer noch nicht zu den schlechtesten Schülern zählte. Meine Kameraden wunderten sich darüber sehr, zumal andere Mitschüler da waren, die in ihren Leistungen noch schlechter galten als ich und doch die Zulassung erhielten. Dies verstockte mein Herz gegen die Schule nur noch mehr. Ich konnte mich nicht genug ironisch genug über sie auslassen. Am schlimmsten wurde es an dem Tag, als die anderen Kameraden ihr Ziel erreichten und ich mich nun vereinsamt fühlte. Nun sollte ich meinen Freund verlieren; die schönen Tage des Zusammenlebens waren dahin, allein blieb ich in dem lieben Zimmer, wo wir so oft geplaudert, gestritten, gespöttelt, in Begeisterung geschwelgt und Himmel und Erde las unser gefühlt. Allein war ich nun.

Und da brach all meine Sehnsucht auf nach den Tagen der Freundschaft, wieder durchlebte ich sie alle in süßen Träumen bis ich wieder am Ende einsamer denn je stand. Eine große Traurigkeit kam über mich, ich fühlte mich im Innersten zerschlagen, ich fand mich von Allen verlassen, allein, kein Freundesarm, der mich stützte. Da wandte ich meine Gedanken ganz nach innen und grübelte nach über Glück und Unglück, über frohe Tage und dunkle Nächte. Und allmählich beruhigte sich mein Herz. Jetzt erst kam der reiche Segen dieser Freundschaft voll über mich. Ich durchlebte noch einmal in meinen Gedanken diese ganze Zeit, ja, alles was meinen Geist bewegt hatte, drang nur noch tiefer hinein und fester wurde das Band, das mein Innerstes mit den großen Dingen der Welt verflocht. Trotzdem, ja gerade deswegen entfremdete ich der Schule immer mehr, denn es waren zwei ganz verschiedene Welten, in denen ich lebte. Es geschah noch einmal, dass ich das Ziel der Schule nicht erreichte und erst zum dritten Male war mir das Glück hold. Dennoch war dieses letzte Schuljahr mein schönstes. Meine innere Entwicklung strebte auf edleren, reicheren Pfad der Reife zu.

Hier sei noch kurz eine zweite Reise nach Mitteldeutschland gestreift. In der Unterprima wurde von unserem Klassenlehrer in den Sommerferien ein Besuch des damals stattfindenden Weimarer Nationaltheaters angeregt. Er beteiligte sich daran etwa 10 Schüler, darunter auch ich.

Wir schrieben das Jahr 1911, welches durch seine große sommerliche Hitze bekannt ist. Die Reise ging über den Harz, der mir schon von meiner letzten Reise her bekannt war. Von hier ging es hinüber zum Kyffhäuser und dann weiter bei ständig großer Hitze ins Thüringer Land hinein. Wir besuchten Erfurt, die alte Lutherstadt und fuhren von dort direkt nach Weimar, dem Ziel unserer Reise.

In schönster Erinnerung sind mir von dort der „Stern", diese parkartige Stückchen Erde mit dem schlichten Gartenhaus des großen Dichters sowie das Schlösschen Tiefurt geblieben. Es ist unsäglich schwer, die Erlebnisse einer solchen Reise von der Jugendzeit her zu schildern, ohne den poesievollen Schlummer zu zerstören, die sie von der rauen Wirklichkeit gegenwärtiger Erlebnisse trennt, ja, in eine ganz eigenartige, traumhaft-glückliche Ferne versetzt.

Ich kann von solchen Erlebnissen in meinem Dasein sage, dass sie in den weitaus meisten Fällen, an wahrem, innerem Reichtum erst gewinnen, je weiter sie in die Vergangenheit rücken.

Weimarer Nationaltheater mit Goethe und Schiller Denkmal von 1857. Inschrift: Dem Dichterpaar Goethe und Schiller das Vaterland. Postkarte um 1900: Library of Congress

Es mag vielen Menschen so ergehen und ist wohl kaum verwunderlich, wenn man einmal das Leben der Völker in ihrer Allgemeinheit daraufhin betrachtet. Irgendeine wahre Begebenheit aus den Anfängen der Geschichte wird in der Folge der Jahre, Jahrhunderte, Jahrtausende vom Volk mit einem immer dichteren Kranz von Sagen umgeben, so dass dieses Geschehnis eine immer sichere, poesievolle Umkleidung erhält. Der Mensch als Einzelwesen verfährt in gleicher Weise. Ein unbedenkliches Ereignis, einmal wieder in die Erinnerung gebracht, steigt lebendig vor der Seele auf, wird liebevoll vom Gedächtnis gehegt und von der Phantasie mit allem Fleiß zu einem kleinen Kunstwerk ausgeschmückt – just wie der Künstler aus dem Holzkloben die herrlichen Ornamente formt. So ist die Erinnerung immer die Schwester der Phantasie. Wie köstliche Edelsteine trage ich die Erlebnisse jener Tage mit mir. Edelsteine, die umso wertvoller sind, je älter sie werden.

Augenblicke tauchen aus der Vergangenheit auf, als wären sie gegenwärtig. Ich sehe vor mir liegen tief unten im Tale, von waldigen Bergeshängen umrahmt, ein thüringisches Städtchen, so einsam und traumverloren, so märchenhaft schön, als wäre es gezaubert aus einer anderen Welt. Dann wieder taucht ein verfallenes Kloster auf – Säulen und gotische Spitzbogen, wild rankende Rosen, grüner Rasen, goldene Felder, Hügel und Wälder.

Da blinkt in der Tiefe ein silbernes Band auf und schlängelt sich gemächlich durch das Land, Dörfer liegen zu Hauf in der weiten Ebene, Kirchtürme schauen hervor aus den Dächern – selig blau ist der Himmel, und die Sonne brennt heiß herab. Und so geht es tagaus, tagein – bis dann die Wartburg vor uns liegt – ja sie erhebt sich so stolz, so herrlich über das Land und zwingt den Wanderer, der zu ihr eilt, ein so eigenes Gefühl auf, dass er nachher nicht weiß, as mit ihm geschah. Sie steht auf ihrer Bergeshöhe da, als müsste sie da sein – von Anfang an – solange das Stückchen Erde war, das um sie ist. Sie zieht den

Wanderer in ihren Bann und doch thront sie auf ihrer Höhe, als ginge sie das winzige Menschengeschlecht nichts an. Sie verkündet, herrlich wie am ersten Tag, die Schönheit der Natur, die sich zu ihren Füßen breitet, sie war und ist und wird sein – ein Kronschatz der Erde, ein Beglückerin der tausend und abertausend Menschen, die zu ihr kommen, um ihre Schönheit zu bewundern. Ja, sie ist wahrhaft eine Zauberburg.

Wartburg. Postkarte um 1900, Library of Congress

EROS

Ich beginne einen der schönsten Abschnitte meines Lebens. Aber wer kann sie beschreiben, die erwachende Liebe zum Weibe, die ersten Triebe des Gottes Eros in der Brust des Menschen?

Und doch, wer hat es nicht versucht, alle Lust und Weh dieser Zeit zu halten – in einsamen Stunden, fern von der Geliebten, ihrer gedenkend, zur Feder zu greifen. – Worte zu stammeln, Himmel und Erde in tausend Bildern zu preisen, zu jubeln und jauchzen in rauschenden, klingenden Worten – und alles um der einen Willen, deren Bild bei Tag und Nacht der Inbegriff der Glückseligkeit ist. Doch all das reicht nicht heran an die Augenblicke, wo der Seite an Seite mit deiner Geliebten des Lebens höchstes Glück erblühte. Hast du sie nie gekostet, deine Stunden? Dann schweige still, dann weißt du auch nicht, was Leben ist. Siehe, hier fließet alles – alles zusammen, hier ist das große Rätsel deines Daseins gelöst, hier bist du Mensch und Gott, hier stehst du auf der Erde und schauest mitten in den Himmel. Oh, wenn es, wie du willst, nichts gibt es, was darüber ist.

Wo seid ihr, unvergleichlich schöne, helle Sommernächte? Ihr wart so gut und still, so voller Märchenzauberpracht. Des Waldes dunkle Schatten traumhaft am hellen Himmel stehen, wo funkelnd Stern an Stern erstrahlt. Da ziehen Nebel geisterhaft im Busch. Die Kühe weiden auf der Wiese – unsichtbar – nur hörbar am Geräusch der Ketten, am Schnuppern und am Rupfen. Im Walde schreit der Kauz. Ganz fern im Dorfe bellt der Hund. Da flattert ein Blatt vor dir zu Boden. Es raschelt ein Tierchen im Gebüsch. Zwei Herzen klopfen. Zwei Augen glänzen auf, zwei Lippen liegen warm an deinen. Du streichst mit deiner Hand liebkosend über weiches Haar und glühend warme Wangen und um die schlanke Hüfte schlingst du deinen Arm. Die Stunden eilen, du merkst es nicht. In deiner Brust ist seliger Rausch. Auf deine Lippen kommen Küsse ohne Zahl. Es klingt in dir, es jubelt, jauchzt, du willst befehlen deinem Gott, er soll die Zeit für immer bannen, die Erde soll in ihren Angeln stille stehen, der Tag soll niemals wiederkehren, die Bäume ewig still gen Himmel ragen.

Dein Ziel, dein Lebensglück, es ist erreicht – halt inne, Welt, es ist genug – erstarre, bleib so – und ach, die Zeit, sie fließt, reißt alles mit sich was auf Erden, dich selber und dein Glück – die Stunde ruft, zerschmettert alle deine Träume, du liegst am Boden, zertreten wie ein Wurm, krümmst dich windungsvoll, du fluchst und lästerst deinen Gott, der, ach – dies Glück aus seiner milden Hand geschenkt. Er straft dich, deine Undankbarkeit. In wilden Träumen wälzt du dich bei Nacht und tags zerreißen die Gedanken dein Hirn. Verzweiflung packt dich – wenn nicht zuletzt der milde Gott sich doch erbarmt und dich zurückleitet in die Welt.

Wo fang ich an – wie fang ich an. Kann ich's denn wagen? Kann ich das namenlose Glück beschreiben und hat es Sinn und Zweck? Wozu soll es denn sein? O, lass es sein, zerbrich nicht dieses Glück mit rauer Hand. Die Kunst, das höchste Gut der Menschen, sie reicht doch wohl nicht an die Wirklichkeit, nicht an die Seele zarte Saiten. Ja oder nein? Doch sei es gewagt. Ich will hier den Weg weitergehen, den ich schon betrat.

Es war zur Winterszeit, die Natur verschneit und klirrender Frost. Man feierte die Hochzeit des älteren Bruders. Das alte Bauernhaus lag geschützt hinter dem Walde. Die Räume waren eng, aller Platz ausgenutzt, um die Geräte unterzubringen. Jeder hatte natürlich seine Tischdame neben sich. Mir ward eine zugeteilt, die ich zufällig am Sonntag vorher auf der Eisbahn hatte kennen gelernt. Da waren aber viele gewesen: Kameraden, Mädchen, die man kannte und nicht kannte, eine große Gesellschaft, die nur sich dem Eissport hingab. Nun brachte der

Zufall uns zusammen, die mir damals kaum einander beachtet hatten. Sie saß neben mir und wir unterhielten uns von Sonntag. Bald wieder stockte das Gespräch. Es war wohl meine Unerfahrenheit in solcher Lage, die es mir schwer machte, die Unterhaltung weiterzuspinnen. Ein fremdes Weib saß an meiner Seite, und der Geschlechtsunterschied machte mich befangen. Nun unterhielt sie sich mit ihren Nachbarn zur Rechten. Da kam ich mir wie ein dummer Junge vor, und in mir regte sich ein Gefühl der Zugehörigkeit zu diesem Mädchen. Es mochte wohl Liebe sein, die da keimte. Ich zwang mich zu einem Gespräch, und es glückte mir, sie zu fesseln, ja, in ihren Worten fand ich einen Klang, der mich überaus glücklich machte. Ich befreite mich von dem Druck der Vergangenheit und nun keimte in mir zum ersten Male in meinem Leben die Liebe zum anderen Geschlecht. Das zu beschreiben, ist unmöglich. Zahllos ist das Heer jener, die in Worten und Liedern in allen Mitteln, die uns Menschen gegeben, diese Augenblicke zu verherrlichen suchten, aber das alles ist nur ein Stammeln und reicht nicht heran an die Wirklichkeit des Erlebten und Gefühlten.

Nach dem Mahl begann der Tanz. Im Flur wurde ausgeräumt. Es war ein kleines Gemach – von quadratischer Form. Die Diele bestand aus roten, gelben Ziegeln. Im Laufe der Jahre waren Unebenheiten hineingekommen, hier und da auch ein Stein in zwei Teile zerbrochen. Die Wände waren mit bläulich schimmernden Kalk frisch gestrichen. Die Decke lag so niedrig, dass ein großer Mensch sich an dem dicken Balken stoßen konnte, der quer durch den Raum ging. Es war noch kalt und unbehaglich hier, als die Tür von dem warmen raucherfüllten Zimmer der Hochzeitsgäste geöffnet wurde. Zunächst trat niemand hinaus. Plötzlich setzte Musik ein. Die war nicht schön, wenn man sie von hoher künstlerischer Warte betrachten wollte. Aber es waren Klänge, die wie keine anderen zu diesem alten Hause, zu dieser ländlichen Hochzeitsgesellschaft. Ein Geiger und ein Klarinettenspieler ließen ihre Instrumente nach

Möglichkeit zusammenklingen. Als die Töne in das Zimmer der Gäste drangen, erhoben sich einzelne Paare und gingen hinaus. Bald hörte man das Schleifen des Walzers.

Auch ich sah mich gezwungen, meine Dame zum Tanz aufzufordern. Ich tat es ungern. Nie bin ich ein Freund des Tanzens gewesen, bin es heute auch noch nicht. Warum? Ich weiß es kaum zu sagen. Es bereitet mir kein Vergnügen, müsste ich antworten. Nun blieb mir nichts anderes übrig.

Wir mischten uns unter die Paare. Nicht viele konnten sich in dem kleinen Gemach drehen, und es galt, manchen Stoß auszuhalten. Doch geschah es unter Lachen und Scherzen.

Als ich so dieses Mädchen immer fester um die Hüften fasste, sie in wirbelndem Tanze drehte, ihre Wangen erglühen sah und ihre Blicke so nahe den meinen waren, da ward die Liebe in mir zu neuer Glut entfacht. Aller Zwang, der mich anfangs so befangen gemacht hatte, fiel von mir. Ich gab mich, wie man vertrauten Menschen gegenüber ist. Dazu kam der Reiz dieser ländlichen Hochzeitsgesellschaft, der nichts von allem konventionellen Zwange an sich hat, wo jeder die Stunden ungetrübter Freude, ja, Ausgelassenseins in vollen Zügen kostet.

Bald wurden wir des Tanzens müde. Wir begaben uns zurück an unseren Platz, schenkten unsere Gläser voll Weines und tranken uns immer aufs Neue zu. Längst wusste ich, dass auch in ihr die Liebe erwacht war und in überschäumender Freude gab ich mich ganz diesen köstlichen Augenblicken hin. Bald hatten wir eine Ecke gefunden, wo man uns ungestört ließ und wo wir bei einer Flasche Wein, die ich mir als kühner Ritter der Liebe irgendwo geraubt hatte, einander die Herzen öffneten.

Zu später Stunde brachen die Gäste auf. Wie freute ich mich, die Pflicht zu haben, mein Mädchen nach Hause zu begleiten. Sie wohnte bei Ihren Eltern in dem Nachbardorfe, eine halbe Stunde Weges zu gehen.

Wir traten hinaus in die frostklare Winternacht. Der Mond stand hoch am Himmel. Unter unseren Füßen knirschte der Schnee. Was lag uns daran, auf dem kürzesten Wege ans Ziel zu gelangen. Wir gingen abseits, feldeinwärts, dorthin, wo es keine menschlichen Wohnungen mehr gab. Immer enger wurden die Wege. Keine Spur hatte sich hier in den hohen Schnee gegraben, über den wir hinwegschritten, kaum einsinkend in die frosterstarrte Decke. Wir hatten uns dicht beieinander geschmiegt und unsere Arme ineinandergelegt, die Hände fassend, wie es Liebende tun. Zuweilen sah ich in ihre Augen, in denen es hell erglänzte.

Da geschah es, dass ich meinen Arm um ihre Schultern legte, dass sie ihren Kopf zurückneigte, mich lächelnd anblickte, dass ich in ihren Blicken las, wie sie meinen Kuss begehrte, den ich ihr gab. Wie weich waren diese Lippen, wie warm. Nie zuvor hatte ich solches getan. Nun aber wusste ich, dass darin Liebe höchster Lohn geborgen liegt. Und ich begehrte mehr und aufs Neue küssten wir uns.

Ich weiß nicht, wie lange wir so dahin gingen. Stunden mögen es gewesen sein, aber uns dünkten sie wohl Sekunden.

Wie war ich des Glückes trunken, als ich alleine zurückwanderte. Zum ersten Male in meinem Leben hatte die Liebe in meinem Herzen Einzug gehalten und ich vermochte es kaum zu fassen.

In dem Hochzeitshause war für mich für eine Schlafstätte gesorgt. Einzelne Gäste, darunter auch meine Eltern und Geschwister sollten erst am nächsten Tage gegen die Mittagszeit mit dem Zuge abfahren. Auch für diesen zweiten Tag hatte ich mich von der Schule befreit.

Mein Mädchen besuchte in der gleichen Stadt das Seminar. Wir hatten vereinbart, am nächsten Tage zusammen unseren Weg zu nehmen. Es war von der nächstgelegenen Station mit dem Zuge etwa eine Viertelstunde Bahnfahrt. Aber wir verschmähten diese Gelegenheit. Das Wetter war zu verlockend,

Zeit stand uns genügend zur Verfügung, so dass wir beschlossen hatten, den Weg zu Fuß zu machen.

Es war schon spät Nachmittag als wir uns aufmachten. Wie sehr haften mir diese Stunden in der Erinnerung. In jenem Winter herrschte wochenlang eine ununterbrochene, große Kälte bei ständig klarer Luft. Auch dieser Tage war wie alle anderen.

Was soll ich lang und breit darüber berichten? Was braucht es vieler Worte, um zu sagen, dass es Augenblicke waren, die unauslöschlich in meiner Erinnerung geblieben sind, wenige Stunden, die aber aus der ungezählten Zahl meines Lebens hervorleuchten und abertausend Gestirne.

Der folgende Tag war ein Sonntag. Auch diesen verbrachten wir morgens bis abends beieinander, wurden des Zusammenseins nicht müde. Am Nachmittag machten wir einen Spaziergang durch den Wald, welcher sich aus der Stadt ausdehnt. Wir gingen tief hinein, dorthin, wo Spaziergänger nur selten anzutreffen sind, suchten stille, verschneite Wege auf, schlugen uns seitwärts ins Dickicht, dass der Schnee raschelnd von den Zweigen fiel, wenn wir zur Seite bogen.

Ich kannte hier Weg und Steg und wusste daher mühelos die verschwiegenen Stätten zu finden. Wir waren wie Kinder, hielten uns im Gehen umschlungen, tändelten miteinander, hielten zu weil inne, um uns mit glückstrahlenden Augen anzuschauen und uns wieder und wieder zu küssen – oder sie lief neckend davon, dass ich hinterher rannte, um sie zu haschen. Dann griff ich sie, packte fest zu, dass ich die Formen ihres Leibes fühlte.

Ein Augenblick dieses Tages ist mir besonders in der Erinnerung geblieben. Wir traten aus dem niedrigen Gebüsch heraus, der Steig führte etwas abwärts, vor uns breitete sich eine Lichtung, nur mit jungen Tannen bepflanzt. Dahinter hörte der Wald auf und man sah den Himmel, der hoch emporstieg. Die Sonne stand groß und blutrot tief am Horizont. Es wollte Abend werden. Die Natur war in jene Stimmung getaucht, die einem sonnigen, klaren Wintertage folgt – wenn die Nacht hereinbrechen will, die Kälte empfindlich wird und man den Hauch des eigenen Atems sieht. Über dem Erdreich breitet sich ein dichter Schleier von Dunst und Nebel und umfängt die Gegenstände, dass undeutlich werden in ihren Umrissen. Darüber aber spannt sich klar und hoch der blaue Himmel, an dem es zu flimmern beginnt, bis Stern an Stern am tiefblauen Gewölbe erstrahlt.

So auch geschah es, als wir aus dem Dickicht traten. Wir standen eine Weile still, sahen die Sonne sinken und über uns die glitzernden Welten. Da zog auch durch unsere Herzen die feierliche Stille der Natur. Wir sahen uns an und unsere Blicke drangen ineinander bis tief auf den Grund unserer Seelen. Es war kein übermütiges Lachen mehr in ihren Augen, ein stiller, tiefer Glanz leuchtete aus ihnen und weckten auch in mir selige Gefühle der Liebe.

An jener Stätte, an ich heute noch oft vorübergehe, steigt immer aufs Neue in mir die Erinnerung auf an diese köstliche Stunde, die sich mir so klar in die Seele geprägt als wäre es heute noch wie damals vor nur fünfzehn Jahren.

Wie sind in unserem Leben gar oft Augenblicke so groß und stark – wie viele Stunden, Tage und Jahre schleichen dahin, dass wir es nicht merken.

Plötzlich wie diese Liebe in mir erwachte, sollte sie vergehen. Zwar hatte ich noch lange Zeit qualvolle Stunden zu ertragen, Stunden, die den Liebenden bereitet sind, wenn er das Glück entschwinden sieht. Furchtbar waren die Zweifel, die mich peinigten, die nie fruchtbarer sind als bei dem Jüngling, der zum ersten Male in seinem Leben die Macht der Liebe in sich fühlte.

Der dieses nie gekannte Glück zu halten glaubte, der himmelaufjauchzend sich als den Seligsten aller Seligen pries und nun gewahr werden musste, dass auch dieses nur ein Erlebnis war, vergänglich wie alles andere auf der Welt.

Wir hatten uns wieder für den kommenden Tag verabredet. Aber es setzte Tauwetter ein und regnete unablässig. Ich hoffte an den folgenden Tagen auf ein Lebenszeichen unablässig von ihr, aber nichts geschah. Ich wollte ihr schreiben, doch fand ich nicht den Mut, mir diese Blöße – wie ich meinte – zu geben. Ich ging die Straßen auf und nieder in der Hoffnung, ihr zu begegnen. Doch hatte ich nicht das Glück. Da wurde mir nach und nach zur Gewissheit, dass ihre Liebe wohl im Erkalten wäre und meine Schmerzen begannen. Denn ich gedachte fast unablässig jener wunderbaren Stunden, glaubte ihre weichen Lippen an meinem Munde zu fühlen, in ihre Augen zu schauen und ihren Leib zu umfassen. Ich kam der Verzweiflung nahe. Was nützte alle Ablenkung, die Schule, der Umgang mit den Freunden – immer wieder gingen die Gedanken abseits. Da griff ich, um mich vor dem Druck dieser inneren Not zu befreien, zur Feder, schrieb mein Erlebnis auf, indem ich mich selbst als den Helden einer unglücklichen Liebe schilderte. Ich glaubte, darin eine wohlgelungene Novelle zu sehen, aber es war in Wahrheit der Aufschrei eines Versinkenden, in Worten zwar kümmerlich gefasst, jedoch – aus der Tiefe meiner Verlassenheit geboren.

Und was ist aus all diesen geworden? Wir haben uns nie wieder gesprochen, selten einmal wiedergesehen.

Später, als der letzte Rest meiner Leidenschaft für sie geschwunden, habe ich oft über dieses Mädchen nachgedacht. Da habe ich gefunden, dass sie, die mir im Alter um Jahre voraus war, dieses Erlebnis damals mit wohl ganz anderen Gefühlen aufgenommen wie ich. Es war – das erfuhr ich auch später – für sie nicht das erste Mal, dass sie sich der Liebe eines Mannes hingab. Ich werde ihr nur ein flüchtiger Genuss gewesen sein, nicht mehr. Sie wollte diese Tage wie so manche andere erleben. Sie wird mich, daran zweifle ich nicht, auch die Stunden, da wir zusammen waren, aufrichtig geliebt haben, aber schnell wie gekommen, so verfiel diese Neigung.

Was soll ich ihr heute darum gram sein. Sie hat mich als erste in jenen großen Garten geführt, der, zum ersten Male betreten, so voll des betäubenden Blütenduftes ist. Niemals vergesse ich dieses Mädchen, das mich, den Jüngling, es klingt so seltsam – verlockte und verführte.

Nun hatte ich erfahren, was Liebe heißt, sah von nun an das weibliche Geschlecht mit anderen Augen.

Es herrschte zu der Zeit unter einem großen Teil der Schüler jenes Alters die fast zur Leidenschaft ausgeartete Neigung, alltäglich auf der Hauptstraße zwischen sechs und sieben Uhr abends spazieren zu gehen. Diese Gewohnheit hatte ich nun einige Tage unterbrochen, wurde aber von mir wieder aufgenommen, nachdem jetzt die innere Ruhe langsam wieder zurückkehrte. Natürlich eilten meine Gedanken immer noch gar zu oft bei der Geliebten, und ich hegte die stille Hoffnung, hier sie wieder zu sehen. Plötzlich glaubte ich sie von weitem zu erkennen. Aber als ich näherkam, sah ich, dass ich mich geirrt. Dennoch – dieses Mädchen hatte mit einem Male all die Erinnerungen an die soeben vergangenen Tage in mir aufs Neue erweckt. Ich glaubte eine große Ähnlichkeit zwischen dieser und jener zu erkennen, fühlte bereits in mir eine Wandlung sich vollziehen.

Wie soll ich das erklären, dass mit einem Male jene erste große Liebe, die noch so stark zu sein schien, in mir erlosch, dass eine neue sich vorbereitete, die zwar nie zur rechten Entwicklung gelangte, aber Jahre hindurch in mir geglommen hat wie der Funke unter der Asche.

Der erste Blick war es gewesen. Ich glaubte – und das hat wohl die Veranlassung gegeben – ohne täuschende Ähnlichkeit zu sehen. Jene erste Geliebte war nicht schön, wenn man die Begriffe der Allgemeinheit zu Grunde legt. Aber welche Liebende, über den die Nacht der Leidenschaft dahergeflogen kommt, fragt nach dem Urteil und den Meinungen der Menschen? Er sieht die Gestalt der Geliebten und findet, dass sie schön sei. O, es ist ja nicht das Äußere allein, das er liebt und anbetet. Andere und edlere Dinge sind da, die ihn und sie umstricken. Ist es nicht vielmehr die innige Berührung des inneren Menschen, aus welcher die Liebe geboren wird. Ist es nicht dieses Gefühl der Zugehörigkeit, des Verstehens, dieses immer wieder neue Hinabtauchen auf den Grund der Leidenschaften, worin das wahre Wesen der Liebe zu erblicken ist? So war es auch mir ergangen. Ich hatte sie mit den Augen des Liebenden gesehen. Das Bild, welches sich mir von ihrer Gestalt einprägte, war ständig in mir und es bedurfte nur des geringsten Anstoßes, um es vor meinen Augen lebenswahr zu machen.

Es sind nicht große Erlebnisse, die ich von dieser neuen Liebe, die eigentlich nie zur vollen Entfaltung kam, zu berichten habe. Wir sehen uns alltäglich auf jenem Spaziergang, dem auch sie mir ihren Freundinnen sich hingab. Sie mochte im gleichen Alter mit mir stehen. Was mich am meisten an ihr bezauberte, waren ihre Blicke, die mich stets, wenn wir uns begegneten, trafen. Sie hatte eine Art, den Kopf dann zu neigen, schelmisches Lächeln um ihre Lippen, dass alle meine Zweifel sich zerstreuten und mir zur Gewissheit wurde: sie liebt dich. Nie aber tat ich einen Schritt weiter, nie habe ich in den ersten Jahren den Gedanken zur Ausführung gebracht, sie anzureden oder ihr nachzugehen, um mich alleine mit ihr auszusprechen. Jeden Tag sah ich mich zu wiederholten Malen in den Zustand der Liebenden versetzt, dem es süße Pein bereitete, eine Sekunde lang in die Augen zu blicken, die ihm alles bedeuten. So oft wir uns trafen und so oft diese Blicke die gleichen sein mochten, immer fand ich ein Neues darin, immer glaubte ich in der Art, wie sie meine Neigung zu ihr beantwortete, eine Änderung zu erblicken. Bald schienen mir ihre Blicke kühl zu sein als wäre sie meiner überdrüssig, bald lag der Ausdruck der Herablassung darin. Dann peinigte mich doppelt meine Leidenschaft und es mag wohl ein wenig von jener Wollust in ihr gewesen sein, die sich an den Qualen der Geliebten weidet.

Bald glaubte ich in den Blicken zu erspähen, dass sie mich aufrichtig liebte und mich anflehte, nun endlich einmal dieses ewige Spiel zu unterbrechen, zu ihr zu treten und sie anzusprechen. Wie oft habe ich dann einen festen Entschluss gefasst: heute – jetzt – willst du es tun. Doch im letzten Augenblick sank wieder der Mut – oder war es ein unbewusstes Festklammern an diesen Zustand, der mein Innerstes immer in einer fieberhaften Aufregung hielt, der mir die Erfüllung meiner Wünsche immer in nächste Nähe rückte und mich so schon einen Vorgeschmack ihrer Wonnen darin liegen. War es nicht auch grausam von ihr, mich manches Mal in der Schule des Vorübergehens, auf ihren Blick warten zu lassen – und dann doch zu aller letzt mich anzuschauen in ihrer Art als hätte sie wie so oft das Spiel gewonnen und ihren Scherz mit mir getrieben.

Ich habe viel um dieses Mädchen gelitten oder soll ich es Liebeslust nennen, wenn ich in einsamen Augenblicken immer das Bild vor mir sah, wenn ich dann den Stift nahm und ihre Umrisse zu zeichnen begann, immer wieder, bis ich das Abbild ihrer Gestalt vor mir zu sehen glaubte.

Und wie seltsam war es doch, dass mich diese Liebe nie all die Jahre, in denen ich so manches andere Mädchen in meinen Armen hielt, so recht verließ, dass immer, sobald sie wieder erblickte und ihre lieben Blicke sich auf mich richteten, mein Herz für sie schlug, dass es immer wie ein stilles, nie gesprochenes Einverständnis zwischen uns bestanden hat, welches selbst durch die größten Leidenschaften anderer Jugendlichen immer nicht beeinträchtigt oder gar zu nichts gemacht wurde.

Vieles in meinen Schriften bezieht sich auf dieses Mädchen, manches habe ich wieder verworfen und vernichtet. Eine Erzählung aus meinem „Bunten Buch", welche ich viele Jahre später aufschrieb, schildert die Stärke meiner Gefühle und die Erfüllung des Wunsches, den ich damals immer hatte, sie anzureden und glückliche Tage der Liebe mit ihr zu verbringen.

Anfangs schickte ich ihr zuweilen Karten ins Haus und hoffte dadurch das Ziel meiner Wünsche zu erreichen, aber nie hat sie mir geantwortet. Ich zweifelte an ihrer Neigung und doch glaubte ich diese immer wieder, wenn wir uns trafen, in ihren dunklen Augen zu lesen.

Dann – es war im Jahre des Kriegsausbruchs – habe ich einmal den Mut gefunden, sie anzusprechen. Es war auf dem alltäglichen Spaziergange. Ich hatte mir einen Augenblick ausgesucht, da sie allein ging. Wie groß war meine Erregung, als ich es tat. Auch an ihr fühlte ich, wie sie überrascht wurde. Vielleicht hatte sie ja den Glauben gehabt, dass dieses Spiel immer so weiter gehen und ich nicht daran denken würde, doch plötzlich einen solchen Gedanken zur Ausführung zu bringen. Ich mühte mich, eine Unterhaltung mit ihr zu beginnen. Doch blieb sie schweigsam und als ich darum bat, mir ein Stelldichein zu gewähren, gab es eine ausweichende Antwort, auch möchte ich es unterlassen, ihr Karten ins Haus zu schicken, da sie nur Unannehmlichkeiten mit ihren Eltern habe. Dennoch schien es mir, als ob ich keineswegs eine Abweisung diesen Worten zu entnehmen habe, aber dass meine Wünsche sich alle mühelos verwirklichen würden.

Ich verabschiedete mich und habe es später nicht wieder gewagt, meine Werbung zu wiederholen. Vielleicht wäre ich ein zweites Mal glücklicher gewesen, vielleicht wäre es nötig gewesen, wieder zu kommen und nicht nachzulassen. Vielleicht auch hat sie es selbst erwartet. Doch was soll ich mir heute darüber Gedanken machen. Unsere Wege haben einen anderen Lauf genommen. Trotzdem wird dieses Erlebnis ein köstlicher Schatz in meiner Erinnerung bleiben.

In demselben Jahre als jene erste Liebe auf dem Hochzeitsfest meines Bruders in mir erwachte und aufblühte trug es sich zu, dass ein zweites Mal das Liebesglück in seiner vollen Macht mir hold war.

Es war in den Sommerferien und ich weilte bei meinen Eltern in der alten Heimat. Wir feierten den Geburtstag meiner Schwester. Es war ein heißer Sommertag gewesen und nun, zum Abend, saßen wir vor dem Hause im Garten. Einige Freundinnen meiner Schwester aus dem Dorfe waren gekommen, darunter auch eine, welche mit mir aufgewachsen war und die Schule des Dorfes besucht hatte. Zu später Stunde wurde aufgebrochen. Ich übernahm es, jene Freundin meiner Schwester zu ihrem Hause zu begleiten. Aber die Nacht war so prächtig und verlockend, dass wir noch einen Spaziergang durchs Dorf machten und schließlich auf jene Höhe kamen, von der das Kirchlein mit seinen weißen Mauern hinabschaut und der alte Glockenturm zur Seite düster zwischen hohen Bäumen sich verbirgt. Wir setzten uns auf eine Bank an der Ostseite des Turmes, wo zur Tageszeit der Blick weit über die Felder geht, hinüber zur blauen Förde und jenseits derselben über grüne Buchenwälder zum fernen Horizont. Jetzt war diese alles in den dämmernden Schein einer hellen Sommernacht getaucht. Nur zu aller nächst erkannte man die dunklen Umrisse von Büschen und Bäumen, in der Ferne lag die schwarze Masse der Mutter Erde gebreitet. Ein Gewitter hatte sich am Nachmittag entladen und nun tropften die Bäume noch von dem Regensturz.

Wir saßen nebeneinander, sprachen nichts und horchten in die Stille der Natur. Da war nichts als dieses Geräusch dicht über uns in den Blättern der Bäume – unregelmäßig – bald langsam, bald in schneller Folge. Durch das Laub glitzerten die Sterne. Wie fühlten wir die Schönheit dieser prächtigen Sommernacht durch unsere Herzen ziehen. Sie war es, die sie zueinander führte, dass sich das Mädchen an mich lehnte, dass ich meinen Arm um ihre Schultern legte, ihr warmes Blut an meinen Händen spürte und mich hernieder beugte über ihre Augen, über ihre Lippen, um sie zu küssen. Über uns stand die schweigende Sommernacht, über uns breiteten die uralten

Bäume ihre reglosen Blätter, über uns schimmerten in unendlichen Weiten tausend und abertausend Welten, Gestirne gleichen dem, dessen Kinder hier die ewige und doch immer neue Macht der Liebe durch ihre Brust ziehen lassen.

Wir saßen lange an dieser Stätte, sahen die Gestirne ihre Bahn beschreiben und Meteore zwischen ihnen aufblitzen, hörten in der Ferne den Schrei des Kautzes und die Stunden der Uhr dicht hinter uns von dem Turme des Kirchleins schlagen. Ja, dieser Schlag, wie ist er heute noch so vertraut, dass ich ihn aus hunderten Glockentönen wiedererkennen würde. Wir gingen in den grauenden Morgen hinein, weite Wege zwischen Dörfern, hinab zu jener alten Wassermühle, wo die Wasser über das Wehr stürzten und die Quellen rauschten, wo die Drossel hoch von dem höchsten Gipfel ihr Lied zum klaren Morgenhimmel flötete.

Die Sonne hatte sich schon ein gutes Stück über den Horizont erhoben, als wir ihr Elternhaus erreichten. Da hatten wirt noch ein kleines Erlebnis. Ihre Mutter kam an die Tür, um zu öffnen, entrüstete sich, dass die Tochter die ganze Nacht fortgeblieben sei, drinnen läge die Schwester und habe ihrem ersten Kinde das Leben geschenkt.

Damit endete für mich die Liebe zu diesem Mädchen. Es war die erste Ferienwoche und wir fanden nie wieder Gelegenheit, Stunden der Liebe miteinander zu verbringen. Wohl sind wir uns später oft wieder begegnet, aber es war zwischen uns, als wäre nichts geschehen, als wären wir nach wie vor gute alte Bekannte, die in einem Dorfe aufgewachsen. Mein Herz ist auch bald für eine andere entflammt, so dass der Verlust ihrer Liebe mich nicht sonderlich berührte. Das eine aber, dass ich aus diesen kurzen Stunden mit in mein ferneres Leben genommen, ist wiederum die Erinnerung an eine prächtige Sommernacht, in Liebesarmen genossen.

Als ich wieder in der Stadt war, fand ich, dass mein Freund, mit dem ich zusammenwohnte, sich unsterblich verliebt hatte.

Ich muss bei der Schilderung dieser Ereignisse etwas weiter ausholen. Unser gemeinsamer Schulweg führte uns alltäglich durch die Straßen, auf denen auch die Schülerinnen der Mädchenschule ihrer Anstalt zustrebten. Es waren natürlich immer die gleichen Gestalten, deren Begegnung uns in der Reihe der Jahre zur Gewohnheit wurde.

Es blieb nicht aus, dass man für die eine oder andere ein gewisses Interesse hegte. So war es auch meinem Freunde ergangen, der unter den vielen ein Mädchen schätzte, die er im Laufe der Zeit zu seiner Angebeteten auserkoren. Sie stand noch im jugendlichen Alter, etwa im 16. Lebensjahr, war von schlankem, für ihr Alter mittelgroßem Wuchs, von fast bleicher Gesichtsfarbe und hatte tiefschwarze Haare, welche sie nach der damaligen Mode an den Ohren in runden Schnecken trug. Sie war die einzige Tochter eines Apothekers, der sein Geschäft an einer Straße betrieb, welche wir ebenfalls auf unserem Schulweg alltäglich passierten. Über der Apotheke befand sich die Wohnung. Hier saß das Mädchen oft an dem Fenster eines Erkers, wenn, wie es zumeist geschah, wir später aus der Schule heimgingen, erwartete uns offenbar, wobei sie sich jedoch den Anschein gab, als studierte sie eifrig in einem Buch, das sie vor sich auf den Knien haben mochte. Mein Freund glaubte, in diesem bereits ein Zeichen zu erblicken, dass seine Liebe verstanden und erwidert würde und dass es nur eines Anstoßes von seiner Seite bedurfte, um beider Wünsche dem Ziele zuzuführen. Ich wurde Zeuge seiner abgöttischen Verehrung dieses Mädchens. Von Natur aus humorvoll veranlagt, sah er in allen Dingen, welche er an ihr beobachtete, eine Veranlassung zum Scherz, worin aber, wenn man darauf achtete, eine Äußerung seiner starken Liebe zu erblicken war. Er bemühte sich, die Tiefe dieser Neigung nach außen nicht gewahr werden zu lassen, einer Neigung, die in Wahrheit mächtig sein Innerstes erregte und ihn später fast verzehrte. Er suchte, wohl wissend, dass unter seinen Kameraden diese Neigung mit scherzenden, ja ironischen Bemerkungen herabgezogen werden könnte, ihnen zu bedeuten, dass er sie nur als einen Flirt betrachtete – doch nahm er, der für sein Alter bereits einen solchen Grad innerer Reife erlangt hatte und tiefere Dinge aus einer solchen Liebe schöpfte als den flüchtigen Genuss eines oberflächlichen Flirts, diese Herzensangelegenheit als eine heilige Sache hin, die ernstlich zu verspotten ihm niemals eingefallen wäre und worin er nur eine verabscheuungswürdige, rohe Handlungsweise erblickt hätte. Er geißelte sich also gewissermaßen selbst, wenn er scherzend über diese Dinge sprach und es mag weit anders in seinem Inneren ausgesehen haben als ich anfangs ahnte.

Bald aber sollte diese Liebesaffäre eine für ihn verhängnisvolle Entwicklung nehmen. Bis jetzt hatte er sich immer noch in dem Glauben gewiegt, dass tatsächlich seine Liebe von dem Mädchen erwidert würde, dass dieses Interesse, welches sie offenbar zeigte, einem anderen gelten konnte, daran dachte er nicht im Geringsten. Ich habe später erfahren, dass sie ihn nie geliebt und dass, wenn sie in jener Zeit ihr Interesse für uns bekundete, dieses eher mir zugewandt gewesen wäre. Anfangs habe ich kaum irgendwelche Neigung für dieses Mädchen empfunden, nach und nach aber, als ich an meinem Freunde gewahr wurde, wie sehr er sich zu ihm hingezogen fühlte, ward auch in mir der Keim zur späteren Liebe gelegt. Ich begann, Gefallen an dem Mädchen zu finden, verbarg aber zunächst dieses Gefühl meinem Freunde gegenüber, denn ich wollte ihm nicht diesen Schmerz antun, zumal ich jetzt schon zu beobachten glaubte, dass seine Werbung immer aussichtslos bleiben würde. In mir war wohl das feine Gefühl des Liebenden, der aus den kleinsten Zeichen, aus der geringsten Miene, die ihm von der Geliebten kommt, ein Einverständnis ihrer Neigung liest, der diesen alltäglichen Beobachtungen, die in immer neuer Form sich im zu wiederholen scheinen, seine Liebe von Tag zu Tag sich festigen sieht.

Das entwickelte sich in langsamer, aber stetiger Folge.

Wir sollten bald die Gelegenheit haben, die nähere Bekanntschaft unserer Auserwählten zu machen. Mein Freund, der in diesem Zustande nicht länger auszuhalten vermochte – vielleicht mag er schon gespürt haben, dass auch in seine Angelegenheit eingriff – kam auf den Gedanken, in den Apothekerladen zu gehen, um sich einen kleinen Artikel zu kaufen. Es ist auch möglich, dass sich dieses an einem Tage ereignete, da er sie wider Erwarten nicht gesehen und nun, von Sehnsucht getrieben, vielleicht auf diese Weise einen Blick von ihrer Gestalt zu erhaschen hoffte. Es war uns bekannt, dass Mutter und Tochter in dem kleinen Gemach neben dem Verkaufsraum sich zuweilen aufhielten, um den Vater, welcher seinen Geschäften oblag, Gesellschaft zu leisten. Wir traten also, nachdem der Entschluss reiflich überlegt war, ein und forderten für zehn Pfennige Salmiakpastillen. Dabei hörten wir im Nebenraume, in den hinabzublicken uns der hohe Aufbau des Schreibpultes auf dem Ladentisch verbot, ein heimliches Kichern. Wir wurden von dem Vater bedient, der wohl nicht ahnte, was dieser zu bedeuten hatte. Es gelang meinem Freunde nicht, seinen Wunsch, das Mädchen zu sehen, in Erfüllung zu bringen.

Doch bald fanden wir Vergnügen an diesem kleinen Liebesspiel und kamen häufiger, um unsere 10 Pfennige Salmiakpastillen zu verlangen. Allmählich mögen wohl auch die Eltern dahintergekommen sein, dass es uns nicht so um die Pflege unserer Rachenhöhle zu tun sei, hingegen dieses nur als eine List gebrauchten, um die Tochter aus ihrem Bau hervorzulocken. Der Apotheker nötigte uns daher eines Tages mit den Worten: „Wenn Sie meine Tochter sehen wollen, treten Sie nur näher – hinein in das Nebenzimmer" und ich entsinne mich, dass, als ich meinen Freund von der Seite anblickte, dieser bis an die Haarwurzeln errötet war, eine natürliche Erscheinung, die er wohl auch an mir beobachtet haben mag.

Wir waren also soweit gediehen, die persönliche Bekanntschaft unserer Herzensangebeteten gemacht zu haben. Die Eltern hatten durchaus keine Bedenken, diesen harmlosen Flirt,
wie er ja damals nicht anders war, zu verbieten. Das war immerhin eine rühmliche Ausnahme im gesellschaftlichen Leben
der Stadt, bestand doch in der Allgemeinheit die konventio-
nelle Ansicht, dass solches für die kaum noch dem Kindesalter
entwachsene Tochter eine gefahrvolle Sache sei.

Wo aber das Verbot herrscht, will dieses immer übertreten
sein und das geschieht umso eher, wenn der Trieb des Menschen keine Einsicht hat in den Zweck eines solchen Verbotes.
Es ist daher um vieles weiser gehandelt, diesen Trieb, falls man
denn fürchtet, dass er den Menschen auf falsche Bahn lenken
könnte, nicht durch unverstandene Gesetze zu knebeln sondern ihm behilflich zu sein in seiner Wirksamkeit, ihn durch
eine hilfreiche Hand seinen Weg zu zeigen und ihn zu dem gewünschten Ziel zu führen, welches auf dem entgegengesetzten
Wege nur in den allerseltensten Fällen erreicht wird. Diese so
einfache Weisheit befolgen als die Eltern des Mädchens. Sie erkannten rechtzeitig das erwachende Triebleben in ihrer Tochter, ließen seine Entwicklung nicht aus den Augen, indem sie
mit aller Ruhe zusahen, wie sie ihre Neigung zum anderen Geschlecht sich gestaltete. So behielten sie über dem Tun und Treiben ihrer Tochter volle Aufsicht, ohne dass diese es als drü-
ckend empfand. Die Eltern erblickten auch keine Bedenken darin, ihre Tochter mit uns alleine zu lassen, nachdem sie sich
überzeugt hatten, dass unsere Beziehungen zueinander in
mancher Hinsicht noch recht kindlicher Art waren, jedenfalls
kannten sie ihre eigene Tochter zu gut, um zu wissen, dass sie
zu einem Bedenken in dem Verkehr mit uns Veranlassung geben würde. Ich entsinne mich, dass die Art, wie sie über solche
Erziehungsfragen dachten und auch danach handelten, von
vielen Menschen der Gesellschaft keineswegs gebilligt und

dass es von manchen sogar als bedenklich und verwerflich betrachtet wurde, ja, dass man die Überzeugung hatte, dieses Kind würde als Folge der elterlichen Erziehung dereinst eine schlimme Zukunft erleben. Natürlich haben sich solche obskuren Prophezeiungen nicht verwirklicht, wofür der Beweis erbracht sein mag, dass die Wegbewegung von den konventionellen gesellschaftlichen Ansichten durchaus kein Unheil in dem Leben des „Abtrünnigen" zu stiften braucht.

Wir sahen uns also plötzlich in jenes kleine Gemach geführt, wo uns Mutter und Tochter mit scherzenden und lachenden Worten begrüßten. Das war nur zwar im Augenblick meinem Freunde über das Ziel seiner Wünsche gegangen und es währte einige Zeit, ehe wir uns in diese mit aller Überraschung herbeigeführte Situation einigermaßen gefunden hatten. Man führte uns sogar hinauf in die Wohnung. Offenbar hatten die Eltern selbst ihr Vergnügen an diesem Verkehr, der nun bald eine Form annahm, die wir uns nicht im Entferntesten erträumt hatten. Anfangs forderte man uns wohl auf, zu bestimmter Stunde wieder zu kommen, bald aber nahmen diese Besuche einen ungezwungenen und sogar so häufigen Umfang an, dass wir fast wie Söhne zu diesem Haus zu gehören schienen.

Wir mögen zu Zeiten wohl aufdringlich geworden sein, denn es wurde, wenn man sich unser entledigen wollte, unumwunden die Erklärung abgegeben, dass wir nun gehen müssten. Mein Freund, der in unheilbarer Liebe zu dem Mädchen entbrannt war, ist wohl der eigentlich Schuldige gewesen, wenn wir es an der gebührenden Rücksicht fehlen ließen, ja, er verstieg sich sogar dazu, sich den Eltern gegenüber in eine vertrauensselige Stellung zu drücken, die ich aber immer wieder damit entschuldigen muss, dass er in seiner fast närrischen Verliebtheit nicht die Fehler sah, die er beging.

Es zeigte sich bei diesen Besuchen gar bald, dass das Mädchen nicht in dem Maße seine Liebe würdigte, wie mein Freund es wünschte. Dennoch betäubte er selbst seine Zweifel, wenn er dieses wohl damit zu begründen suchte, dass sie wohl noch nicht reif genug sei, um die Größe seines Feuers in ihm zu würdigen. Er ließ selbst jetzt noch nicht von dem Glauben, dass in Wahrheit sie ihm dennoch geneigt sei. Auch er glaubte in dem geringsten Zeichen schon das Einverständnis ihrer Liebe zu ihm zu erblicken, wobei er jedoch nicht bemerkte, dass hier nur das zu allerlei Streichen aufgelegte kindliche Gemüt sich äußerte. Was mich betrifft, so habe ich mich anfangs nach Möglichkeit neutral verhalten, obgleich ich die Reize ihrer Gestalt und ihres Wesens mächtig auf mich wirken fühlte. Es wurde sogar ein kleines Intrigenspiel eingeleitet, welches mir in gewissem Maße verbot, meine Gefühle zu dem Mädchen zu bekunden. Sie hatte nämlich eine Freundin, mit der sie täglich ihren Gang zur Schule machte und da wir beiden Freunde auch zu zweien waren, lag es nahe, mich zu dieser in Beziehung zu bringen.

Meines Freundes Angebetete wusste uns verständlich zu machen, dass ihre Kameradin sich für mich begeisterte und sich bereits unsterblich in mich verliebt habe und bald hatte man es zu Wege gebracht, dass wir uns kennen lernten. Ich habe zwar damals keine große Neigung für dieses Mädchen empfunden, wenn ich mir auch den Anschein danach gegeben habe. Sie war von ganz anderem Äußeren wie ihre Freundin: mittelgroß, jedoch breiter und kräftiger im Wuchs, hatte ein volles, rundes Gesicht und blonde Haare. Ich will hier hinzufügen, dass es der Zufall fügte, dass mich nach Jahren eine große Leidenschaft für dieses Mädchen ergriff und dass ich um Haaresbreite sie zu meinem Weibe erwählt hätte.

Wir trieben jetzt untereinander ein scherzendes Spiel. Mein Freund hielt mich in gleichem Maße verliebt in die Freundin seiner Angebeteten als er es in sie selbst war. Das Tragische hierbei war nur, dass dieses mir sozusagen ans Herz gelegte Mädchen von ihren Eltern streng unter Aufsicht gehalten wurde und ein naher Verkehr unter uns fast zur Unmöglichkeit wurde, es sei denn, dass sie zu ihrer Freundin eingeladen wurde, wo sie dann wohl zuweilen mit uns zusammen sein konnte.

Dieser Verkehr spielte sich in unveränderlicher Weise fast ein ganzes Jahr ab. Dann geschah es, dass mein Freund, welcher seine Abschlussprüfung bestanden hatte, die Stadt verlassen musste. Mit wachsender Betrübnis sah er den Tag des Abschieds nahen. Ich hatte noch fernerhin die Schule zu besuchen und er hätte es vielleicht lieber gesehen, dass es umgekehrt gewesen wäre.

Nach seiner Abreise wurde mir sowohl von den Eltern wie von der Tochter bedeutet, ich möchte nicht unterlassen, weiterhin sie zu besuchen und ich habe von diesem Anerbieten natürlich gerne Gebrauch gemacht. Jetzt, da ich keine Hindernisse mehr im Wege sah, konnte sich meine Liebe frei entfalten und in der Tat begann jetzt auch der Funke, der lange genug unter der Asche geglommen, sich zu einem lodernden Feuer zu entfalten.

Wieder erlebte ich einen künstlichen Sommer. Die Eltern des Mädchens bewohnten in den Sommermonaten in einem Ausflugsort, der in kurzer Zeit von der Stadt mit dem Schiff zu erreichen war, ein Häuschen, welches lieblich oben auf der Höhe des Uferhanges lag und von dessen Garten man einen prächtigen Blick über die Förde zum anderen Ufer hatte. Dahinter zog sich tief ins Land hinein ein ausgedehnter Buchenwald. Hierhin fuhr ich nun, sobald die Zeit dazu gelassen und es waren unvergessliche Nachmittage, die ich in der Stille und Schönheit der Natur verbringen durfte. Wie oft gingen wir zu zweien die einsamen Wege des Waldes entlang, lagerten uns im hohen Gras auf der Höhe einer geordneten Stelle, die Blicke hinabgerichtet auf einen rings umwachsenden Waldteich oder tief drinnen im Walde unter dem Schatten der hohen, schlanken Bäume. Da geschah es, dass ich dieses Mädchen, welches noch ein Kind, mit den Augen des Liebenden betrachtete und ihre

Schönheit mir vollends zur Gewissheit wurde. Vor allem liebte ich ihr tiefschwarzes Haar, dass sowohl zu ihrer zarten Gesichtsfarbe stand, liebte es auch, wenn ihr helles Lachen mir sagte, dass sie sich glücklich und zufrieden an meiner Seite fühlte. Wie keusch war sie, diese Liebe, die in dem Frieden der herrlichen Natur von einem poesievollen Empfinden in uns beiden getragen wurde. Wenn wir uns Tage nicht sahen, schrieben wir uns Briefe, die in ihrer reizvollen Art Zeugnis ablegten von der fruchtbaren Entfaltung unserer Phantasie.

Ich hatte damit begonnen, diesen Briefwechsel in Form eines Märchens einzuleiten, indem ich unsere Spaziergänge durch Wald und Flur und am Ufer des Wassers entlang dazu verwandte, eine Handlung in märchenhafter Erzählung zu formen. Wohl wusste ich, dass sie für diesen Gedanken ein verstehendes Empfinden hatte und ich empfing von ihr eine Antwort in gleicher Weise. So folgte ein Brief nach dem anderen und in immer lebhafteren Schilderungen schuf unsere Phantasie eine Erzählung um die andere. Eins dieser zahlreichen Märchen habe ich in meinem „Bunten Buch"[11] niedergeschrieben, um es zur bleibenden Erinnerung zu bewahren.

Um diesen Austausch unserer Gefühle und Neigungen wussten die Eltern und sie werden sicherlich ihre Freude daran gehabt haben. Diese Beobachtungen mögen auch dazu beigetragen haben, dass sie keine Bedenken darin fand, uns zusammen baden zu lassen oder uns allein in ihrer Stadtwohnung zurückzulassen als sie beide sich nur auf eine längere Reise begaben. Ich habe in dieser Zeit ungehindert mit dem Mädchen verkehren können, niemals ist mir der Gedanke gekommen, diese Freiheit zu missbrauchen, womit ich auch sicherlich nicht weit geraten wäre. Ich entsinne mich aus diesen Tagen unserer Spaziergänge, die wir in die Umgebung der Stadt machten – stun-

---

[11] Das „Bunte Buch" ist im Archiv Andresen vorhanden

denlang und weite Wege in abgelegene Gegenden. Dann gedenke ich auch der Wintertage, da wir oft halbe Tage lang bis zur späten Abendzeit auf dem Eise verweilten, im leichten Schwunge über die lange Fläche gleitend, im Bogen, im Kreis, vorwärts und rückwärts, neben- und umeinander.

Ein romantischer Brief der Angebeteten.
Foto: Archiv Andresen

Aus der Fülle all dieser Erlebnisse tauchen mir gar oft Bilder auf, Augenblicke, in denen mir mein vergangenes Leben in einem lichten Glanze erscheint, dass ich mir heute noch sage, so und nicht anders hättest du dir deine Jugend wünschen, hättest sie dir nicht anders, sofern es in deiner Macht lag, gestalten können. Wie oft in all diesen Liebesangelegenheiten hätte ich, wenn man sie mit den Augen gleichaltriger Kameraden betrachtet, weiter in meinen Wünschen und Forderungen gehen können, hätte ich jene Genüsse gefunden, welche oberflächliche Menschen in ihrem stürmischen Jugendrange als das Ziel ihrer Leidenschaften betrachten. Dass ich jedoch diese Ereignisse so auskostete wie es geschah, mag sowohl meinem Wesen und meiner Erziehung aus auch dem reinen, inmitten der Natur gewordenen Verlauf meiner Kindheitsjahre zugeschrieben werden.

Diese Liebe – und das ist wohl das eigenartige an ihr, ist nie zu der hohen Glut leidenschaftlicher Umarmungen und heißer Küsse emporgestiegen. Sie blieb wie das ruhige Gewässer unter dem klaren Himmel. Das Gleichmaß, welches wir stets bewahrten, mochte seine Ursache darin haben, dass wir fast ausschließlich in dem großen schönen Reiche der Natur beisammen waren, welche uns werden ließ wie die Kinder, die nichts von den Leidenschaften der Sinne wissen, folglich auch nicht danach begehrten. Das alles wäre auch unverändert weiter gegangen, wenn ich nicht von einer neuen Liebe erfasst wurde, die, in ihrem Wesen ganz anders geartet, mich so in ihren Bereich zog, dass dadurch dieses Mädchen nach und nach vergaß.

Ehe ich die Schilderung dieser letzten großen Liebe meiner Jugendzeit beginne, sei gesagt, dass sie von all diesen die schönste und tiefste war, die, welche am längsten mein Innerstes beschäftigte und daher auch heute noch am ersten und eindringlichsten in meiner Erinnerung auftaucht, wenn ich an jene vorstehenden Schilderungen mein Herz mit Liebe erfüllten, ist weder in der Gestalt noch im Wesen mit dieser einen zu vergleichen, die sich, kaum dem Kindesalter entwachsen, so aus der tiefsten Neigung ihres Herzens hingab, deren liebes Antlitz ich heute noch so klar vor mir sehe, deren frisches, frohes Lachen noch wie damals an meine Ohren klingt, nun, da ich ihrer gedenke. Ich bin es gewesen, der als Erster die Liebe in ihr erweckte und ich habe erfahren, wie köstlich es ist, eine Blüte zu brechen, die erst sich entfalten will. Wie hat sie – ohne zu wissen – es mir gelohnt – ja, wie hat sie, vielleicht mehr als ich es selbst zu beurteilen vermag, bestimmend auf meinen Lebenslauf eingewirkt, ihn in einem Sinne gestaltet, der immerdar als der höchste für uns Menschen angesehen werden muss, nämlich, den Wert dieses unseres kurzen Lebens ganz in unserer eignen Brust zu suchen und, darauf gründend, die glückhaftesten Augenblicke gleichsam als einen leuchtenden Stern zu schauen, dem man folgt – unbeirrt.

Auch will ich vorweg ein Bild von ihrer Gestalt entwerfen, denn ich weiß, dass es gut ist, sie zunächst in ihrer ganzen, schönen Gestalt vor dem Geiste hintreten zu sehen, dass es so mir am besten gelingen wird, jene glücklichen Tage in ihrem schönsten Glanze zurückzurufen und zu gestalten.

Sie war kaum sechzehn Jahre alt als ich sie kennen lernte, ein Mädchen noch, sorglosen Gemüts, immer voll heiterer Jugendfrische. Noch war der Körper schlank und geschmeidig, ließ nicht die Einwirkungen jener Entwicklungsjahre erkennen, wenn der jungfrauliche Körper langsam zu schwellen beginnt und heranreift zu der Fülle und den üppigen Formen frauenhafter Schönheit. Noch schlummerten all diese Kräfte in ihr, schlummerten da, denn eines Tages würden sie doch ihren Zauber entfalten und aus dem Mädchen würde die Jungfrau erstehen – wie aus der zarten Knospe, die Lust und Freude an allem Sonnigen. Sie hatte köstlich geschwungene Lippen. Ihre Haut zeigte jenen zarten Schmelz frischen Wachstums. Wie schön auch war die Rundung des Kinns, die Wölbung zum

Munde hinauf, die göttliche Vertiefung unter der Lippe. Ihr Haar war hellblond. Sie trug es lose. In schöner Fülle fiel es hinab auf den Rücken, über dem Scheitel und im Nacken zusammenfließend zum Knoten zweier Schleifen, die sie immer weiß und entfaltet hielt. Wie weich fühlte sich dieses Haar an, wie oft strich ich liebkosend mit meinen Händen darüber hin. Ihre Schultern waren nicht schmal, nicht breit, vom Halse herab wuchsen sie zum edel geformten Rund, auf dem so oft meine Hand ruhte. Ihre lieben Hände sehe ich auch, jenen schmalen Ring auf dem Finger der Linken, sehe die Rechte, sehe beide Hände, welche ich nicht voneinander denken kann, denn immer waren sie gemeinsam da, wenn sie liebkosten.

Wie hilflos denke ich es mir, wenn die eine hätte eine Arbeit verrichten sollen und die andere untätig hätte verharren müssen. Dann umfasse ich auch ihre schlanken Hüften, ihren Leib, der immer wieder mir in der Schönheit seiner Jungmädchenzeit so leibhaftig vor den Augen steht. Soll ich auch ihren Gang beschreiben, wenn sie leichtfüßig und mit dem immer frohen Lächeln in den Augen zu mir kam, wenn sie schon von weitem um ihre Schritte erkannte, dass mir das Herz höherschlug? Und ihre Sprache, jenen Klang ihrer Stimme, der so weich und liebreich war, dass ich gar oft später, wenn sie ferne von mir weilte, diesen Klang zu hören glaubte und mir dadurch ihre ganze Gestalt vor die Augen gezaubert wurde. Und doch, wie vergänglich ist auch diese Schönheit, wenn ich bedenke – doch nein, erst will ich beginnen, ehe ich das Ende beschreibe.

Es war im Sommer des Jahres 1913. Wieder verbrachte ich die Ferien in meiner alten Heimat. Ich hatte die Osterzeit des Jahres meine Zulassung nicht erhalten und hatte mir nun vorgenommen, da ich im Herbst das Ziel zu erreichen hoffte, meine Ferienzeit mir eifriger Arbeit auszufüllen. Anfangs setzte ich auch diesen Vorsatz durch, obwohl ich nicht viel Freude daran fand, da ich das Bestehen einer solchen Prüfung mehr in der Folge glücklich zusammentreffender Umstände während des Examens erblickte als durch noch so eifriges Studium.

In dem Hause meiner Eltern hatte sich Besuch eingestellt, Cousinen aus der fernen Großstadt, Geschwister, welche bei uns ihre Ferien verbringen wollten. Wiederum Verwandte von diesen, ebenfalls zwei Geschwister wohnten zur gleichen Zeit bei ihrem Onkel, welcher ein idyllisch gelegenes Haus am Ufer der Förde besaß. Diese beiden jedoch verbrachten tagsüber die meiste Zeit in unserem Hause, da es hier lebhafter zuging als bei den allein wohnenden älteren Leuten. An der Älteren der beiden Schwestern hatte ich bald meinen Gefallen gefunden, doch vergingen zunächst Tage, ehe wir uns nähertraten. Dann geschah es, dass wir der größeren Gesellschaft unserer Angehörigen an einem Nachmittag den Jahrmarkt in einem größeren Nachbarorte besuchten. Abends, nach Einbruch der Dunkelheit, begleitete ich die Geschwister hinab zur Wohnung ihrer Verwandten. Wir hatten am Tage vergnügte Stunden auf dem Markt verlebt. Nun, da ich in der Dunkelheit mit ihnen die einsamen Wege der Heimat entlangging, wurden sie stiller. Sie kannten nicht den Zauber stillen Dorffriedens und mochten sich nach Mädchenart fürchten.

Als ich an der Tür von ihnen Abschied nahm, fühlte ich am Händedruck der älteren Schwester, dass noch die Freude des erlebten Tages in ihr nachzitterte und ich sah zwei leuchtende Augen vor den meinen, die mir zu sagen schienen: morgen sehen wir uns wieder. Und so geschah es auch. Dieses Mal begleitete ich sie am Abend allein zurück. Sie hatte es, wie ich merkte, so eingerichtet, dass die jüngere Schwester nicht mit uns ging. Noch war es taghell als wir den einsamen Weg hinter den Dörfern entlang schritten. Hohe, duftende Hecken zu beiden Seiten begleiteten uns. Wir traten in den Wald ein und es begann schon zu dunkeln. Im Westen sank glutrot die Sonne hinter den Feldern hinab. Wir kamen an eine Stätte, wo neben dem schmalen Waldweg eine einfache Bank an einen schlanken

Buchenstamm lehnte. Hier setzten wir uns nieder. Vor uns sahen wir durch die Stämme der Bäume auf eine ganz vom Walde geschlossene Wiese, deren frisches Grün im Abendrot prächtig leuchtete. Kühe grasten darauf. Tiefe Stille war ringsum, kein Blatt regte sich, kein Mensch störte hier den Frieden der Natur. Wir saßen lange und plauderten miteinander wie zwei gute Freunde. Immer tiefer senkte sich die Nacht hernieder und schon glitzerten durch die Zweige der Sterne Licht. Ich legte meinen Arm um ihre Schultern. Zwar machte sie eine abwehrende Bewegung – ließ es dann aber geschehen und schwieg. Ich spürte das Klopfen ihres erregten Herzens. Wie bezauberte mich dieses Wesen, das in seiner kindlichen Art eine leise Furcht hegte vor Dingen, die da geschehen wollten.

Ich neigte meinen Mund hinab zu ihren Lippen und küsste sie. In ihr kämpfte eine Macht, die da sagen mochte, du tust Verbotenes mit einer anderen, die da sagte, lass gewähren, du hältst das Glück in deinen Händen. „Was hast du getan", sprach sie zu mir nach einer Weile mit leiser zitternder Stimme. „Ich habe Dich auf Deinen Mund geküsst – und ich tu es wieder, mein Schatz", dabei umschlang ich sie ungestüm mit beiden Armen und nun hielt auch sie meinen Kopf in ihren Händen und blickte mich mit liebestrunkenen Augen an. Wir küssten uns wieder und wieder, alle Lust ging in ihr auf, und sie schenkte mir eine Liebkosung um die andere. Unsere frohlockenden Herzen schlugen ineinander, unsere Wangen erglühten und wir schwelgten im namenlosen Glück unserer jungen Liebe.

Um uns breitete sich die prächtige Sommernacht mit Ihren geheimnisvollen Waldeszauber, mit ihren glitzernden Sternen zwischen dem Blätterdach über uns. Weiße Nebel zogen über die Wiesen, wogten und wallten, und aus ihrem Schleier vernahmen wir das Rupfen der grasenden Kühe. Wie viele solcher Sommernächte habe ich in den Armen meiner Verliebten verbracht und dennoch, wie ist jede ein Erlebnis besonderer Art, wie leuchtet jede mit ihrem eigenen Glanze, wie ist jede Stätte dabei mit ganz bestimmten lieben Erinnerungen umwogen. So auch diese eine Nacht, da ich nach langer Zeit wieder ein junges Mädchen in meinen Armen hielt und sie nach Herzenslust mit meinen Küssen bedecken durfte.

Eine köstliche Zeit folgte dann dieser Nacht. Jeden Tag – am Morgen wie am Nachmittage – lagen wird an stillen Plätzen in Wald und Flur – bald hatten wir uns tief in des Waldes Gebüsch hingestreckt – auf grünem Gras und weichem Moos, wo kein Lufthauch uns erreichte, wo die Insekten um uns summten und der Sonne heiße Strahlen wohl dann und wann durch das Laub drangen und unser Blut noch mehr erhitzten, wo um uns im Dickicht die Vöglein jubilierten – oder auch lagen wir am Waldessaum im hohen winddurchwogten Grase, wo hinter uns die schlanken, silbergrauen Stämme der Buchen hoch zum rauschenden Blätterdach sich streckten, wo uns die Felder – die goldenen, die ackerbraunen, die grünen Weiden sich ausbreiteten, hügelauf zum Höhenkamm, hinter dem der Himmel in seinem lichten Blau emporstieg, wo unsichtbar hinter uns im Waldesdom der Fink sein Liedchen schlug, wo vor unseren Blicken ein Schmetterling daher gaukelte, taumelte und wieder weggetragen wurde von den Wellen der Winde. Oder wir lagen tief verborgen im Knick, weitab vom Wege, vor uns im Wiesenland, der Wald, über uns rauschende Sträucher.

Wie still war es hier zur heißen Mittagsstunde, nur oben irgendwo im Blau trillerte eine Lerche, schwieg, sank hinab zum Fest, nur zuweilen ging ein Flüstern durch die Zweige, von Ferne kommend, anschwellend und wieder in der Ferne ersterbend – dann lagen wir da, Aug in Auge, lachten und kosten – Stunde um Stunde verrann, wir merkten es nicht, wir spürten nur in uns die Wonnen unserer Liebe und schwelgten darin, waren der Seligkeit voll wie Kinder, die keine Sorgen kannten.

Da taucht auch ein Tag vor allem aus der Erinnerung auf. Wir machten mit unseren Angehörigen einen Ausflug. Der führte uns in die Nähe der Stadt, in welcher ich die Schule besucht. In lieblicher Umgebung liegt ein uraltes Schloss: Weiße Mauern, rote Dächer spiegeln sich in dem Wasser des Sees, welcher rings vom Buchenwald umgeben ist.[12] Abseits liegt ein altes Gasthaus, ehemals eine Wassermühle, es liegt in der Tiefe vor dem Staudamm des Mühlenteichs. Hier verweilten wir, um unsere Mahlzeit einzunehmen.

Schloss Glücksburg um 1900. Library of Congress

Aber uns beide hielt es nicht lange in der Gesellschaft. Wir gingen hinaus in den üppigen Garten, stiegen die Treppe hinauf zur Höhe des Dammes. Da lag am Steg ein Ruderboot. Wir stiegen hinein und ruderten hinaus auf die stille, spiegelklare

---

[12] Schloss Glücksburg

Fläche. Es war zur Mittagszeit. Rings umsäumten Waldungen den See. Reglos hingen die Zweige hinab über das Wasser, spiegelten sich zum Ebenbild. Leiste tauchte ich die Ruder, hob sie empor und Tropfen fielen, Wellenkreise erzeugend. Kaum hörbar glitt das Boot. Vom Bug liefen die Wellen weit in eben geschwungenen Linien zu den Ufern. Sie saß mir gegenüber am Steuer, dass ich ihr immer in die Augen sehen konnte. Wir plauderten und scherzten. Wir empfanden die labende Kühle, die auch an heißen Sommertagen über dem Wasser ist. Seerosen blühten. Unser Boot glitt hindurch – langsam – sie tauchte ihre Hand in die Flut, versuchte eine der Rosen zu pflücken. Aber sie ließen nicht von ihren Stengeln. Dann bogen wir um einen Vorsprung. Ein kühler Wind strich uns entgegen. Das Wasser kräuselte sich. Der Wald trat zurück ins Land und die Ufer weiteten sich den Blicken.

Wir ruderten weiter und folgten den Windungen des Sees, der die Form eines breiten Flusses eingenommen hatte. Hügeliges Land im üppigen Wuchs der Natur breitete sich um uns. Dann lenkte ich das Boot ans Ufer. Es schnitt in die hohe Schilfmauer ein, dass es rauschte und die Schwertspitzen der Blätter sich zur Seite neigten. Ich trieb das Boot tief hinein bis es nicht weiter wollte und schon der Sand unter dem Kiel knirschte. Nun waren wir ganz vom Grün umschlossen. Wir sahen nur über uns den klarblauen Himmel. Ich setzte mich zu ihr. Lächelnd blickten wir uns an und begannen wieder das Spiel der Liebenden, welche mit ihren zahllosen Küssen immer neue Lust genießen.

Wie ist es ewig dasselbe Hohelied, das in der Brust nachklingt, wenn ich jener Tage gedenke – und doch immer ein Neues.

Aber die Zeit entflieht. Auch uns nahte der Tag des Abschieds. Wir wussten, dass er kommen musste und dachten mit Betrübnis an ihn. Doch ließen wir unsere Köpfe nicht hängen, kosteten die Stunden aus, welche uns noch gegeben, und verweilten den Tag vor meiner Abreise von morgens bis abends zusammen. Ich weiß nicht mehr, wie oft wir uns sagten, dies soll nun der letzte Kuss sein, nun wollen wir auseinander gehen und doch taten es wir es nicht. Ich entsinne mich auch, dass sie mir ein kleines Angedenken in die Hand drückte, ein Bildchen von ihr, in einen roten Papierumschlag geklebt und zur Herzform geschnitten. Es war nicht größer, als dass ich es in meiner Geldtasche tragen konnte. Viele Jahre habe ich es bei mir getragen, bis es – ich weiß nicht wann und wie – der Vernichtung anheimfiel.

Dann war auch diese Zeit vorbei. Ich habe, in die Stadt zurückgekehrt, furchtbare Sehnsuchtsschmerzen ertragen. Ich hörte immer wieder ihre Stimme vor meinen Ohren klingen, sah immer wieder ihr liebes, lachendes Angesicht im Geiste vor mir stehen – meine Sehnsucht wurde größer von Tag zu Tag.

Ein Briefwechsel begann. Ich musste ihr unter einer Deckadresse schreiben. In wie vielen zärtlichen Worten haben wir unsere Herzen voreinander ausgeschüttet – jahrelang – wie köstlich ist es für Liebende, einen solchen Briefschatz sich von Woche zu Woche häufen zu sehen, wie oft wird jeder Umschlag wieder hervorgenommen, der Bogen herausgezogen und entfaltet und Seite für Seite wieder und wieder gelesen. – Da liegt es versteckt in der zärtlichen Anrede, irgendwo in einem unscheinbaren Wörtchen, dieses unzählige Male wiederholte Geständnis tiefster Liebe und verzehrender Sehnsucht.

Es wurde Herbst. Wieder kam ich in die Heimat, suchte all die Stätten auf, an denen ich mit ihr die Sommertage in Lust und Lieb verweilt. Auch wollte ich zu jenem Baum treten, in dessen Rinde wir unsere Namen hineingeschnitten. Da fand ich, dass man ihn gefällt und nur noch der Stumpf aus der Erde ragte. Wie traurig mich das stimmte und schon fürchtete ich, dass es ein schlechtes Zeichen sei für unsere Liebe. Wie traurig auch stimmte mich der Herbst, der so kalt und regnerisch war und dessen Winde rau durch die Zweige der Bäume fuhren. Ich sah nun die Äste kahl werden, die Erde wurde feucht und kalt, unsere Plätze, wo wir noch vor wenigen Monaten stundenlang gelegen, hatten sich verändert und nichts mehr von ihren sommerlichen Reizen, da sie unsere Lagerstatt gewesen.

Ich begann, wieder zurückgekehrt in die Stadt, eine Niederschrift über meine glücklichen Tage, fasste sie in Briefform und ließ so einen Teil meiner Sehnsucht hineinfließen in das geschriebene Wort, gestaltete aus dem Quell meiner Phantasie Bilder und Ereignisse, die mir heute noch, wenn ich diese Schriften zur Hand nehme und darinnen lese, manch Reizvolles an sich zu haben scheinen.

Noch eins möge gesagt sein, wenn ich auf diese Zeit zurückblicke. Ich sehe sie nun mit den Augen eines Menschen, der weiter darüber hinaus ist, sehe in Wahrheit, was die in meinem Leben bedeutet und werde gewahr, dass sie jenes so viel besungene Leiden des jungen Verliebten enthält, der seine Angebetete weit fort und sich ihre Gestalt und ihr Wesen in tausend Bildern hervorzuzaubern weiß, dessen Sehnsucht Tag und Nacht zu ihr geht, der in verzehrenden Verlangen unsagbare Qualen zu erdulden hat. Auch diese Tage möchte ich nicht aus meinem Leben hinfort denken. Auch sie haben mir unendlich viel des Schönen gebracht und ich wage zu behaupten, dass jene junge Menschen, welche sich nicht diesem ganzen Leid unterworfen haben, einen großen Teil der Erlebnisfülle ihre Jugendtage dadurch entbehren mussten.

Immer auch, wenn ich von Sehnsuchtsschmerzen des Liebenden erfüllt war, habe ich es still bei mir getragen. Denn ich hätte es nicht übers Herz gebracht, meine Qual – und sei es dem besten Freunde – zu beichten. Ich hatte immer eine stille Scheu, diese innersten Regungen meines Gemüts preiszugeben. Wie hätte ich es ertragen können, wenn ein anderer drum wusste, hätte ich ja dann immer den Gedanken hegen müssen, dass man anders darüber dächte, dass man sogar mit den spitzen Pfeilen der Nichtachtung und des Spotts danach zielen könnte.

Was soll ich weiter berichten über die Liebe zu diesem Mädchen? Zwei Jahre vergingen, ehe wir uns wiedersahen. Es gab Zeiten, wo der Briefwechsel an Häufigkeit nachließ, besonders in den ersten Kriegsmonaten. Andere Dinge traten zwischen uns, die unsere Gedankenwelt in Anspruch nahmen. In der ersten Zeit, da ich an der Kriegsfront war, erhielt ich ein Schreiben, dem eine Photographie von ihr beigefügt war. Wie habe ich an diesem Brief, dieses Bild sorgsam gehütet und beide auch glücklich wieder mit in die Heimat gebracht. Dann folgte abermals ein eifriger Briefwechsel, bis ich auf ihr Drängen mich dazu entschloss, sie an einem Sonntag im Spätsommer zu besuchen.

Ich musste eine Bahnfahrt von etwa fünf Stunden zurücklegen, doch fuhren die Züge so früh und spät, dass ich den ganzen Tag bei ihr verbringen konnte. Als der Zug in die große Halle einlief, war ich voll gespannten Erwartens. Ich hatte sie ja nur von jenen glücklichen Sommertagen, die zwei Jahre zurücklagen, in der Erinnerung und wenn ich auch annehmen musste, dass sie sich verändert habe, so glaubte ich doch immer noch nach dem Bilde, welches ich von ihr in mir trug, wieder dieselbe zu finden. Als ich auf den Bahnsteig trat, spähte ich nach ihr aus, aber nirgendwo in der Menschenmenge vermochte ich sie zu erkennen. Plötzlich stand sie vor mir. Sie hatte mich zuerst erkannt. Auch jetzt, da ich ihre Stimmen hörte, welche sich noch am wenigsten verändert hatte, konnte ich es kaum fassen. Um wie vieles war sie gewachsen und wie war alles an ihr anders geworden. Eine Dame stand vor mir in dem modischen Kleid jener Zeit. Mir fiel auf, dass sie die Haare nicht mehr lang und lose trug – und doch hätte ich mir es längst sagen sollen, dass sie über diese Jahre hinaus war.

Im ersten Augenblick wurde ich überrascht, denn ich sah nun das Bild, das ich all die Jahre in mir getragen, vor mir versinken. Das betrübte mich, ich fand nicht jenes Mädchen mehr, dass ich so heiß geliebt, ich sah eine Dame der großen Welt vor mir stehen, die mich zwar freundlich empfing – all jene Sorglosigkeit des Kindesalters aber abgelegt hatte. Da war auch diese Umgebung der wogenden Menschenmenge, der weiten Halle, in der sich alle Geräusche verloren, wo der Qualm der Maschinen die Luft erfüllte. Das alles geschah in wenigen Augenblicken. Wir stiegen die Treppe zur Wandelhalle empor und nun erst begannen wir, einander zu erzählen. Da fand ich auch in ihrer Sprache jenen Klang vergangener Zeiten wieder. Das zerstörte wieder nach und nach meinen Eindruck und ließ die Liebe aufs Neue in mir keimen. Da das Wetter schön war, wollten wir den Tag nicht in der Stadt verbringen. Wir fuhren mit der nächsten Zuggelegenheit hinaus in einen Ausflugsort, der malerisch am Ufer des Stromes lag und dessen Häuser sich, vor dem Gebüsch der üppigen Gärten umgeben, terrassenförmig an den Händen aufbauten. Wir gingen an den Strand, wo der Fluss einen breiten Sandstreifen abgelagert hatte. Hier legten wir uns nieder. Es war mitten am Vormittag. Doch trotz des schönen, sonnigen Wetters lagen wir fast allein. Die Besucher aus der Stadt pflegten erst mit den Schiffen zu späterer Stunde zu kommen.

Da lag sie nun wieder an meiner Seite. Wir plauderten über allerlei Dinge, die zwischen dem damals und heute lagen. Dabei geschah es, dass ich sie zuweilen betrachtete und mich an den Formen ihres immer noch schönen, ja, zur vollen Reife entwickelten Körpers erfreute. Auffallend war mir immer nur die große Veränderung an ihr: Kleidung und vieles im Wesen hatten die Mode, die Jahre, die Großstadt gewandelt. Der Unterschied zwischen jener Zeit und jetzt war so groß, dass ich es kaum begreifen konnte. Unser Mittagessen nahmen wir in einem der kleinen Speiselokale an der Strandpromenade ein. Dann machten wir uns zu einem Spaziergange auf. Zunächst führte uns der Weg den Strom abwärts entlang. Als aber die letzten Häuser hinter uns lagen, bog er zur Seite ab und ging den bewaldeten Hang hinauf. Auf halber Höhe angelangt, hatten wir einen herrlichen Blick durch die Stämme.

Wir sahen in der Tiefe den breiten Strom, wellenlos, bleigrau und schwer unter dem grauen Wolkenhimmel, in der Ferne den schmalen Strich des anderen Ufers, im Dunst der Luft Bäume und Häuser, schließlich ganz hinten am Horizont in zarten Linien angedeutet, in feiner blauer Silhouette, lang hingestreckter Höhenzüge. Die Luft war reglos, von jenem Schweigen erfüllt, das zwischen Himmel und Erde ist, wenn eine eintönige graue Wolkenfläche sich wölbt, den feurigen Sonnenball verbergend und alle Farben dämpfend.

Süllberg in Hamburg-Blankenese. Photochromie
Brück&Sohn, Meissen 321.

Wir gingen nebeneinander den schmalen Waldweg hin. Sie erzählte und ich hörte gerne den Klang ihrer weichen Stimme.

Doch eins war da, das mich betrübte. Sie sprach von ihren Erlebnissen in der großen Stadt, von den Vergnügungen, an denen sie oft teilnahm, auch von den Freunden, die sie kennen gelernt und – bald fühlte ich es wohl – von jenem einen, der nach ihrem Herzen gegriffen. Zwar sagte sie es nicht mit klaren Worten – nur, dass sie andeutete, wie er geartet und wie fröhlich die Stunden, wenn er dabei war. Sie mochte dann an mir beobachten, das leise die Eifersucht sich regte und das bereitete ihr, wie mir schien, einiges Vergnügen. Ich beherrschte mich – dann aber kamen alle meine glücklichen Stunden gewaltsam über mich und ich wollte sie umfassen, alles wie damals geschehen lassen. Sie wehrte ab. Da ward mir Gewissheit, dass vieles anders geworden zwischen uns. Die Stunden vergingen – immer weiter erzählte sie. Wir bogen in einem laubverhangenen Weg ein. Es wurde dunkler um uns. Wir mussten dicht nebeneinander gehen. Die Zweige streiften unsere Kleider. Wieder erhob ich meinen Arm und sie ließ es geschehen.

Dann kamen wenige Sekunden, die alles in mir zerstörten. Ich erkannte das Mädchen nicht wieder. Sie wurde wie von einer anderen Macht ergriffen, umschlang mich ungestüm, wurde leidenschaftlich, sah mich mit unbekannten Augen verzehrend und begehrend an und flüsterte mir Worte ins Ohr, die ich verstand und doch nicht glaubte verstehen zu können.

Ich befreite mich von ihrer Umarmung und drängte, aus dem Dunkel des Laubganges herauszukommen. Sie tat nun, als ob nichts geschehen sei, plauderte und tändelte wie vordem. Ich schwieg dazu und suchte den Weg zurück ins Dorf, welches wir auch bald erreichten. Die Stunde meiner Abfahrt war inzwischen näher gerückt. Wir fuhren noch zusammen in die Stadt hinein. Erst als der Zug aus der Halle rollte und ich wieder alleine war, kam mir alles soeben Geschehene eindringlich ins Bewusstsein. Es war alles vorbei. Ich hatte geglaubt, diese Liebe wiederzufinden wie sie vor Jahren gewesen, hatte gemeint, in ihr dasselbe Mädchen von einst zu finden. Aber ich

hatte mich furchtbar getäuscht. Ich will hier nicht darüber richten, ob und wo Fehler und Sünden begangen wurden, mag
sein, da ich immer nur an die Wiederkehr längst vergangener
Tage geglaubt, da ich einen Idealzustand erträumte, welcher
sich so nicht verwirklichen ließ.

Es war eine furchtbare Eisenbahnfahrt, die ich erlebte – und
die Tage, die folgten, erdrückten mich mit ihrer Qual.

Nach kurzer Zeit erfuhr ich, dass sie sich verlobt habe. Dann,
nach wenigen Monaten, kam die Nachricht von ihrem plötzli-
chen Tode. Es war mir unbegreiflich, dass dieses Mädchen,
welches noch vor nicht langer Zeit frohe und glückliche Stunden mit mir verbrachte, so aus der vollen Blüte ihrer Jugend
hinweggenommen wurde.

Die Zeit war es, die mich über alles brachte, wenn ich auch
weiterhin von der Erinnerung einer glücklichen Zeit zehrte. Es
kamen Jahre, in denen ich völlig der praktischen Liebe entsagte
und sogar in gewisser Weise einen Abscheu hatte, vor dem
weiblichen Geschlecht. Ich vergrub mich in meine Ideen und
erdichtete mir die Geliebte zu einem Wesen, welches in Wirklichkeit nicht existieren konnte. Das alles mag auch im Zusammenhang gestanden haben mit meiner ganzen inneren Entwicklung jener Jahre, worauf ich später noch zurückkomme.
Erst nach dem großen Kriege geschah es, dass aufs Neue eine
Periode einsetzte, in der ich zum Weibe wieder in nahe Beziehung trat.

So beschließ ich diesen Abschnitt meines Lebens. Noch einmal hebe ich hervor, dass die beschriebenen Erlebnisse ein
Zeugnis davon ablegen mögen, wie köstlich die Zeit meiner
ersten Jugendlieben gewesen ist. Wer, frage ich ohne Bedenken,
wer hat wohl, wie ich, glücklicher geliebt, da ich in den frühen
Jahren meiner Jünglingszeit Liebe empfing und Liebe in mir
trug, die frei war von allen lustbegehrenden Leidenschaften einer degenerierten Welt.

PAN

Ich habe bereits gesagt, dass während meiner letzten Schuljahre unter einem Kreis von Freunden sich ein engerer Zusammenschluss gebildet hatte, der sich mit Fragen aus den Gebieten der Künste und Wissenschaften beschäftigte und unter dem Namen „Pan" bezeichnet wurde.[13] Er war gegründet worden schon ehe ich darin Aufnahme fand, und zwar aus Motiven, welche sich in ihrer Verwirklichung wesentlich unterschieden von der Gestaltung, welche diese Vereinigung nachher annahm. Es waren etwa vier oder fünf Freunde gewesen, welche sich gegenseitig häufig auf ihren Zimmern besuchten und hier im zwanglosen Gespräch ihre Meinungen und Gedanken austauschten.

Irgendwelche festen Zusammenhänge nahm diese Vereinigung ursprünglich nicht an. Es war auch nicht das Ziel, strenge äußere Bindungen zu treffen, kurz, man wollte das Vereinsartige mit allem Drum und Dran von Paragraphen und zwingenden Gesetzen durchaus vermeiden. Es sollte jedem freigestellt sein, sich zu beteiligen und da nun einmal das Interesse für die Suche bei jedem Einzelnen vorhanden war, wäre auch die Einführung und Anwendung von solchen gesetzlichen Regelungen überflüssig gewesen.

Diese Urform des „Pan" – welchen Namen zwar diese Vereinigung damals noch nicht trug – hielt sich lange Zeit aufrecht

---

[13] Pan ist der Hirtengott der griechischen Mythologie, ein Mischwesen aus Menschenoberkörper und dem Unterkörper eines Widders oder Ziegenbocks. In den Händen hält er einen Hirtenstab und eine siebenröhrige Flöte. Pan hat Freude an Musik, Tanz und Fröhlichkeit. Er ist im Gefolge des Weingottes Dionysos, des Gottes der Fruchtbarkeit und der Ekstase, auch für seine Wollust bekannt.

bis sich Zwistigkeiten unter einzelnen Mitgliedern einstellten, deren Ursache mir jedoch heute nicht mehr bekannt sind. Die Bande lockerten sich mehr und mehr und es wäre wohl zu einem gänzlichen Zerfall gekommen, wenn hier nicht von anderer Seite eingegriffen worden wäre. Die Hauptperson hierbei spielte eine meiner damaligen Mitschüler, der zu jener Zeit täglich außer der Schulzeit mit meinem erwähnten Freunde und mir zusammenkam. Unser Freundschaftsbund zu Dritt war aus ganz äußerlicher Veranlassung entstanden.

Pan

Wir waren alle drei Anhänger eines allabendlichen Spazierganges in der Hauptstraße der Stadt. Stets zwischen sechs und sieben Uhr konnte man uns hier erblicken. Auch zu anderen Zeiten waren wir häufig zusammen, entweder auf Spaziergängen außerhalb der Stadt oder auf unseren Zimmern, so dass es ganz natürlich war, dass sich zwischen uns ein engeres Freundschaftsverhältnis bildete.

Von dem neuen Freunde will ich nun zunächst eine Schilderung geben. Es ist dies umso wichtiger, da es in späteren Jahren zwischen uns beiden zu einem Freundschaftsbündnis von tiefer – und wie es uns beiden wohl geschienen haben mag: unzertrennliche Art.

Er war an Jahren um ein Weniges älter als ich, und ich muss der Wahrheit gerecht werden, wenn ich sage, dass er in jenen Jahren auch geistig weit über mir stand. Seine Stärke waren Kunst und Literatur, auf deren Gebieten er für seine Jahre bereits eine große Kenntnis gewonnen hatte, verbunden mit der Gabe, für diese Künste einen klaren Blick zu haben. Er wusste die Sprache zu meistern, sowohl in der Schrift als auch in der Rede. Es ist immer seinen Freunden gegenüber für ihn ein großer Vorzug gewesen, dass er die Fähigkeit besaß, sich in jeder Lage mit größter Freiheit und Ungezwungenheit in der Sprache auszudrücken. Die Worte und Sätze flossen ihm ohne die geringste Schwierigkeit vom Munde. Ja, in öffentlichen Versammlungen, vor dem Forum einer auserlesenen Hörerschaft verstand er es, einen rednerischen Stil zu entwickeln, mit der jedem Menschen die uneingeschränkte Bewunderung abzwang.

Sein eigentliches Gebiet war die Literatur. Der große Meister, zu dessen Vorbild er aufblickte und auf dessen unversiegbaren Quell dichterischer Gestaltung er immer wieder schöpfte, war Goethe. Für die größte Dichtung aller Zeiten und Völker hielt er den „Faust", den er schon in jenen jungen Jahren bis in alle Einzelheiten kannte und zu einem großen Teil auch im Gedächtnis trug. Er ist es gewesen, der auch mir das Tor geöffnet hat zu den Schönheiten dieser gewaltigen Dichtung. Wie oft, wenn wir in der Dämmerstunde auf unserem Zimmer saßen, begann er den „Faust" zu zitieren, ja, mit welch starker schauspielerischer Begabung vermochte er uns die Kraft der Worte zu erschließen. Er hatte auch ein tiefes Empfinden für die Lyrik.

Mir ist heute noch manches Gedicht in Erinnerung. Es mag wohl sein, dass es einesteils solcherart Fähigkeiten gewesen sind, die mich mit den Jahren immer mehr zu ihm hinzogen, während ich es anderenteils seiner Eigenschaft zuschreibe, dass er die Menschen, bei denen er Verständnis für die schönen Künste voraussetzen durfte, mit unwiderstehlicher Macht an sich zu fesseln wusste, es sei denn, dass er mit seinen oft eigenwilligen Meinungen bei einem ähnlichen oder gleich stark veranlagten Menschen, der diese Meinungen nicht teilte, auf Widerstand stieß.

Wie sollte aber nicht dieser Mensch mir in jenen Jahren meiner inneren Entwicklung ein willkommener Wegweiser, ein Freund im besten Sinne sein? In mir war das Streben, die Welt des Schönen mit allen freudigen Erwartungen der Jugend kennen zu lernen, sie mit den Augen eines noch nicht vom Skeptizismus angekränkelten Menschen zu schauen. Hier ward sie mir von einem Freunde eröffnet, wie es besser nicht hätte geschehen können.

Er war ein eigenwilliger Mensch, für seine Jahre sehr gereift. Das war wohl der Grund dafür, dass er sonst keine Freunde hatte, dass er in unserer Schulklasse von manchen gar als ein Sonderling angesehen wurde.

Er war der Sohn eines Rektors, der in dem nördlichen Teil der Stadt eine eigene Villa besaß. Mit einer Reihe von Brüdern war er aufgewachsen. Gar oft hat er mir geklagt, wie sehr er es bedaure, unter seinen Geschwistern keine Schwester zu haben. In der Tat wäre das für ihn besser gewesen. Im Hause schon lernte er nicht den Umgang mit dem weiblichen Geschlecht kennen, denn wenn auch eine Mutter um ihn war, die Aufgabe, die diese erfüllte, wenn der Knabe zum Jüngling reift und mit seinen ersten Empfindungen für das andere Geschlecht überlassen ist, kann nur von ganz besonderer mütterlicher Art sein, während eine Schwester unbewusst schon einen frühen Keim in das Bruders Herz gepflanzt hat, dass er mit ganz anderen Gefühlen hintritt zu den Mädchen, die in der Zeit der ersten Liebe seinen Weg betreten.

Wenn er mir dieses Geständnis machte, habe ich es immer nur schweigend hingenommen, denn ich vermochte ihn wohl zu begreifen und es hätte ihm wie mir wehe getan, wenn ich mich des Vorzugs, unter Schwestern aufgewachsen zu sein, noch gepriesen hätte.

So war es denn auch kein Wunder, dass seine Verehrung für die jungen Mädchen sich in so seltsamer Art zeigte. In den langen Jahren unserer Freundschaft hat er unzählige Mädchen glühend geliebt, aber mit keinem von allen hat er eine persönliche Bekanntschaft geschlossen. Nur von der Straße her oder wo er sonst ihnen begegnete, kannte er sie und das genügte, seine ganze Leidenschaft zu entfachen. Er befand sich in dieser platonischen Liebe sicherlich auch am glücklichsten, denn sie erregte seine Phantasie in schönster Weise. Er schrieb unzählige Gedichte, ja Romane um solche Gestalten, die er alle mit selbst erfundenen poetischen Namen taufte. Ich selbst habe mich teils auf diesem Treiben hingegeben und liebte wie er aus der Ferne die eine und andere im bunten Wechsel.

Seine große Beredsamkeit, wenn es galt, Ansichten zu verteidigen, seine idealistischen Anschauungen, welche einen großen Teil der sehr zum Materialismus neigenden Mitschüler immer wieder zum Kampfe reizte, trugen ferner dazu bei, dass er diese Sonderstellung in unserer Klasse einnahm. Schließlich war da noch seine äußere Erscheinung, die in diesem ewigen Streit nicht zu seinem Vorteil diente.

Er war von großem Wuchs. Den körperlichen Formen fehlte es an Proportionen. Im Oberkörper hielt er sich ein wenig gebückt. Das Gesicht hatte fast hässliche Züge, war in den Mittelpartien wie zusammengeschoben. Die Stirn war übermäßig hoch gebildet. Schon in jenen Jahren machte sich ein schlimmer Haarausfall bei ihm bemerkbar, so dass die Anzeichen für eine Glatze gegeben waren. Er bemühte sich sehr, seinen Schnurrbart sichtbar zu machen, was einem jungen Menschen gerne vergönnt ist. Das alles wäre nun zwar nicht so schlimm gewesen, wenn er selbst nicht für eine äußere Schönheit hätte gelten wollen. Aber das war es gerade, was ihm etwas Komisches verlieh, dass er glaubte, eine vorteilhafte Erscheinung abzugeben. Er meinte, dies müsse vor allen Dingen, wie ich oft herausfühlte, dem anderen Geschlechte gegenüber zur Erfüllung seiner Wünsche beitragen, denn er hatte stets eine Reihe von Mädchen, welches er verehrte und auf deren Blicke, wenn diese sich ihm zuwandten, er immer stolz war, obwohl solche Blicke ihm sicherlich nicht aus Verehrung für seine äußere Gestalt gewidmet wurden.

Obwohl in die späteren Jahre unserer Freundschaft verschiedene meiner im vorigen Abschnitt beschriebenen Liebesangelegenheiten fielen, habe ich nie meinem Freunde davon erzählt. Ich war überzeugt, dass er mich in diesen Sachen nicht würde recht verstanden haben, dass er das Sinnliche einer solchen Liebe nicht mit seiner Auffassung hätte vereinbaren können. Darum hütete ich mich wohl, ihm diese Geheimnisse, die ich nicht gerügt wissen wollte, preiszugeben.

In der Zeit, als meine beiden Freunde in die Gemeinschaft des „Urpan" eintraten, mag von den beiden auch der Vorschlag erwogen worden sein, mich in diese Vereinigung aufzunehmen. Sie verhielten sich jedoch mir gegenüber in dieser Angelegenheit sehr schweigsam, aber wir mochten gegenseitig das Gefühl haben, dass es auf eine Trennung der mit mir geschlossenen Freundschaft hinauslaufen müsse, wenn ich nicht zu diesem Interessenkreise hinzugezogen würde. Es blieb aber einstweilen dabei, dass man mich nicht aufnahm und ich machte mir bereits meine Gedanken darüber, warum denn dieses geheimnisvolle und zurückhaltende Gebaren mir gegenüber sein musste. In späterer Zeit wusste ich mir dieses wohl zu erklären und sehe auch jetzt klar, warum man eine solche Zurückhaltung vor mir bewahrte.

In meiner Erinnerung war ich sicherlich vor meinen beiden Freunden ein gutes Stück im Rückstand. Sie waren damals gereifter als ich, in ihren Anschauungen bereits in jenes Stadium der Jünglingszeit eingerückt, wo man glaubt, ein gefestigtes und klares Weltbild vor sich zu haben.

Es wurde in jener Zeit viel das Wort „Weltanschauung" gebraucht. Ich entsinne mich wohl, dass ich damals diesem Worte ziemlich ratlos gegenüberstand. Unser Klassenlehrer jener Schuljahre, der uns eine hohe und strenge Ethik predigte, ging in seinen Vorträgen im Deutschunterricht weit über das hinaus, was man bei den Menschen unseres Alters für nützlich erachten sollte. Er mochte eher einen studentischen geeignet sein, als für Menschen, die mit ihren durchschnittlich achtzehn Jahren schwierigen philosophischen Fragen zu einem großen Teil nur ratlos gegenüberstanden. Es lag nahe, dass alle jenen tiefgründigen Fragen, wie sie uns im Unterricht vorgelegt wurden, von jungen Menschen, die sich zu dem „Urpan" zusammengefunden hatten, weiter besprochen wurden und zu regen Debatten Veranlassung gaben.

Die Behandlung solcher Fragen aber fiel außerhalb meiner Interessen. Mir bot das Leben vorerst noch andere Reize und wenn ich heute, nachdem jene Fragen der „Weltanschauung" mir erst in einer Reihe von Jahren durch die Erfahrungen des Lebens gestellt worden sind, auf jene Tage zurückschaue, in welcher man uns Jünglingen von großen Problemen des Lebens redete, so kann ich mich nicht enthalten, ein solches Bestreben verfehlt zu nennen. Für mich galt es damals, die sinnliche Schönheit der Welt zu schauen. Das ist auch, wie mir scheint, für einen Menschen, der in der Frühzeit seiner Jünglingsjahre steht, zuträglicher und wesentlicher, nicht nur, dass es seiner Natur gemäßer ist, als dass dadurch später, wenn erst die Fragen nach dem Sinn des Lebens sich einstellten, ihm in der Beantwortung derselben seine Erfahrungen der Vorzeit dienlicher sind. Ist es nicht das Natürlichste und nur der Vernunft entsprechend, erst etwas gründlich zu betrachten ehe ich darüber urteile?

Es war ein großer Mangel des Schulunterrichts, wie ich ihn damals genossen, dass er uns junge Menschen nicht auf das Leben, auf seine Härten, aber auch auf seine Schönheiten genügend vorbereitete, sondern unser Gehirn in einer fast scholastischen Art mit grauen Theorien vollpfropfte. Aber es ist eine schwere Kunst, der Jugend den rechten Weg zu weisen und wer will sagen, welche der Rechte sei.

Die Frage, ob man mich in den „Urpan" mit aufnehmen solle, wurde dadurch gegenstandslos, dass die Vereinigung sich plötzlich auflöste. Es mögen Streitigkeiten entstanden sein, die, soweit ich entsinne, hervorgerufen worden sind durch die Person unseres neuen Freundes. Dennoch sollte die Idee des Pan nicht für immer eingeschlafen sein. Derselbe Freund war es, der ihr seine ganze Aufmerksamkeit weiterhin zuwandte. Seine Regsamkeit, wenn es galt, Ideen solcherart zu fördern, kannte keine Hemmnisse. Es dauerte denn auch nicht lange, als er mit einem neuen Plan an die Mitglieder des „Urpan" sowie an eine Reihe anderer Mitschüler, darunter auch ich jetzt war, herantrat.

Die neue Gründung, die sich nun vollzog, war in allen Teilen das eigenste Werk dieses Freundes. Obwohl er diplomatisch genug hierbei vorging, und auch andere Meinungen bei der Gründung des neuen Pans berücksichtigte, so waren doch diese nur immer unwesentlicher Art.

Wenn ich im Folgenden dazu übergehe, eine nähere Beschreibung über die Art und Tätigkeiten dieses „Pans", der eine Reihe von Jahren in schönster Blüte stand, zu geben, so stütze ich mich dabei vornehmlich auf das fortlaufend geführte Protokoll, welches sich noch heute in meinen Händen befindet.[14]

Ich habe dieses seit langer Zeit in meiner Bibliothek tief vergrabene Büchlein, wieder einmal hervorgeholt und in Muße hier und da einige Seiten durchgelesen. Das erste, was mir dabei aufgefallen ist, dass die Seele dieses Pans eben jener Freund war, der es immer wieder verstand, in Streitfragen auf die geschickteste Weise seine Meinung zur Geltung und zur Annahme zu bringen. Er hatte dabei gegen Einzelne, die sich seinen Wünschen nicht beugen wollten, einen schweren Kampf zu bestehen, der aber in den meisten Fällen zu seinen Gunsten zur Entscheidung kam. Schließlich aber wurde ihm eines Tages der Widerstreit wohl zu heftig und er erklärte kurz entschlossen, er lege hiermit die Leitung nieder. Sicherlich hat er dabei im Stillen gehofft, dass man dieses nicht geschehen lassen und ihn mit Bitten wieder zur Übernahme der Leitung bewegen würde. Er sollte dies nur seine äußerste Maßnahme sein, um seinen Willen durchzusetzen. Aber es kam nicht so und das dürfte für ihn anfangs eine schwere Enttäuschung gewesen sein. Er war aber doch noch so geschickt, dass er mich als seinen Nachfolger in diesem Amte vorschlug, da er wohl wusste, dass er einen starken Einfluss auf mich ausübte und so im Stillen das Heft in der Hand behalten würde.

Ich war natürlich über diese plötzliche Wendung nicht genug erstaunt und wusste nicht, woher ich die Fähigkeiten nehmen sollte, ein solches Amt zu übernehmen. Doch sagte ich mir, dass die Wahl kaum zu meinen Gunsten ausfallen würde, da man unter den Mitgliedern zur Genüge wusste, dass ich nicht der richtige Mann sei. Wie war ich daher abermals auf das

---

[14] Im Archiv Andresen nicht mehr vorhanden

Höchste erstaunt, als die Wahl in der Tat mit überwiegender Stimmenmehrheit auf mich fiel. Ich wusste mir das im ersten Augenblick durchaus nicht zu erklären und selbst heute ist es mir nicht ganz klar, wie diese Wahl so ausfallen konnte. Vielleicht war es ja darauf zurückzuführen, dass die Führer der zwei Parteien – denn um zwei entgegengesetzte Richtungen handelte es sich hier – sich gegenseitig beneideten, wen von Ihnen das Los treffen würde und daher lieber einen Unparteiischen oder besser gesagt einen Unbedeutenden wie mich wählten, mit dem man schließlich schon fertig zu werden hoffte. Und wie die Führer so dachten die Anhänger.

In diesem Zusammenhange erwähne ich, dass man mich damals gerne und wiederholt für leitende Posten in unsere Vereinigungen gewählt. Dies geschah auch, als in der Primaner Vereinigung, von der ich schon an anderer Stelle geschrieben, einst ein neuer Präses gewählt wurde. Einstimmig fiel die Wahl auf mich, obwohl ich, wenn ich es heute bedenke, in keinerlei Weise dafür geeignet war. Auch damals war ich mir bewusst, dass ich der Aufgabe schon aus dem Grunde, weil ich keine Rednergabe besaß, nicht gewachsen war und lehnte daher die Wahl kategorisch ab mit dem Ergebnis, dass man mir den Posten eines Schriftleiters übertrug.

In dem „Pan" jedoch sah ich mich wohl oder übel genötigt, die Wahl als Vorsitzenden anzunehmen und damit war mir eine Aufgabe gestellt, mit der ich anfangs nur mit schwerer Mühe fertig wurde. Was mich jedoch über manche Schwierigkeiten hinwegbrachte, war das Interesse, welches ich für die Schule hegte. Wenn mein Vorgänger großen Wert darauf gelegt hatte, an jedem Abend, wie er einmal in der Woche abgehalten wurde, einen größeren Vortrag zu Gehör kommen zu lassen, so war es mir von nicht minderer Bedeutung, den zweiten Teil dieser Zusammenkünfte wesentlich zu gestalten. In diesen war vorgesehen, dass es jedem Einzelnen freigestellt war, über irgendwelche Dinge, die in der letzten Zeit aus dem Gebiet der

Literatur, der Kunst und Wissenschaften sein Interesse erweckt hatte, kurz seine Meinung zu sagen oder auch Gedichte, irgendwelche Abhandlungen aus Zeitschriften und Zeitungen vorgenannter Art vorzulesen, woran sich dann in den meisten Fällen eine angeregte Debatte anschloss. Um die Vorträge war es immer ein eigenes Ding. Sie forderten immer viel Zeit für den, der sie auszuarbeiten hatte und gar zu oft, geschah es, dass derjenige, welcher für einen bestimmten Abend mit einem Vortrag vorgesehen war, nicht fertig geworden war, sodass immerhin zwei oder drei Zusammenkünfte vortragslos ausgingen.

Was mir in meiner Eigenschaft als Leiter des Pans immer sehr hinderlich gewesen ist, ist der Mangel, aus freier Rede vortragen zu können. Obwohl die Gedanken mir reichlich flossen, stand ich, wenn ich sie in Worten ausdrücken sollte, hilflos da und sobald ich dann merkte, dass ich ins Stottern geriet, wurde ich vollends verwirrt und die guten Gedanken waren alle davongeflogen wie ein Schwarm Vögel, die man aufgeschreckt hat. Es ist mir nie vergönnt gewesen, die Worte aus dem stehgreif zu wohl gegliederten Sätzen zu formen, ich muss mich vielmehr immer redlich abmühen, ehe ich einen solchen Satz zustande bringe, und es ist selbst so ein Schrecken, wo ich gar oft lange überlegen muss, ehe mir die Worte aus der Feder tröpfeln.

Am Schlimmsten erging es mir einmal im Pan, als es galt, zu einem festlichen Abend, der laut Beschluss mit Damen veranstaltet wurde, die Eröffnungsrede zu halten. Sie war lange genug von mir vorbereitet worden – o nein, daran lag es nicht – aber als es so weit war, stand ich da, brachte in lederndem Tone einige wohlgemeinte Worte hervor, die das ideale Ziel unserer Vereinigung lobten, musste mich aber dann schnell nach einem Schlusssatz umsehen, um nicht völlig in der Blamage unterzugehen. Man spendete meiner „Rede" wohl Beifall, aber ich selbst fand mich dadurch nur noch furchtbarer blamiert.

Zu allem Unglück hielt darauf mein Vorgänger im Amt als Leiter eine lange, mit großem Glanze vorgetragene Rede, in welcher er zu Anfang meine schönen Worte rühmte. Ich kam mir vor wie einer, dem man einen Peitschenhieb nach dem anderen versetzt und keiner war glücklicher als ich, da man sich erhob und der Abend sein Ende fand.

Es stellte sich bald heraus, dass der Pan unter meiner Leitung in ganz anderen Händen lag als in denen meines Vorgängers. In der Tat war mein Einfluss nicht von so starker Macht, und ich bin manches Mal wohl von der einen oder anderen Partei mehr zu Entschlüssen gedrängt worden als dass ich sie selbst fasste. Ich bin meinem ganzen Wesen nach nicht danach geartet, führende Rollen zu spielen und wenn es schon geschieht, dass ich einen solchen Posten einnehmen muss, so bin ich in Meinungsverschiedenheiten, die sich in dem Kreis von Menschen, über welche ich als Leiter eingesetzt wurde, nur zu oft bilden, immer bestrebt, eine vermittelnde Rolle zu spielen, suche immer, Kompromisse zustande zu bringen, die leider in den meisten Fällen von so zarter Art sind, dass sie bald wieder zerbrechen und das alte Übel damit wieder hergestellt ist. Der Diplomat mag wohl schlauerweise gerne nach Kompromissen streben, aber er tut es, nur still im Hintergrunde, seine Macht stark werden zu lassen.

Das war es aber, was mir im „Pan" fehlte, ich vermochte nicht wie mein Vorgänger, die Macht an mich zur reißen und zu Zeiten kraftvoll durchzugreifen, wie es oft Not gewesen wäre. Es war auch im neuen „Pan" von vornherein der Fehler begangen worden, dass man seine Struktur zu sehr vereinsartig gemacht hatte. Dies war aber das Werk meines Freundes gewesen, und er hatte immer und immer darauf bestanden, dass an dem Gebäude der Grundlagen mit all seinen Bestimmungen und Paragraphen nicht gerüttelt wurde. Es kam dadurch etwas Zwingendes in unsere Gemeinde, die doch ursprünglich von dem Gedanken eines freien Zusammenschlusses getragen wurde.

Mit der Zeit geschah es auch, dass manche als Mitglieder aufgenommen wurden, die ihrem Wesen und ihren Fähigkeiten nach sich kaum für den „Pan" eigneten. Auch dieses war letzthin auf das Bestreben meines Freundes zurückzuführen, der den eigenen Ehrgeiz pflegte, diese Gemeinde immer mehr zu vergrößern. Vielleicht mochte er auch glauben und damit seinen guten Willen bekunden, dass es die Aufgabe sei, solche Menschen, die von Natur nicht für den Pan geeignet waren, mir heranzubilden und sie zu Menschen zu machen, wie sie selbst waren. Zum Teil mag es ihm geglückt sein, aber es wurde dadurch auch immer wieder das geistige Niveau des Pans herabgesetzt.

Es ließe sich nun noch manches über die Entwicklung des „Pans" sagen, aber es betrifft das weniger mein eigenes Schicksal. Im letzten Schuljahr war ich ohne nahe Freunde, die ich sonst tagtäglich um mich gehabt. Ich suchte auch nicht unter ihnen, denn es beschäftigte mich zu sehr jene Liebesangelegenheiten, wie ich sie im vorigen Kapitel beschrieben habe. Im letzten Jahre vor meiner Reifeprüfung musste ich fleißig für die Schule arbeiten, denn es galt, jetzt die Prüfung zu bestehen, die mir zweimal versagt war.

Ich will noch kurz berichten, dass ich in dieses wichtige Examen mit großem Gleichmut, fast mit einer sträflichen Gleichgültigkeit eingetreten bin. Das lag wohl daran, dass mir die Schule mehr und mehr verhasst geworden war und ich nicht einsah, warum es fürs spätere Leben von so großer Bedeutung sein sollte, ob man nun dieses Examen bestände oder nicht. Das einzige, was mich zum Fleiß anfeuerte, war die Erkenntnis, dass ich meinem Vater durch meine Ausbildung bereits viel Geld gekostet hatte und dass es nun endlich an der Zeit wäre, mich dieses Opfers würdig zu erweisen. Dass die Herren, die über meine sittliche „Reife" entscheiden sollten, dieses mit

Recht taten, konnte mir nicht einleuchten. Es waren genug meiner Kameraden, die das Reifeziel vor mir ohne Schwierigkeit erreicht hatten, die aber nach meiner Überzeugung bei weitem nicht an die innere Reife heranreichten, deren ich mir bewusst war. Und in der Tat bestand ja auch diese sagenhafte Reifeprüfung nur darin, dass man das Glück hatte, in wenigen Stunden der Prüfung beweisen zu können, welch ein Berg von totem Wissen man in sich trug, wobei denn noch gesagt sei, dass dieser Berg nach dem Verlangen der prüfenden Herzen so riesengroß sein sollte, dass einem heute noch vor seiner Größe, seiner Kahlheit und seiner Totenstarre graut. Wie furchtbar die Schule mit ihren Prüfungen und Zensuren und Zeugnissen und all den folternden Einrichtungen das Gemüt des Jünglings belastet, dafür möge ein Beweis darin zu finden sein, dass in mir und in vielen anderen Menschen heute noch nach so viel Jahren gar oft des Nachts im Träume die Eindrücke jener Schuljahre zurückgerufen werden und war man erleichtert aufatmet, wenn es sich beim Erwachen erweist, dass dieser Alpdruck eben nur im Traume auf uns lastete.

Die Prüfung selbst bestand ich ohne Schwierigkeit. Ich war, da wir alphabetisch nach dem Namen vorgenommen wurden, der Erste, den man examinierte. Es geschah in zwei Fächern, im Englischen und Französischen. In einer Stunde war alles erledigt und als ich gleich darauf das Schulgebäude verließ, hatte ich von einem meiner Lehrer die Gewissheit mitbekommen, dass ich bestanden habe. In diesem Augenblick fühlte ich zum ersten Male in meinem Leben, dass ein Abschnitt desselben völlig zu Ende war, so plötzlich, so scharf, dass die Zukunft mir wie eine gähnende Leere vorkam. So beglückt, wie ich war, dass nun dieses Schulleben aufhören sollte, so seltsam waren zugleich Empfindungen in mir, die mit der bohrenden Frage auf mich einstürmten: was nun?

All die Zeit hatte ich mich von dem Zwang der Schule fortgesehnt und nun, da ich frei war, wollte sich fast eine Sehnsucht nach dieser Zeit wieder einschleichen. Das ist wohl eine der großen Eigenheiten des Menschen, dass er zu leicht die Gegenwart verflucht und eine bessere Zukunft ersehnt, wenn aber diese Gegenwart zur Vergangenheit ward, sich wieder zurücksehnt nach einer Zeit, die ihm doch in viel schönerem Lichte erscheint.

Städtische Oberrealschule

mit wahlfreiem Unterricht in der Handelswissenschaft

zu Flensburg.

Zeugnis

über die Zeit von *Michaelis* bis *Weihnachten* 1*913.*

für

Theodor Andresen in der Klasse *O I* seit *1¾* J.

Versäumter Schulbesuch: a. entschuldigt: ▨ St., b. unentschuldigt: ▨ St. Verspätungen ▨ mal.

Betragen:	*sehr gut.*
Aufmerksamkeit:	
Fleiss:	*gut.*
Ordnung:	

Kenntnisse und Leistungen:

Religion:	*3*		Rechnen:	
Deutsch:	*3+*		Naturgeschichte:	
Französische	Grammatik: *3*		Physik:	*2*
	Lektüre: *3*		Chemie:	*3*
Englische	Grammatik: *3*		Handelslehre:	
	Lektüre: *3*		Buchführung:	
Geschichte:	*3*		Latein:	
Erdkunde:	*3*		Schreiben:	*3*
Geometrie:	*3*		Zeichnen:	*1*
Arithmetik:	*3+*		Linearzeichnen:	
Trigonometrie:	—		Singen:	
Stereometrie:	—		Turnen:	*3+*

Platz: No. ▨ unter ▨ Schülern der Klasse.

Bemerkungen:

Reihenfolge der Prädikate für Betragen: Sehr gut, Gut, Im ganzen gut, Nicht ohne Tadel, Tadelnswert; für Aufmerksamkeit, Fleiss und Ordnung sowie für Leistungen: Sehr gut = 1, Gut = 2, Genügend = 3, Mangelhaft = 4, Nicht genügend = 5. Der mittlere Standpunkt wird durch Genügend = 3 bezeichnet.

Zeugnis der Flensburger Oberrealschule von Theodor Andresen.
Foto: Archiv Andresen

Oberrealschule
mit wahlfreiem Unterricht in der Handelswissenschaft
zu Flensburg.

Zeugnis der Reife.

Theodor Franz Andresen,

geboren den 23 ᵗᵉⁿ *Mai* 18 94 zu *Ulsnis, Kreis Schleswig,*

evangelisch , Sohn des *Volksschullehrers a. D. Franz Andresen*

zu *Flensburg* , war 4 Jahre auf der Oberrealschule

und zwar 3 Jahre in Prima.

Gestrichen und verbrannt.

Lehmann,
Direktor.

a) b)

I. Betragen und Fleiss.

a) *Sehr gut.*

b) *Gut.*

Zeugnis der Reife der Flensburger Oberrealschule von Theodor Andresen. Foto: Archiv Andresen

KUNSTGEWERBESCHULE

Ja – was nun? Am liebsten wäre ich wie die meisten meiner Kameraden ins Studium eingetreten. Aber hierzu vermochte mein Vater nicht mehr das erforderliche Kapital aufzubringen und ich selbst sah ein, dass es ein schwerer Weg sein musste, wenn ich durch geliehenes Geld oder gar durch Unterstützungen mich dürftig durch eine Zeit hindurchschlagen musste, die lang und mühsam sein würde und an deren Ende womöglich ein Ziel stand, welches vielleicht die aufgewandten Opfer nicht aufwog. Ich hatte im Sinn gehabt, das Studium des Baufaches zu ergreifen.

Überall waren die akademischen Berufe überfüllt – es war die Zeit kurz vor dem großen Kriege: Ostern 1914 – ein weiterer wesentlicher Grund, dass ich von meinem Ansinnen abstand, Es wurde ein Umweg gefunden. Ich glaube es wenigstens, es sollte ein Umweg sein. Mein um vieles älterer Bruder Nikolaus, welcher soeben sein Studium vollendet, riet, ein praktisch-künstlerisches Fach zu ergreifen, von dem aus ich dann später vielleicht in eine akademische Bildungsanstalt übertreten könne, um meinen Wunsch, mich dem Beruf eines Architekten hinzugeben, in Erfüllung zu bringen.

Da ich eine gewisse Begabung und Neigung zum Zeichnen und Malen hatte, glaubte ich, diese Befähigung wiese mich auf meinen späteren Beruf hin und hatte daher den vorherrschenden Wunsch, einen Beruf zu ergreifen, in welchem ich mein Interesse für diese Kunst zur Anwendung bringen könne. Soweit ich entsinne ist auch damals der Gedanke ausgesprochen worden, ob ich mich dem Bank- und Kaufmannsfach zuwenden solle.

Aber, entscheidend war schließlich mein eigener Wunsch, mich einer Laufbahn zuzuwenden, in der meinem Eifer für die Kunst Gelegenheit geboten war, sich auszuwirken. Es gab und gibt in der Stadt meines damaligen und heutigen Aufenthalts eine kunstgewerbliche Fachschule.[15]

Ich glaube, es ist wiederum mein älterer Bruder gewesen, der den Gedanken ansprach, dass ich mich zunächst einmal auf diese Schule betätigen möge. Mein Vater setzte sich mit dem Direktor der Anstalt in Verbindung, der den Wunsch aussprach, einige von meinen Zeichnungen und Malereien zu sehen, um danach beurteilen zu können, ob und für welche Abteilung seiner Anstalt ich geeignet wäre. Ich hielt daher Musterung unter meinen bisher erzeugten Werken und es mag wenig und dieses wenige stümperhaft genug gewesen sein, was ich da hervorsuchte, um es der Kritik eines Menschen zu unterwerfen, vor dem ich immerhin einigen Respekt jetzt schon empfand.

Ich entsinne mich noch deutlich, wie ich mit meinem Vater die Stiegen in dem großen Gebäude emporstieg, das in seinen unteren Stockwerken das Kunstgewerbe-Museum beherbergt, während oben unter dem Dach für die Fachschule dürftig genug Raum gegeben ist. Im Zimmer des Direktors wurde ich

---

[15] Der in Flensburg tätige Möbeltischler und Bildschnitzer Heinrich Sauermann (1842–1904) verkaufte 1876 seine private Sammlung kunstgewerblicher Altertümer an die Stadt Flensburg, was den Kern der Sammlungen des Flensburger Kunstgewerbemuseums bildete, dessen erster Direktor er auch wurde. Die dort angeschlossene und von ihm gegründete Lehrwerkstatt entwickelte sich schnell zur Kunstgewerbeschule, welche um 1900 eine weit über die Landesgrenzen hinausreichende Reputation genoss. Deren Schüler Emil Nolde bewarb sich später vergeblich auf den dortigen Direktorenposten. Die Schule zog zusammen mit der kunstgewerblichen Sammlung in das 1903 im Stil der Niederländischen Renaissance erbaute Museum ein.

aufgefordert, meine Mappe zu öffnen. Ein Blatt nach dem anderen glitt durch die Hände des Gewaltigen, wie mir schien, gar bedenklich eilig als ob es nichts Wesentliches darüber zu sagen gäbe. Dabei war ich vorher der festen Überzeugung gewesen, wenn auch kein großes Lob doch zum Mindesten eine schöne Anerkennung zu erhalten. Aber nichts von dem geschah. Das kleine Männchen mit dem kahlen Kopfe, der ein wenig unvermittelt auf dem Rumpfe saß, mit der hakenförmig gebogenen Nase und den blinkenden Augen ließ nur ein fragliches „hmm" über die Lippen kommen und meinte nach einer Weile, das Beste wäre wohl, mich zunächst in die Bildschnitzerklasse aufzunehmen, man würde das weitere dann sehen. Mein Vater sah mich an, als ob er mir den Entschluss an Heim stellen wollte und ich, wie es in solchen Fällen denn gar oft mir ergeht, sagten ja, ich wolle in die Bildschnitzerklasse gehen. Nun gab mir der Direktor einige kurze Aufklärungen, wie und was dort gearbeitet würde, dass meine Kameraden alle wesentlich jünger seien als ich und vor allen Dingen nicht eine solche Schulbildung hinter sich hätten wie ich, vielmehr direkt aus der Bürgerschule kämen. Die Art und Bestimmung der Schule brächte es mit sich, dass sie keine Akademie im höheren Sinne wäre, sondern eine Anstalt zur Ausbildung von künstlerisch geschulten Handwerken. Vielleicht wäre es richtiger gewesen, wenn dieser Direktor von vorneherein meinen Vater darauf aufmerksam gemacht hätte, dass ein zwanzigjähriger junger Mensch, der einen langjährigen Bildungsweg bis zur Endprüfung einer höheren Schule hinter sich hatte, kaum in seine Anstalt hineinpasse, dass es wohl verfehlt wäre, ihn jetzt noch ein Handwerk lernen zu lassen – denn die Vorbildung, die mein Vater mir hatte angedeihen lassen, war in diesem Falle doch so gut wie ganz weggeworfen.

Ich habe später die Empfindung gehabt, dass dieser Direktor es für sich wie für seine Anstalt es als eine gewisse Genugtuung, ja als eine Art Renomé betrachtete, dass hier ein Schüler in seine Schule aufgenommen wurde, der bereits das Abiturienten Examen abgelegt hatte. Hierbei will ich bemerken, dass trotz dieses Missverständnisses zwischen meiner bisherigen Ausbildung und der, welcher ich mich jetzt unterwarf, mir dennoch weder in dem Unterricht an sich noch in dem Umgang mit den neuen Kameraden wesentliche Schwierigkeiten entstanden. Ich mich gut mit den neuen Verhältnissen abgefunden, wenn ich auch zu Zeiten den Unterricht an sich noch in dem Umgang mit den neuen Kameraden wesentliche Schwierigkeiten entstanden.

Städtisches Museum Flensburg (Museumsberg).
Foto: Dirk Meier

Ich mich gut mit den neuen Verhältnissen abgefunden, wenn ich auch zu Zeiten den Unterricht an sich noch in dem Umgang mit den neuen Kameraden wesentliche Schwierigkeiten entstanden.

Wenn ich auch zu Zeiten den Unterschied klar und manchmal auch etwas schmerzlich mit mir selbst und mit meinem Inneren abzumachen hatte. Ich hütete mich wohl, mich in irgendeiner Weise gegenüber meinen Kameraden mit meiner Vorbildung hervorzutun und ich weiß, dass sie gerade darum gewisse Achtung vor mir hatten, denn auch sie empfanden es als etwas noch nicht da gewesenes, einen Menschen unter sich zu haben, der im vieles älter war und zudem eine Vorbildung aufweisen konnte, welche über ihre Schulbildung hinausragte.

Der Unterricht ging also vor sich. Ich will versuchen, ein Bild desselben zu entwerfen.

Früh um sieben Uhr hatten wir uns einzufinden. Die Schulräume lagen im Dachgeschoss des großen Gebäudes. Der Saal der Bildschnitzerklasse war bei weitem der Schönste aller Räume. Er lag gen Westen, zeichnete sich aus durch eine Reihe dicht aneinander liegender großer Fenster und da zudem infolge der Höhe des Gebäudes das Tageslicht ungehindert Eingang hatte, war selbst an trüben Tagen nie Mangel an dem nötigen Licht. Hier nun standen in zwei langen Reihen wohl an die zehn Schnitzbänke. Jeder Schüler hatte seinen eigene. Zu jedem Platz gehörte ein Wandschrank, in welchem die Schnitzeisen in der Zahl von dreißig bis fünfzig Stück säuberlich nach Art und Größe aufgereiht standen. Da gab es Eisen in allen erdenklichen Formen, gerade und schräge, spitze und gerundete, wie sie den Bildschnitzer zu seiner vielseitigen Arbeit gebraucht. Bis dahin hatte ich unter Schnitzen eine Tätigkeit verstanden, wie sie mein Vater und meine ältesten Brüder in meiner Kindheit ausgeübt, nämlich den Kerbschnitt. Davon war nun zwar hier ganz und gar nicht die Rede. Der Kerbschnitt kam seiner Art nach nicht über die toten, mathematisch gezirkelten Formen und Figuren hinaus. Hier aber galt mir die Natur als Grundlage. Meine erste Aufgabe bestand natürlich darin, in weichem Holz mit den einfachsten Eisenformen Schnitte auszuführen, die mich mit Material und Handwerk vertraut machten. Bald aber wurde mir ein Blatt, eine Blüte vorgelegt, aus denen ich ein Muster zu stilisieren hatte, welches dann mit den verschiedenen Eisen reliefartig ins Holz gegraben wurde.

Ich fand zunächst große Freude daran, aber wie es denn mit allen Sachen, die man erlernen soll, ergeht, man will weiter, immer weiter, man will ans Ziel und sich an solchen Sachen versuchen, wie sie die Gesellen und Meister vollbringen. Es sieht denn die Arbeitsweise so einfach aus – das wird man auch schon können und bald ist der Lehrling dahin gelangt, zu glauben, man hielte ihn nur bei seiner Arbeit so lange hin, um ihn so früh in den Besitz der hochweisen Kunst gelangen zu lassen. Es ist ja immer ein eigenes Ding um solch eine Lehrzeit. Talente und Nichttalente, sie werden alle mit einem Kamm geschoren. Hübsch seine Zeit abwarten, hübsch ein Ding nach dem anderen machen, die ganze Skala des vorgeschriebenen Pensums durchwandern. Ein Überspringen, ein Schnellvorwärts gibt's da nicht. Das mag ich damals wohl empfunden haben, wenngleich ich heute mir sagen muss, dass ich ruhig dieses Pensum von A bis Z hätte durchlaufen können und dennoch schwerlich ein Meister aus mir geworden wäre.

Es ist eine schwere, eine sehr schwere Kunst, diese Bildschnitzerei und sie lässt sich ebenso wenig erlernen wie jede andere. Begabung ist es, die da von Nöten und auch dann noch Schule, Lehrzeit, Pensum, denn es ist viel Handwerkliches, was hier erlernt werden muss. Es gilt, all die vielen Hölzer ihrer Art nach zu kennen, zu lernen, wie man sie am Vorteilhaftesten bearbeitet, es gilt, den Wert seines Handwerkszeuges zu erkennen, jedes Eisen meistern zu können, es gilt Form und Material mit einander bis zur höchsten Vollkommenheit zu vereinigen, es gilt – ach ja, es ist eine schwere, eine edle, eine hohe Kunst, eine Kunst, vor der wir Laien allen Respekt haben sollten. Aber leider! Wir sehen diese Kunstwerke des Holzbildhauers, wir bewundern sie, aber wir bewundern sie nicht ganz. Wenn wir wüssten, welche Mühe, welches Können, welche Liebe nötig war, um sie zu erzeugen, wir würden weit höhere Achtung vor ihnen haben. Aber diese Kunst ist in unseren Tagen ein großer, ein furchtbarer Feind entstanden. Das ist die Maschine. Wie war es doch vordem?

Seht Euch einmal den Brüggemannschen Altar des Domes in Schleswig an. Ja, daran kann unsere Zeit nur staunend und stille vorüber gehen und sich sagen: dazu fehlt uns das Können. – Das Können? Vielleicht nicht das. Aber die Zeit. Wer wollte heute sein Leben dafür hergeben, eine solches Werk zu schaffen – in mühsamer Arbeit, tagaus, tagein, Jahr um Jahr – zum geringen Lohn.

Zeit und Geld. Diktatoren unserer Tage. Auch Kunst ist Marktware. Heute mehr denn je. Ach, ihr armen Kinder, ihr müsst es fühlen, keiner ist da, der euch zu sich und die irdischen Sorgen von euch nehme. Und selbst ihr, die ihr ebenso sehr Handwerker als Künstler seid, auch euch hat man das Brot genommen. Eure Handarbeit war von der Maschine beiseitegeschoben. Heute bringt es in dieser Bildschnitzerkunst nur zu etwas, der originell ist und Glück hat. Beileibe darf er kein Handwerker sein. Und früher? – Sie waren doch alle Handwerker.

Aber ich muss erzählen, wie es mir weiter erging in meiner Schule. Da stand ich nun und schnitzte. Zunächst waren es einfache Arbeiten, reliefartige, Leisten, Füllungen – Ornamente, nach Vorlagen aus der Natur entwickelt. Jeden Vormittag fünf volle Stunden. Wer anfangs mit Eifer dabei ist, wird bald empfinden, dass es mit diesem Eifer nicht getan ist. Man glaubt, mit seiner Arbeit fertig zu sein. Dann kommt der Lehrer, der Meister. Er macht ein paar sichere Schnitte. So muss es gemacht werden und so – und nachher stehst du da, siehst dir die Schnitte des Meisters an und erkennst wie stümperhaft, wie kläglich sich deine Arbeit dagegen ausmacht. Du versuchst es aufs Neue, du wendest allen Eifer, alle Kunst auf, aber es wird nichts. Ja, es ist ein bitterer Kampf. Du willst, du willst es so gerne, du möchtest gleich ans Ziel und erkennst gar bald, wie fern es liegt.

Ich nahm es wohl gar zu ernst mit meiner Arbeit und bedachte nicht, dass auch hier nur die Zeit vorwärtsbringen konnte. Wie viel glücklicher mochten meine jüngeren Mitschüler sein, welche ihre Arbeit nicht so ernsthaft auffassten. Wann sie Lust empfanden und es sie überkam, machten sie sich über ihre Arbeit her und schafften, aber stundenlang konnten sie dastehen, sich miteinander unterhalten, Scherzen und Albernheiten treiben. Das war umso leichter, als der Lehrer oft lange Zeit den Arbeitsraum verließ. So wurde auch ich in dieses Treiben hineingezogen und machte mir nichts daraus, es zu tun, nicht bedenkend, wie viel kostbare Zeit dadurch verloren gehen mochte. Aber das ist die Jugend im schönsten Alter. Was kümmert sie die Zeit. Ja, ich hätte mich meines Alters nicht wert erwiesen, wenn ich blindwütend geschafft, geschnitzt hätte, nur um an das Ziel zu kommen, mich zurückziehend von dem Leben und Treiben meiner Kameraden.

An dem Nachmittag erhielten wir entweder Zeichenunterricht oder es galt zu modellieren. Für jede Tätigkeit hatten wir einen besonderen Raum. Der Zeichensaal hatte keine günstige Beleuchtung. Die Fenster lagen hoch und waren im Schrägdach ausgebaut. Wir hatten zwei Lehrer in diesem Unterrichtsfach. Dem einen fiel die Aufgabe zu, was im Zeichnen, wie es für unsere Bildschnitzerarbeit erforderlich und grundlegend war, zu unterweisen. Er liebte mehr die geometrischen Formen, das strenge Stilisieren nach der Natur, hier ist er erkennbar, dass er eine große Vorliebe für Schnörkel zeigte. Wenn wir Ornamente, Füllungen und dergleichen entwarfen, lief es immer darauf hinaus, möglichst ein Gewirr von Schnörkeln zustande zu bringen und so sehr man sich auch darin befleißigte, immer fand der Lehrer noch irgendwo eine Ecke heraus, wo ein wurmartiger, gekrümmter Fortsatz anzubringen war. Diese Manier war mit von Anfang an verhasst und ich wandte meine Bemühungen mehr dahin, mit Wasserfarben meinen Zeichnungen durch einen braunen Ton und entsprechende Schattierungen das Aussehen einer Holzschnitzerei zu geben.

Der Lehrer war ein Schwabe und hatte, trotzdem er viele Jahre an unserer Anstalt tätig gewesen, seine schwäbische Mundart unverfälscht beibehalten. Wir Schüler bemühten uns natürlich, sobald von diesem Lehrer unter uns die Rede war, stets diesen Dialekt nachzuahmen. So war auch derjenige unserer Lehrer, welcher seinen Unterricht sehr lässig betrieb. Es konnte vorkommen, dass er nur zu Anfang des Nachmittags auf wenige Minuten in der Klasse erschien, um dann erst nach Stunden am Schluss wiederzukommen. Was Wunder, wenn in diesen Stunden von uns wenig geschafft und sehr viel Unsinn getrieben wurde.

Der zweite Zeichenlehrer nahm seine Sache ernster und war bei uns Schülern und war bei uns Schülern auch beliebter. Das lag zu einem großen Teil wohl auch daran, dass der Zeichenunterricht bei ihm mehr Freude bereitete dadurch, dass es ein Freihandzeichnen und Malen nach dem Objekt war. Das erste Modell, welches man uns hinstellte, war ein kleiner, ausgestopfter Vogel. Ich begann meinen großen Zeichenbogen mit viel Eifer zu füllen, den Vogel in allen Stellungen zu skizzieren und jede Feder nach meiner alten, erlernten Methode aufs Genaueste zu zeichnen. Mein fester Vorsatz, auf den ersten Anhieb hier etwas Meisterhaftes zu leisten war so stark, dass ich mich durch nichts ablenken ließ. Wohl kam hin und wieder einer der neuen Kameraden an meinen Platz, sah über meine Schulter weg auf das Papier, sagte aber nichts, sondern ging alsbald weiter, um sich aufs Neue dem Nichtstun oder dem Unsinn treiben mit allen Mitschülern hinzugeben. Ich glaubte anfangs, man habe wohl schon erkannt, dass ich besondere Fähigkeiten verriete, sollte aber doch bald in schmerzlicher Weise eines anderen belehrt werden. Es kam die ernste Kritik des Lehrers, der ich natürlich mit Spannung und mit einer gewissen Siegeszuversicht entgegensah. Aber welche Enttäuschung erlebte ich da. Als der Lehrer sich auf meinen Platz niedersetzte und seine Augen musternd über das Blatt gleiten ließ, war seine vernichtende Kritik schon gefällt. Da er ein Mensch war, welcher nicht viele Worte liebte, sagte er nur: „das ist nichts." Dabei setzte er den Bleistift an zu einer neuen Zeichnung und mit wenig Strichen hatte er einen Vogel zu Wege gebracht, der nun zwar von ganz anderer Art war, wie es meine Erzeugnisse waren.

Das erkannte ich bald, dass meine Leistungen sich recht kläglich ausmachten und musste mir selbst eingestehen, dass es noch vieles für mich zu lernen gab. In dem Zeichenunterricht, der uns auf der Oberrealschule erteilt worden war, legte man mehr Wert auf das Malerische. Hier aber wurden die Gegenstände in Flächen aufgeteilt. Das war natürlich damit zu erklären, dass wir für die plastische Kunst ausgebildet und somit angehalten wurden, plastisch, das heißt, flächig zu sehen. In der Folgezeit bin ich dann auch in allen meinen Arbeiten dieser Art des Zeichnens treu geblieben und wenn ich die Zeichnungen namhafter Künstler betrachte, so will es mir scheinen, dass sie alle die Natur mehr oder weniger körperlich betrachten, während es die spezifische Methode des Zeichenlehrers der Bürger- und höheren Schulen ist, auch in den Zeichnungen nur malerisch wirken zu wollen. Es kann bei der Schwarz-Weiß-Kunst nicht genügend darauf Rücksicht genommen werden, perspektivisch zu sehen und mehr auf Licht und Schatten, das heißt, auf Form als auf Farbe zu achten.

Ich erlebte also die schlimme Enttäuschung, und fast wollte mir der Mut sinken, an dieser Stätte noch weiter zu wirken, sah aber andererseits ein, dass ich diesen Weg selbst gewählt und wohl nicht gut gleich die Tinte ins Korn werfen konnte. So befleißigte ich mich denn weiter und bald stand ich mitten in dem

Leben und Treiben meiner Mitschüler, an denen ich ohne Überhebung teilnahm.

An bestimmten Nachmittagen der Woche mussten wir Modellieren. Dieses geschah mit einer Tonmasse, die stets feucht zu halten war. Der Modellierunterricht machte mir am meisten Freude. Man konnte hier nach Herzenslust der Form zu Leibe gehen, und ein Fehler ließ sich immer schnell wieder ausmerzen. Zumeist waren es reliefartige Stücke, die wir formten – Ornamente, Zierleisten, Füllungen – immer nach dem Entwurf der Natur. Ich glaube, in diesen Stunden bin ich mit dem größten Eifer in der Schule gewesen.

So war also im Wesentlichen unsere Arbeitszeit eingeteilt. Aber mit dieser Beschreibung habe ich nur einen sehr nüchternen Eindruck von meiner Tätigkeit auf der Gewerbeschule gegeben. Was eine Schule will und lehrt und wie sie es tut, bedeutet niemals alles, um damit des Schülers Werdegang recht zu erläutern. Auch der Schüler ist ein Einzelmensch und auf ihn hat das Leben, wie es sich im Kreis seiner Mitschüler abspielt, vielleicht eine größere Bedeutung. Auf alle Fälle ist nicht zu unterschätzen, wie groß der Einfluss sei, der von dem Umgang mit Seinesgleichen auf ihn gewirkt.

Das war nun eine bunt zusammen gewürfelte Gesellschaft, die sich hier eingefunden hatte, ja, es war eine recht wilde, wenn auch kleine, so doch lebhafte Schülerschar. Die meisten waren jünger als ich. In ihnen steckte noch sehr viel Kindlich-Übermütiges. Sie waren stets zu dummen Streichen auferlegt und dachten nur weniger an den Ernst des Lebens, noch dachten wir weniger an den Ernst des Lebens, noch erfassten sie die tiefere Bedeutung ihres erwählten Berufes.

Aber wenn ich so recht an diese kurze Episode meines Lebens zurückdenke und sie einzeln im Geiste vor mir erstehen lasse, diese eben dem Kindesalter entwachsenen, sorglosen, lustigen Kameraden, dann sind sie nur alle – der eine wie der andere, so verschieden sie auch sind – lieb gewordene Gestalten. Ich will einige herausgreifen und versuchen, ihr Bild, ihr Wesen hier entstehen zu lassen, denn sie sind es wert, dass in meiner Lebensbeschreibung genannt werden.

Da ist zunächst – nun, die Namen will ich verändern – dieser Erste möge hier Bruno Franzen heißen. Bruno ist in dieser Zeit mir der Nächste gewesen. Das kam wohl ursprünglich davon, dass wir einen gemeinsamen Schulweg hatten. Es war ein stets lustiger und zufriedener Mensch.

Klein von Gestalt, aber sehnig gebaut, den Kopf immer ein wenig nach der Seite geneigt, die kleinen Augen verschmitzt blinzelnd, den Mund immer zu einem scherzhaften Wort bereits, so steht er vor mir, wenn ich an ihn denke. Er war bei allen Kameraden infolge seines heiteren Wesens, seines ehrlichen, guten Charakters beliebt.

Das auch war es, was mir immer an ihm vorzugsweise gefiel. Wir schlossen uns bald aneinander. Er war nun einige Jahre jünger als ich, aber darum und nicht etwa, weil ich eine andere Schulbildung genoss, hielt ich mich für mehr als er. Nein, ich fühlte mich immer als seinesgleichen in seiner Nähe. Es zog mich zu ihm, weil es mir wertvoll erschien, von seinen Wesen zu lernen.

Wir waren allein zusammen und dann verstanden wir uns so recht, wie es unter Freunden sein soll. Es lag nichts Überschwängliches in dieser Freundschaft, nichts, was uns beiden dieses Gemeinsamkeitsgefühl zum Bewusstsein gebracht hatte. Wir waren zusammen, wie es unter zwei natürlichen Menschen unseres Schlages zu geschehen pflegt.

Am Schönsten und Fruchtbarsten waren seine Studienfahrten, die wir zu zweit an sonnigen Sonnennachmittagen häufig unternahmen. Bruno zeigte, wie ich, großes Interesse an der Natur. Wir erbaten uns oft von unserem Zeichenlehrer freie Nachmittage, an denen wir in der Umgebung der Stadt Stätten aufsuchten, die uns für unsere Studien geschaffen schienen.

Und dann wurde stundenlang schweigend und mit tiefinnerlicher Lust zur Sache gezeichnet und aquarelliert. Wir schafften gewaltig in diesen kurzen Stunden, weit mehr als in der Schule geschehen wäre.

Darum stießen wir wohl auch selten bei unserem Lehrer auf Widerstand, wenn wir der Bitte um einen freien Nachmittag für unsere Studienfahrten ansprachen. Unvergesslich sind mir die köstlichen Stunden, da wir im Sonnenglanz prächtiger Sommertage die unzähligen malerischen Winkel der Heimat aufsuchten und uns hier in liebevollem Eifer unserer Studien hingaben. Ich denke besonders an einen Ort westlich der Stadt, hinter jener großen Waldung, die wir zunächst durchwandern mussten. Dort liegt abgeschieden vom städtischen Trubel eine ansehnliche Ziegelei. Die langen zinnoberroten Ziegeldächer, unter denen die frischen Steine in unzähligen Reihen zum Trocknen aufgestellt waren, die lehmigen zerfahrenen Wege zwischen diesen Scheunen, das saftgrüne Gras an den Seiten, über allem der lichte Himmel, das Ganze für unsere malerischen Studien so voller farbenfreudiger Wirkung, dass wir uns nicht genug daran tun konnten, solche Motive immer wieder mit unserem Farbkasten auf unserem Skizzenblock zu bannen. Leider finde ich in meinen Mappen keine mehr von diesen Skizzen vor. Ich weiß nicht mehr, wo sie geblieben. Doch zweifle ich nicht daran, dass unter ihnen manche guten Arbeiten waren, die in ihrer bescheidenen anspruchsvollen Art Zeugnis ablegten von dem Eifer und der Liebe, unter denen sie geschaffen.

Mein Freund war begeistert von seinem Bildschnitzentwurf. Er nahm stets auf diesen Fahrten, die wir zwei unternahmen, Modelliermasse- und Hölzer mit, und sein größtes Vergnügen war es, wenn er Tiere, wie Kühe, Pferde, Schafe und Ziegen als Modelle erwischen konnte. Nur das Stillstehen war für diese eine unliebsame Sache, und so sehe ich denn meinen Freund vor mir, wie er beständig um sein Modell herumtanzt, um den richtigen Aspekt zu erhaschen. Dabei hatte er immer eine Art, mit der Zunge und dem Gaumen einen eigenartigen, schmalzenden Ton zu erzeugen, der mich jedes Mal zum Lachen reizte. Aber immer, wenn ich heute an Bruno zurückdenke, schleicht sich ein wehmütiges Gefühl mit ein. Mit seinem 20. Lebensjahre war sein Erdendasein beendet. Im Kriege hat er sein junges Leben lassen müssen.

Da war ein anderer junger Mensch unter uns. Er möge Fritz Adam heißen. Vielleicht war er derjenige von uns allen, der am meisten Begabung zu seinem Beruf hatte. Aber mit dieser Begabung war es nicht getan. Sie wurde wieder dadurch gehemmt, dass ihm eine sträfliche Faulheit innewohnte. Er vertrieb fast die ganze Schulzeit damit, dass er dumme Streiche vollführte. Er war ein stets unruhiger Geist.

Äußerlich schön gewachsen, helläugig und blond, besaß er zudem außerordentliche Kräfte, die er gerne zur Schau trug. Keiner seiner Mitschüler ließ es auf eine Kraftprobe mit ihm ankommen, denn jeder wusste, er würde den Kürzeren ziehen. Wir alle nahmen seine gelegentlichen Puffe, seine übermütige Art so hin. Es wäre auch nicht gut gewesen, sich ihm zu widersetzen, ihn wegen seines oft unziemlichen Betragens zu tadeln, er hätte sich selbst in seinen Zorn nicht zu beherrschen vermocht und blindlings drauf losgeschlagen.

Auch unsere Lehrer wussten genau, was für ein dicker Fritz Adam war. Sie mochten vielleicht eingesehen haben, dass hier erzieherische Maßnahmen nichts mehr ausrichten konnten. Man bemühte sich ohnehin in der Lehrerschaft wenig darum, auf die Schüler erzieherisch einzuwirken.

In diesem Punkte war jeder sich selbst überlassen, und der Lehrer sah seine Aufgabe nun darin, dem Schüler die Kenntnisse des Fachs beizubringen. Nur zuweilen erhielt unser Adam von dem einen oder anderen Lehrer eine Zurechtsetzung, welche aber nicht die geringste Wirkung ausübte. Dieser Mensch hatte natürlich schon von zu Hause aus nicht die rechte

Erziehung genossen. Der Vater war früh gestorben, und die Mutter und älteren Geschwister führten ein leichtes, ja, wohl gar liederliches Leben.

Warum ich nun diesen Menschen hier erwähne? Ich kann nicht sagen, dass er irgendwelchen Einfluss auf mein Leben gehabt hätte. Dazu stand er mir im Wesen viel zu fern. Er stach jedoch durch seine Originalität von den meisten anderen Mitschülern ab. In der vulgären Sprache würde man ihn als Raudi bezeichnen. Das Hemmungslose seines Wesens, das Impulsive seiner durch nichts in den Schranken normal menschlicher Empfindungen gehaltenen Rücksichtslosigkeit ließ ihn zu einem besonderen Menschen werden. Zudem hatte er sich unter uns ein Objekt seines schrankenlosen Übermuts auserkoren, von denen ich kurz eine Beschreibung geben will.

Erduard Spitzmann war – gerade herausgesagt – ein putziges Kerlchen. Schon die äußere Gestalt hatte viel Komisches an sich. Er war nur klein gewachsen, hatte einen knochigen Körperbau, ging ein wenig gebückt, blinzelte stets wie von der Sonne geblendet aus schmalen Augenschlitzen, strich sich gewohnheitsgemäß mit den skelettartigen Händen über den runden Schädel, der nur spärlichen Haarwuchs trug und hatte nicht zu vergessen, unverhältnismäßig lange Arme. Unser guter Spitzmann war also ein Bild der Hässlichkeit, ganz im Gegenteil zu Fritz Adam, seinem bösen Quälgeist. Zu diesem komischen Äußeren gesellte sich ein kurioses Wesen. Ich bin eigentlich nie recht klug geworden aus diesem Menschen. Gar oft hat er mir im Stillen leidgetan und der gute Kern, der in ihm steckte, schien es mir oft zu sein, mich näher an ihn zu schließen – aber dann war es mir immer wieder, als suchte er mit Absicht nicht eine solche Annäherung.

In seinem Fach, besonders im Zeichnen hatte er eine gewisse Begabung, aber sie litt wieder unter seinem kuriosen Wesen, alle seine Arbeiten hatten selbst etwas Kurioses an sich. Das halbe Jahr, welches ich mit ihm im Zeichenunterricht genoss, hat er, soweit ich entsinne nur an einer Zeichnung gearbeitet. Es war der Entwurf für ein Altarblatt, in Holzschnitzerei gedacht. Wie originell waren hier seine Ideen, mit welcher reichhaltigem Zierrat wusste er die Marienfigur mit dem Kinde und den Aposteln zu umgeben. Freilich, er ging dabei nicht ganz ehrlich zu Werk, holte sich alle möglichen kunstgeschichtlichen Werke und Abbildungen von Arbeiten alter Meister der Holzschneidekunst hervor, um danach eifrig zu kopieren. Das Ganze entwickelte sich aber doch zu einer Arbeit voll eigenen Charakters – nur mit einem Fehler – es wurde nie fertig. Der Radiergummi war sein eigentliches Handwerkszeug, und das riesengroße Blatt mag manches Mal unter seinen kräftigen Reibereibewegungen geseufzt haben. Immer schwärzer wurde der Grund seiner Zeichnung, immer unklarer die Konturen selbst. Ob das ganze jemals fertig geworden, weiß ich nicht, jedenfalls bezweifele ich's.

Ein kleiner Meister war unser Spitzmann im Zeichnen von Karikaturen. Es gab keinen unter uns, den er nicht unter seine kritische Lupe nahm, mit Vorliebe aber die Lehrer. Es war natürlich, dass ein solch absonderlicher Mensch viel unter dem Spott seiner Mitschüler ausgesetzt war. Sein schlimmster Quälgeist aber war Fritz Adam.

Was er alles mit unserem Spitzmann anstellte, lässt sich schwer erzählen. Seine Späße arteten gar oft in Rohheiten aus und bei uns anderen schlug das Vergnügen der Hänselei wohl häufig in Mitleid für Spitzmann um. Einer der beliebtesten Streiche Adams war es, in einem unbemerkten Augenblick, just wenn Spitzmann eifrig über seine Arbeit gebückt stand – denn meistens verrichtete er sie stehend – ihm ein großes mit schmutzigem Wasser durchtränktes Löschpapier an den Kopf, auf den Scheitel oder auf die Zeichnung zu klatschen. Der Erfolg waren dann zornfunkelnde Blicke Spitzmanns und Lachen bei den Unbeteiligten. Der so Gehänselte wurde dann oft so weit getrieben, dass er drohend schwor, er werde sofort zum

Direktor gehen, um hier Schutz zu finden. Adam rührte das wenig, ja er feuerte ihn sogar an, nur nicht sein Vorhaben weiter hinauszuschieben. Spitzmann gab seinem Herzen schließlich einen Stoß und ging mit wütenden Gebärden zur Tür und verließ das Klassenzimmer. Wir alle wussten, dass er den letzten Schritt doch nicht wagen würde. Nach wenigen Minuten erschien er dann wieder mit einem Ausdruck des Triumphs im Gesicht, als wäre nun alles ausgerichtet und die Strafpredigt des Direktors müsste nun gleich folgen. Aber es blieb dabei und Adam sann auf eine neue Übeltat. So ging es tagaus, tagein und fast möchte ich annehmen, dass Adam so wenig Spitzmann wie Spitzmann Adam entbehren konnte.

Wer weiß, was geworden wäre, wenn das Weltgeschehen nicht gewaltsam eingegriffen hätte. Im August, mit Kriegsausbruch, begannen an der Schule die großen Sommerferien. Da ich damals im 20. Lebensjahr stand, konnte ich damit rechnen, in Kürze meine Einberufung zum Heer zu erhalten. Aus jener Freizeit sind mir in schöner Erinnerung eine Reihe von Wanderungen, welche ich mit einem alten Freunde von der Oberrealschule durch unser Land machte. Damals wurde in mir der Grund gelegt zu meinen in viel späteren Jahren in reichem Maße durchgeführten Fahrten durch meine Heimat. Wir brachten es auf unseren Wanderungen, was die Wegstrecke betrifft, zu erheblichen Leistungen, wobei Herz und Sinne all die Schönheiten unserer mannigfaltigen Natur im Geiste einer aufnahmefähigen Jugend genossen.

MEINE KRIEGSERLEBNISSE

Titelblatt der Schrift „Meine Kriegserlebnisse"
Archiv Andresen

Theodor Andresen 1915. Foto: Archiv Andresen

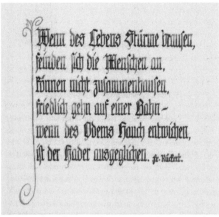

Wenn des Lebens Stürme draußen,
feinden sich die Menschen an,
können nicht zusammenhausen,
friedlich gehn auf einer Bahn –
wenn des Odems Hauch entwichen,
ist der Hader ausgeglichen. *Fr. Rückert.*

Friedrich Rückert (1788 –.1866)

Kriegsausbruch

Der Krieg! In wessen Schicksal hat er wohl nicht unerbittlich eingegriffen. Doch ehe ich in die Schilderung der Ereignisse, die mein Leben betreffen, eintrete, will ich ein wenig Vorschau halten. – Der Zeitpunkt des Kriegsbeginns erscheint mir heute, auf mein Leben bezogen, wie ein tiefer Einschnitt. Bis dahin hatte sich alles in ganz normalen Bahnen bewegt. Nun, wie ein Blitz aus heiterem Himmel, kam dies unerhörte Geschehen über uns. Wohl sind wir uns alle kaum der vollen Wucht, der furchtbaren Schwere dieses Augenblicks voll bewusst gewesen, obwohl wir von ihm gewaltig ergriffen wurden. Dann ging es los und wenn all der Jahre bis auf den heutigen Tag gedenke, dann wird mir immer klarer bewusst, wie scharf jener Einschnitt in meinem Leben eine Scheidung vollzogen hat. Vor Ausbruch des Krieges liegt für mich die Zeit der Kindheit, die Zeit einer schönen Jugend, danach aber beginnt das Leben, wie wir es alle kennen, die diese Jahre erlebt, voll blutigen Kampfes, beständig den Tod im Auge, Verlust lieber Menschen aus der

Blüte ihres Lebens, Jahre materieller Verarmung- und dann – wohl ein langsamer Aufstieg – aber schaue dich recht um, die Zeit hat dich zum Manne werden lassen, deine Jugend ist für immer dahin. Ja der Krieg wirkte wie ein furchtbares Messer. Zwar die Kraft und das Feuer der Jugend ließen sich nicht mit einem Male unterdrücken, aber der Ernst der Zeit lastete doch auf uns. Trotz allem darf ich bekennen, dass ein gütiges Geschick über meinem Leben waltete, lag doch der schönste und größte Teil meiner Jugendzeit in jenen Friedensjahren, in denen wir nichts kannten von der Schwere eines furchtbaren Krieges, die ein jüngeres Geschlecht weit über den Friedensschluss hinaus ertragen musste.

Der 28. Juni 1914 ist mir noch sehr gut gegenwärtig. Es war ein sonniger Sommertag, ein Sonntag. Ich hatte am Nachmittag zu Hause in meinem Zimmer gesessen und machte um die sechste Stunde meinen Spaziergang durch die Stadt. Die Hauptstraße lag wie ausgestorben da. Die Menschen sonnten sich draußen in der schönen Natur. Als ich so für mich hin spazierte, erblickte ich in dem Telegrammkasten einer Tageszeitung – damals neben Extrablättern der einzige Weg, Nachrichten schnell zu verbreiten – eine auffallende Meldung ausgehängt, die Nachricht von der Ermordung des Erzherzogs Franz Ferdinand von Österreich in Sarajewo. Obgleich nun ein solches Ereignis kaum den Gedanken erweckte, welch furchtbare Folgen es nach sich ziehen könnte, hatte es doch etwas Außergewöhnliches und Sensationelles an sich. Ich entsinne mich gut des Augenblicks, als ich diese flüchtig mit Blaustift geschriebene und rot unterstrichene Schreckensbotschaft in jenen Aushangkasten der „Norddeutschen Zeitung" las.

Die Folgezeit lehrte, wie kritisch sich die europäische Lage infolge des Sarajewoer Fürstenmordes zuspitzte. Immer hastiger, widersprechender und bedenkenloser folgten einander im Laufe des Monats Juli die Unheil drohenden Nachrichten. Immer drückender lastete auf den Menschen der Gedanke, dass nun der Krieg näher denn je sei. Unsere Generation wusste nichts von den Schrecken eines solchen Krieges, der, wir ahnten es wohl, sich furchtbarer als alle früheren abwickeln musste. Die letzte große Auseinandersetzung des deutschen Volkes war der Krieg mit Frankreich 1870/71 gewesen. Die Kämpfe im Ausland, in China und Deutsch-Südwest, konnte man nicht als Volkskriege bezeichnen und wurden außerdem fern der Heimat geführt. Doch war unsere ganze Jugendzeit mit den Gedanken an ein kommendes Völkerringen beschäftigt worden. Der Franzose wurde als Erbfeind hingestellt, der auf Rache sann. Im Geschichtsbuch bildete dies den Leitfaden. Unzählige Gedichte mussten wir lernen, in denen Krieg und Feindeshass verherrlicht wurden.

Hinzu kam die gewaltige Macht der Presse, welche in allen Lagern kräftig das Feuer schürte. Genugsam hörten und lasen wir von den Schrecken der Kriege, welche ausländische Mächte in fast ununterbrochener Reihenfolge miteinander führten. Diese waren der russisch-japanische Krieg, die Balkankriege, der italienisch-tripolitanische Krieg, der Burenkrieg. Grausig waren oft die Berichte, welche uns die sensationslüsterne Presse überlieferte. Man sagte sich wohl, unter europäischen Kulturnationen sind solche Dinge unmöglich.

Zusammengefasst, wir hatten trotz vieler Beispiele beim Auftakt dieses bis dahin gewaltigsten aller Kriege nur eine geringe Ahnung davon, was alles durch ihn heraufbeschworen wurde, ja, der Gedanke an die bevorstehenden grausigen Geschehnisse wurden fast völlig verdrängt von der in uns entfachten, ungestümen Welle nationaler Begeisterung.

Begeisterung! – fast möchte ich sagen: fanatische Begeisterung, wenn ich damit das gewaltige Erlebnis dieser letzten Tage vor dem 1. August 1914 in seiner tatsächlichen Größe nicht beeinträchtigen würde. Wie oft haben wir später gesagt und gedacht: wie war es nur möglich, wie konnten wir diesen

furchtbarsten aller Kriege mit einer solchen Begeisterung zuzu-
beln. – Der Mensch und namentlich der jugendliche ist nun einmal ein Wesen, welches sich willig der Suggestion der Masse
hingibt, umso mehr, je größer, je einheitlicher diese Masse ist.
Und welche Größe, welche Masse wäre wohl machtvoller zu
denken als ein Sechzig Millionenvolk. Es ist wahr, niemals ist
das deutsche Volk einheitlicher gewesen, geschlossener in seinem Willen vom ersten bis zum letzten Mann als damals in den
Juli- und Augusttagen 1914. Will man diese Einigkeit mit ihrer
hinreißenden Gewalt würdigen, darf man dieses nicht auf dem
Wege einer nüchternen Kritik tun. Auch nur der vermag das
Große in ihr zu begreifen, der selbst ein Glied dieser Gemeinschaft gewesen und mit ganzem Herzen teilhatte an dieser zün-
denden und lodernden Flamme der Begeisterung. Ich darf bekennen, dass diese Erlebnisse damals auch in mir einen Begeis-
terungsturm erzeugten, wie er in meinem späteren Leben nie
wiedergekehrt ist.

Nun will ich versuchen, in kurzen Worten zu schildern, wie
ich die ersten Kriegstage- und wochen erlebte. Von jenem ver-
hängnisvollen 28. Juni an war es den ganzen Julimonat hindurch eine aufregende Zeit. Von Tag zu Tag wurde mit Spannung jede neue Nachricht über die politische Lage erwartet
und in jeder Richtung nach ihrer möglichen Wirkung erwogen.
Ende des Monats Juli erhielten wir auf unserer Schule Ferien.
Mein langjähriger Jugendfreund kam gleichzeitig von der Uni-
versität auf Ferien. Wir fanden uns täglich zusammen, wanderten morgens und abends, ja bis in die Nacht hinein auf den
Hauptstraßen der Stadt, uns meistens dort aufhaltend, wo bei
den beiden größten Zeitungen allstündlich im Nachrichtenkas-
ten die neuesten Meldungen bekannt gegeben wurden. Schon
war die erste Kriegserklärung, durch welche die Feindseligkei-
ten zwischen Österreich und Serbien eröffnet wurden, gefallen
– doch immer noch blieb die Hoffnung, es könne das
Schlimmste von uns abgewendet werden.

Da kam der erste August. Am Nachmittag steigerte sich die Lebhaftigkeit auf der Straße. Man diskutierte in kleinen Gruppen, die Mienen wurden ernst, man erwartete jede Minute eine erlösende Nachricht – erlösend, weil die Entspannung bringen musste in den langen Tagen der Erwartung und Erregung. Gegen Abend bevölkerte sich die Straße im Zentrum der Stadt mehr und mehr. Die Bürgersteige boten nicht Platz genug, selbst der Fahrdamm wurde über und über von Menschen belebt, wobei zu bemerken ist, dass wir einen Autoverkehr damals so gut wie gar nicht kannten.

An den Aushangkisten staute sich die Menge. Aus dem Torgang der Druckerei tauchte eine Gestalt hervor. Etwas Weißes schimmerte in seiner Hand. Kaum vermochte der Mensch sich durch die auf ihn eindringende Menge zu zwängen. Sorgsam musste er seinen Zettel hüten, dass er ihn nicht aus der Hand gerissen würde. Welche Mühe kostete es, den Kasten zu öffnen, nun riss er den alten Zettel nieder, nun heftete er den neuen fest. Da hingen sie, die kurzen, harten, bedeutungsschweren Worte, mit dickem Blaustift eilig hingeworfen, blau und rot unterstrichen. Die Menschenmenge schob und drängte nach vorne. Nur die vordersten vermochten zu lesen. Weiter hinten wurden Stimmen laut: vorlesen! Einer begann. Noch hatten's nicht alle begriffen. „Ruhe!" gebot eine kräftige Stimme. Im Augenblick verstummte das Gemurmel und alle Ohren lauschten den Worten, die laut und deutlich verkündeten, dass es ein Zurück nicht mehr gäbe, die Russen hätten uns auf unser Ultimatum keine Antwort erteilt und die Franzosen hätten bereits deutsche Dörfer besetzt. Als die Stimme verstummt, herrschte einen Augenblick, einen kurzen Augenblick tiefstes Schreiben, dann setzte leise, sich nach und nach steigernd ein Gemurmel ein, irgendwo ertönten eine, zwei und mehr Stimmen – bis es, aus allen Kehlen gesungen, zwischen den hohen Mauern der Häuser emporbrauste, dieses Lied der Deutschen, das in ereignisschweren Minuten zum Bekenntnis wurde:

„Deutschland, Deutschland über alles, über alles in der Welt, wenn es stets zu Schutz und Trutze brüderlich zusammenhält."

Die Nachrichten überstürzten sich. Die ersten Schüsse fielen. Kriegserklärungen wurden ausgetauscht. Wir lasen die Nachrichten von den ersten Gefechten. Da stand fast regelmäßig und am Schluss der lapidare Satz: Unsere Verluste betrugen...Tote...Verwundete. Ich entsinne mich, welch ein Eindruck diese Berichte auf uns machten. Dann kamen die großen Siegesnachrichten: Lüttich, Namur, der Durchmarsch durch Belgien.

Ich will versuchen, einige andere Augenblicksbilder aus dieser ereignisvollen Zeit hervorzuheben. Es ist draußen an der Förde. Ich liege in weichen Sand und lasse nach einem erfrischenden Bade den Körper von der Sonnenglut trocknen. Von draußen, hinter dem Landvorsprung Holnis, tauchen dicke Rauchwolken auf. Schwarze Ungetüme schneiden, schneeweiße Wellen vor sich werfend, durch die stille Flut. Sie kommen näher, sie wachsen unheimlich, ihr dichter, schwarzer Qualm breitet sich über das Wasser, wahrlich, sie wirken, gespenstisch und furchteinflößend. Nun rauschten sie vorüber, eines im Kielwasser des anderen. – Hochseetorpedobote – Wellen wälzen sich zum Ufer, sie überstürzen sich, überfluten den Strand. Alles was sich sonnte, flüchtet höher hinauf. Der Friede des sonnigen Tages ist gestört. Die schwarzen Ungetüme mahnen, es ist Krieg. Auf Schritt und Tritt liegt dieses Wort im Sinn: Krieg.

Und ein Ereignis folgt dem anderen. Da kommt der Bruder aus der nahen Kleinstadt nach Hause. Er hat seiner Gestellungsorder Folge zu leisten. Wenige Stunden weilt er zu Hause. Sorgen lasten auf uns, auf Vater, Mutter, auf uns allen. Er, der Soldat, der Krieger, ist guten Muts. Oder er gibt sich so. Der Abschied? Dieses dumpfe, lähmende Gefühl: wird es der letzte

Blick, der letzte Händedruck sein? – Es ist Tag für Tag eine Unruhe im Körper. Die Stunden sind geladen von Ereignissen. Bald ist man hier, bald dort – am liebsten vertreibt man sich die Zeit auf der Straße. Hier gibt es allstündlich etwas Neues. Nachrichten laufen ein. Man begegnet Bekannten. „Was ist, wieder ein Sieg? Habt ihr gehört, der ist gefallen und der."

Eines Tages rückt das Regiment aus, in aller Frühe, mit klingendem Spiel, alles in neuen, feldgrauen Uniformen, alles aufs Beste, auf vollkommenste, die ganze Truppe im Gleichschritt, ausgerichtete Gewehrläufe, Blumen im Lauf, Gesang, Bräute, Frauen und Kinder nebenher schreitend, mancher Gedanken stolz: auch er darf mit, herrschender aber und drückender dieser: wird er wiederkommen, ist es das letzte Mal. Erlebnisse, die nicht aus dem Gedächtnis auszulöschen sind, die wir nur einmal erlebt, die uns mitgerissen, ja, die Wucht der Ereignisse traf auch das kälteste Herz.

Jene Tage und die folgenden Wochen habe ich in enger Gemeinschaft mit jenem Freunde verlebt, mit dem mich eine vieljährige Freundschaft verband. Wir meldeten uns zusammen freiwillig zum Heeresdienst wie es Tausende und Abertausende taten. Es war in den ersten Wochen ein Ansturm auf die Rathäuser und Kasernen, dass bei weitem nicht alle genommen werden konnten. Wir beiden Freunde hatten zwar den Schein in der Tasche, dass wir zur Stammrolle gemeldet und uns freiwillig zu einem Truppenteil melden wollten, aber auf den Kasernen, wo die ärztlichen Untersuchungen stattfanden, war ein derartiger Andrang, dass wir eine Gestellung gar nicht ausführten. Noch folgten Monate, während der wir tagtäglich auf die Einberufung warteten. Erst im November geschah dieses. Diese ganze Zeit lebten wir in den Tag hinein, aber nutzten ihn auch auf unsere Weise. Wir unternahmen weite Wanderungen durch unsere schöne Natur, trieben regen Gedankenaustausch, fanden uns abends zusammen auf unserem Zimmer, plauderten eifrig und waren uns einig darin, die kurze Spanne Zeit, die uns zu unserer Einberufung blieb, zu einer geistigen und körperlichen Stärkung für kommende schwere Tage zu nutzen. Beide liebten wir die Natur unserer Heimat. Wir kannten manche schöne Wege, suchten verborgene Stätten in Wald und Flur auf, standen auf den Höhen und hielten Umschau über das fruchtbare Hügelland, über die buchtenreichen, blauen Förden. Wir wanderten in den Spuren jener, die als Dichter und Schriftsteller unseres Landes dieses besungen und gepriesen, wir lebten in ihrem Geiste, wir suchten die vielen geschichtlichen Stätten auf und bereicherten uns gegenseitig mit dem was wir wussten. Wir sprachen oft und gern unsere heimische Sprache, die niederdeutsche Mundart. Mein Freund besaß die schöne Gabe, die empfangenen Eindrücke meisterlich in Worte fassen zu können. Ich neigte dazu, dass Geschaute in kleinen Skizzen festzuhalten. So hatten wir stets einen offenen Blick für die Umgebung und die Art unseres Wanderns trug so reichen Gewinn ein, dass wir unser Leben lang davon nutzen und genießen konnten.

Wir teilten unsere Wanderungen ein in große und kleine. Die kleinen wurden an einem Nachmittag ausgeführt, die großen erstreckten sich über einen ganzen Tag. Letztere waren zuweilen über 50 km lang. Hier gedenke ich der größten Wanderungen, die wir je unternahmen. In der Frühe eines Oktobertages fuhren wir mit dem Zuge nach Lindholm. Von hier ging es rüstigen Schrittes über Risum und Maasbüll und weiter über Fahretoft an den Außendeich, dann auf diesem entlang bis Husum. Da wanderten wir frohgelaunt auf dem ehemaligen Außendeich zwischen Maasbüll und Fahretoft dahin, fette Marschweiden breiteten sich zu unseren Füßen, neben und über uns schossen kluggewandte Möwen durch die Luft, sausten pfeilschnell hinab nach Beute. Der herbstliche Sturm stand uns entgegen und hinderte unser Vorwärtskommen, tiefer Marschklei gebot uns, hintereinander zu gehen. Endlich näherten wir uns dem Außendeich. Welch eine eigenartige Welt ist dies alles für den Fremdling, ja, selbst für den Einheimischen, der nur wenige Meilen ostwärts seinen Wohnsitz hat. Scharf schneidet die schier endlos verlaufende Linie des Deiches gegen den hellen Himmel ab. Wo man sich auch in der Marsch befinde, nirgends erspäht man das Meer, das doch so nahe. Wie eigenartig auch diese Erscheinung: Dunkler als der Unterbau des Deiches erscheint der obere Teil, so dass Himmel und Deichkrönung sich nun so schärfer scheiden. Wir standen nun zu Füßen des gewaltigen Werkes von Menschenhand und wussten, wenn wir nur die wenigen Schritte zum Erdwall hinaufstiegen, würde sich eine ganz neue Welt vor uns auftun. Wir zögerten noch eine Weile. Dann erkletterten wir die steile Böschung. Da – ein wundersames Bild lag vor unseren Blicken. Weit hinaus dehnte sich die grüne Fläche des Vorlandes, von dunklen Prielen durchzogen. Herden von Schafen wanderten darauf, soweit das Auge blickte. Vogelrufe, Kreischen der Möwen, die Rufe der Regenpfeifer und die Töne all der anderen unzähligen Vogelarten erfüllten die Luft. Hinter dem grünen Lande lagerte sich das graue Wattenmeer und weiter draußen erspähten wir den blinkenden Streifen der Nordsee, denn es war Ebbezeit. Fern am Horizont schwimmen wie Inseln zwischen Meer und Himmel die Warften der Halligen. Wir lagerten uns nieder und genossen dieses Bild des Friedens.

Dann setzten wir unsere Wanderung fort, folgten dem Deiche gen Süden. Schier endlos lagen die langen Strecken des schier endlosen Walles vor uns und immer die gleiche Umgebung: Zur Linken unter uns das flache, grüne Marschland mit den unter Bäumen geborgenen Hofanlagen, zur Rechten bald grünes Vorland, bald graue Watten, immer aber in der Ferne das schimmernde Meer mit den Inseln der Halligwarften. Wir waren noch nicht lange gewandert, als ein kleiner Nieselregen einsetzte und uns Gesicht und Kleidung netzte: ein rechter Herbsttag in der Marsch. Grau und tief hingen die Wolken, grau lag das Watt, grau wälzte sich die Flut heran. Und mit der

Flut zogen sich die Schafe vom Vorlande zurück, kamen die Vögel landeinwärts, unruhig kreischend, und immer näher brauste das Meer, füllte die Priele, quoll und gurgelte und wühlte die breite Masse des Watts auf. Wir aber wurden nicht müde des Wanderns und mit uns wanderte einer, den wir in unseren Herzen verehrten wie keiner dieses Land und dieses Meer kannte: Theodor Storm.

Bei Seebüll verließen wir den Deich, der sich hier im Sande der Geest verläuft. Schon brannten die Lichter, als wir die Straßen der „grauen Stadt am Meer" betraten. Noch einen Gang zu dem Grabe des großen Sohnes dieser Stadt. Dann stiegen wir in die Bahn, um heimwärts zu fahren.

Ich gedenke auch einer anderen Tageswanderung. Sie ging durch den östlichen Teil unserer Heimat. Es war September, zu einer Zeit, in der die Natur in allen braunen, roten und goldenen Farben des Herbstes prangte. In aller Frühe wanderten wir durch die großen Waldungen nördlich unserer Heimatstadt, folgten dann der Chaussee Richtung Apenrade und fanden, dass auch eine solche Kunststrecke genug Reize bot. Bei dem lieblich gelegenen Gut Seegaard zweigten wir westwärts in die Wälder ab, traten nach einiger Zeit wieder hinaus aufs freie Feld und befanden uns in einer Landschaft voll eigenartiger Reize. Wer kennt nicht diese Natur eine dürftigen Endmoränengebietes, wo Sand und Gestein jegliches üppige Wachstum verhindern.

Aber welcher Friede eines stillen, sonnigen Herbsttages ruht auch über diesem Lande. Gemächlich wand sich unser Feldweg durch die wohlgepflegte Gemarkung. Nah und näher rückte der schlanke Dachreiter der Kirche von Klipleff, welchen Ort wir als Ziel unserer Wanderung erspäht hatten. Bei Verwandten meines Freundes fanden wir eine liebevolle Aufnahme, ja, ein mit aller Sorgfalt bereitetes Mittagsmahl ward uns aufgetischt, wir schieden mit freundlichen Dank, besuchten darauf das alte stattliche Gotteshaus, das von einer Vergangenheit zu künden weiß, wanderten weiter über die stille Feldmark, durch ausgedehnte Wälder stille Wege entlang, wanderten stundenlang bis wir ermüdet in Süderhaff anlangten, um zu erfahren, dass das letzte Schiff schon fort sei. Es half nichts, auch die letzten 10 km mussten wir noch zu Fuß zurücklegen. Das fiel uns nach einer längeren Tageswanderung schwer genug, zudem mussten wir uns unter allerlei Beschwernissen durch den stockfinsteren Kollunder Wald tasten. Spät und todmüde gelangten wir in der Heimatstadt an.

Welche eine köstliche Zeit verlebten wir beide Freunde in diesen ersten Kriegsmonaten des Jahres 1914, wohl ahnend, dass uns Schweres bevorstand, aber dieses Ahnen reichte nicht hin, das Furchtbare zu fassen, das wir in der Folgezeit erleben sollten.

Die Einberufung als Soldat

Ich beginne einen bedeutungsvollen Abschnitt meines Lebens. Es gilt, eine Zeit, Erlebnisse zu schildern, an die ich ungern zurückdenke. Das was ich als Soldat sah und erlebte, hat in seiner Gesamtheit einen niederschmetternden Eindruck auf mich gemacht. Nie möge ein solch furchtbares Geschehen wie der Krieg wieder über uns kommen. Wenn es einen Gott gibt, der dieses Blutvergießen gewollt hat, dann ist es ein grausamer Gott. Wohl waren wir bei Ausbruch des Krieges begeistert, doch in der Heimat oder weit vom Schuss entfernt jubelten wir, wenn ein neuer Sieg verkündet ward. Aber wenige mögen es sein, über die nicht bei dem unmittelbaren Fronterleben eine starke Ernüchterung kam. Mir jedenfalls ging es von dem ersten Tage meiner Soldatenzeit so, dass mir der Mut tief sank, obwohl auch ich mir immer verzweifelt vorhielt, es muss sein, es geht um unser aller Wohl. Eine harte Schule ist die Militärzeit, eine grausame der Krieg. Für viele mag die soldatische Schule von Nutzen sein, ich habe nicht empfunden, dass sie mir sonderlich dienlich gewesen. Freundschaft und Kameradschaft findet man auch sonst im Leben, die körperliche Ertüchtigung kann durch sinngemäßen Sport erreicht werden und die Mannszucht lässt sich ebenfalls in Verbindung damit pflegen. Aber ich will mich hier nicht ins Allgemeine verlieren, habe ich mir doch zur Aufgabe gestellt, vom mir selbst, meinen Erlebnissen und Eindrücken zu schreiben.

Abgesehen von den furchtbaren Erlebnissen an der Front war es die Knebelung des Geistes, die schwer auf mir lastete. Die Seelenlosigkeit der soldatischen Schulung mit ihrem ewigen Drill und Kommandieren muss einen geistig regsamen Menschen fortgesetzt bittere Pein bereiten. Wie recht hatte mein älterer Bruder gehabt mit einem Brief, den er mir in den ersten Kriegswochen aus der Front schrieb. Auf meine Klage aus der Heimat, wir könnten den Tag kaum abwarten, an dem man auch uns riefe, antwortete er, wir sollten uns gedulden, auch der Tag käme für uns, wir möchten uns freuen über jede Stunde, die uns die furchtbaren Schrecken des Krieges nicht spüren ließ. Früh genug würden wir das alles noch kennen lernen. Ich habe dieser Worte unseres im Felde gebliebenen Bruders oft gedacht.

Eines Tages im November erhielten wir den Gestellungsbefehl zur Musterung. Im Restaurant `Sanssouci´ hatten wir uns einzufinden. Der Zeitpunkt der Entspannung für uns war also festgesetzt. Man würde uns für tauglich befinden oder nicht. Einerseits wünschten mein Freund und ich wohl, dass wir gezogen würden – es lag ja etwas Unehrenhaftes darin, wenn wir nicht Soldat würden – andererseits war unsere Lust allmählich verflogen und wir hielten schon kleine körperliche Fehler für ausreichend, dass man uns zurückhielte. Am Tage der Aushebung lernten wir zum ersten Male die raue Seite des soldatischen Lebens kennen, wenn auch in bescheidenem Maße. Mit einer Herde von Menschen aus allen Ständen und Berufen waren wir hier zusammengekommen, mussten uns in Räumen, die mit üblen Gerüchen erfüllt waren, entkleiden. Raue Kommandos von Unteroffizieren befahlen uns, was wir zu tun und zu lassen hatten. Schmutzige, zotige Redensarten fielen in Massen. Das Ergebnis für uns vor der hohen Aushebungskommission war zu unserem nicht geringen Erstaunen: tauglich Garde-Infanterie.

Wieder warteten wir Tage und Wochen. Endlich, an einem der letzten Tage des Novembers erhielten wir den Befehl zur Gestellung in der Junkerholwegkaserne. Wir glaubten noch immer, wir würden zur Ausbildung in Flensburg bleiben. Darum nahmen wir den Abschied vom Elternhause nicht so schwer, dachten wir doch nicht daran, dass es der letzte sein könnte, der es gewesen wäre, wenn wir im Felde geblieben waren. In Hunderten standen wir nun in den von dem Lärm der Versammelten erfüllten Korridoren der Kaserne. Um 11 Uhr morgens hatte man uns hin befohlen. Bis 4 Uhr nachmittags ließ man uns warten. Truppweise wurden wir eingeteilt und zum Bahnhof geführt. In langen Zügen wurde verladen. Dann gings in dämmernden Abend hinein, einer ungewissen Zukunft entgegen. Wohin? Keiner wusste es zu sagen.

Wenn ich an diese Fahrt denke, sehe ich mich mit trüben Gedanken erfüllt. Wie waren diesen Menschen hier um uns in den engen Abteilen nicht zusammengewürfelt. Träge rollte der Zug dahin. Oft lagen wir lange still auf der Strecke. Die Nacht brach herein, eine finstere, feuchte und kalte Novembernacht. Ich gedachte der Eltern und Geschwister. Die saßen jetzt im behaglichen Zimmer um den Tisch beim Lampenschein, jeder bei seiner Arbeit. Sie würden wohl auch jetzt meiner gedenken. Ich mühte mich, meine Gedanken in andere Wege zu lenken, wollte mich mit meinem Freunde unterhalten, aber auch den schienen ähnliche Gedanken zu quälen. Wir hatten nicht die geringste Vorstellung, in welcher Gegend wir uns befanden.

Mir kam es vor, als wären wir eine Herde Schlachtvieh, das seine letzte Fahrt machte. Die Müdigkeit kam über uns. Trübe brannten die Lampen. Tabaksgeruch und die Ausdünstungen der zusammengepferchten Menschen erfüllten das Abteil. Einer nach dem anderen sank in sich zusammen, schlief ein, schnarchte. Auch ich war eine Weile eingeschlummert. Plötzlich weckte man uns.

Der Zug hielt. Wir glaubten, am Ziel zu sein. Man rief durch die Wagen und Abteile von draußen: „Alles Aussteigen! Essen empfangen!" Schläfrig und fröstelnd drängten wir uns hinaus. Es war finstere Nacht. Wir befanden uns auf freier Bahnstrecke. Durch die Dunkelheit ging es einige hundert Meter den Bahndamm entlang. Wie leicht, kam es mir in den Sinn, muss es sein, hier unbemerkt zu entlaufen. Aber wozu – man würde sich nur ins Unglück stürzen. Endlich wurden wir in eine große schwach erleuchtete Baracke geführt, in der man Blechschüsseln an uns verteilte. An einem gewaltigen Kessel empfingen wir unsere Mahlzeit, worauf wir uns an langen Tischen niedersetzten, an denen die Löffel festgekettet waren. Man trieb zur Eile. Das brühheiße Essen musste hinuntergewürgt werden. Aber es wärmte uns auf. Dann ging's wieder hinaus in Kälte und Finsternis, zurück zum Zuge. Weiter rollten wir, immer weiter. Die Kälte scheuchte den Schlaf. Wir hüllten uns in unsere Mäntel, zogen die Knie an. Hin und wieder ging durch die Wagenreihe ein Rucken, die Bremsen schürften, der Zug stand. Durch die Luftklappen heulte der Wind. Aber wieder ging es weiter. Einer fragte den anderen: wo sind wir? Keiner wusste etwas.

Endlich, als der Zug abermals hielt, schrien Kommandostimmen: „Alles aussteigen! Sachen mitnehmen!" Nun standen wir draußen zwischen den Bahngleisen, in Gruppen eingeteilt. Stimmengewirr, Kommandorufe, Aufblitzen von Taschenlampen, dann der Befehl: „Abteilung Marsch!" Wir stolperten über die Schienen. Die dunkle Masse von Gebäuden tauchte auf. Wir fühlten aufgeweichten Boden unter den Füßen. „Wo sind wir", ging es durch die Reihen. Keiner wusste es. Am Horizont begann es zu dämmern. Da fand sich einer, der wusste, wo wir waren.

Truppenübungsplatz Döberitz

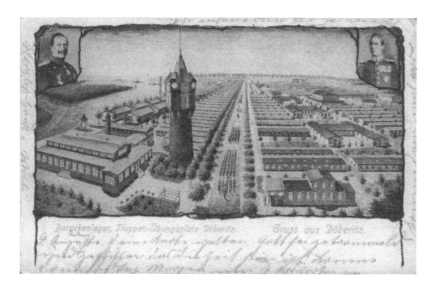

Truppenübungsplatz Döberitz. Postkarte von Theodor Andresen vom 1.12.1914. Archiv Andresen

Den Namen hatten wir schon gehört. Lag es nicht bei Berlin? Truppenübungsplatz. Doch wer wollte sagen, ob wir hierbleiben würden? Vielleicht ginge es in den nächsten Stunden schon wieder weiter. Der Tag brach an, und nun erst sahen wir etwas von unserer Umgebung. Eine unübersehbare Menschenmenge war entlang einer breiten, aufsteigenden Straße aufgestellt. Offizier aller Grade standen davor, hielten Schriftstücke in den

Händen, ordneten, kommandierten, sortierten aus – ununterbrochen. Die steigende Sonne begann zu wärmen.

Über eine Niederung hinweg blickten wir auf das Barackenlager. Hörnersignale ertönten, Maschinengewehre knatterten. Wir befanden uns mitten im Truppenlager. Bis in den Nachmittag hinein mussten wir hier stehend waren. Müdigkeit und Hunger befielen uns. Endlich wurde auch unsere Abteilung abgeführt. Es ging ins Barackenlager hinein, endlose Reihen von neu gezimmerten Holzhäusern, eines wie das andere, errichtet auf einer weiten Sanderebene. Überall roch es nach frischem Bauholz. In Truppen wurden wir auf die Baracken verteilt. Wir fanden nichts als leere Räume vor, kein Tisch noch Stuhl waren vorhanden. Ermüdet legten wir uns auf den Fußboden hin.

Aber man ließ uns nicht lange ruhen, trieb uns wieder hinaus und führte uns in eine andere Baracke. Es begann zu dämmern. Es sah nicht danach aus, dass man uns Essen und eine Schlafstatt gäbe. Am Ende mussten wir doch in aller Eile schnell herbeigeschaffte Bettsäcke mit Holzwolle füllen: das erste Inventar in unserer leeren Behausung. Doch wir schliefen gut auf diesem Lager. Unsere Glieder waren zu ermüdet von der Nacht und dem Tage, die hinter uns lagen. Früh wurden wir wieder geweckt. Es ging zum Uniformempfangen. Das Lagerleben in seiner bunten Mannigfaltigkeit hatte begonnen.

Eine Zeit von zwei Monaten genügte, um uns für das Kriegshandwerk vorzubereiten. Mir will scheinen, als ob sie viel länger gewesen wäre. Doch mag sich das wohl daraus erklären, dass jenes abwechslungsreiche Lagerleben sich tief in mein Gedächtnis einprägte. Eine harte Schule war es, die wir durchzumachen hatten. Ich will versuchen, in nachstehenden Zeilen ein Bild davon zu entwerfen. Früh um 6 wurden wir geweckt. Wir schliefen mit etwa 40 Mann in einem Raum. Unsere Betten standen zu zweit übereinander. Mein Schlafplatz war oben, dicht unter der Decke. Als Schlafunterlage diente der Strohsack. Ich habe immer gut auf diesem Strohsack geschlafen und kaum die federnde Matratze entbehrt. Wie gern habe ich mich abends auf dieses Lager hingestreckt und wie schnell überkam mich der Schlaf, der ohne Unterbrechung bis zum Wecken anhielt.

Ja, dieses Wecken, wie rief es mich jedes Mal unsanft in die raue Wirklichkeit zurück. Mit dem ganzen Aufwand seiner gebieterischen Stimme rief der Unteroffizier in den Raum: „Aufstehen! Kaffeeholer raus!"

Ich entsinne mich, dass ich zuweilen schon ehe dieser Mann die Baracke betrat den Ruf aus der Ferne hörte. Immer näher kamen die Befehle, die von Baracke zu Baracke abgerufen wurden. Immer lauter wurde das Türenschlagen bis aus dem Nachbarbau das plötzlich eingeschaltete Licht herüberschien und ich wusste, dass uns nur noch Sekunden von dem Augenblick trennten, dass auch durch unsere Tür der Befehl geschleudert wurde.

Nun kamen schwere Tritte nah und näher, sie dröhnten im Vorraum unserer Baracke, dass es alle Wände durchdrang. Nun wurde die Tür aufgerissen, in selbem Augenblick das Licht angeknipst und mit dröhnender Stimme riss es die Schläfer aus den Betten. Mit einem Sprung standen wir am Fußende der Schlafstatt. Wehe dem, der sich nicht beeilte.

Der Tagesablauf begann. Alle Tätigkeit wurde unter der Kontrolle der Vorgesetzten ausgeführt. Man konnte noch so sehr bemüht seine Pflicht tun, es fehlte unter den kritisierenden Augen des Unteroffiziers immer noch etwas. Die Grundlage der ganzen Erziehung bildete der Drill. Der Typus des preußischen Unteroffiziers garantierte für die exakte Durchführung des Exerzierreglements. Dieser Unteroffizier legte überdies seinen Stolz darin, möglichst viele und grobe Schimpfworte zu gebrauchen, je obszöner desto besser.

Ich habe mich schwer in diese strenge Zucht finden können. Nur das Bewusstsein, es ist im Interesse der Allgemeinheit notwendig, ließ mich den Kopf hochhalten.

Korporalschaft in der Baracke in Döberitz. Rechts: Theodor
Andresen. Foto: Archiv Andresen

In der ersten Zeit durften wir das Lager nicht verlassen. Es
war ein trostloses Leben. Wir sahen nichts anderes als Baracken, Sand und den meistens grauen Himmel. Zu Hunderten
zählten die Baracken, lagen reihenweise nebeneinander, waren
mit laufenden Nummern versehen und zu Blocks geordnet.
Tausende von Soldaten, mehrere kriegsstarke Infanterieregi-
menter hatten hier Unterkunft. Zu jedem Block gehörte ein
Wirtschaftsgebäude mit Küche und Kantine. Zwischen den Barackenreihen waren Plätze zum Exerzieren freigelassen. Unserem Lager gegenüber lag ein zweites in gleicher Art und Ausdehnung. Hier waren Tausende von Kriegsgefangenen untergebracht. Ihr Los vollzog sich hinter hohem Stacheldraht unter
der Aufsicht bajonettbewehrter Landstürmer. Das war ein be-
trüblicher Anblick für uns junge Soldaten, denen ein solches
Schicksal auch blühen konnte.

Mit der Art, wie wir unsere Mahlzeiten einnahmen, sah es anfangs recht primitiv aus. Die ersten Tage hatten wir weder Geschirr noch sonst Gefäße, welche zum Essen geeignet gewesen wären. Was uns zur Verfügung stand, waren für jede Baracke einige Waschschüsseln aus Weißblech. Diese wurde nun sowohl zum Waschen wie zum Essen benutzt. Für drei bis vier Mann reichte eine gefüllte Schüssel der Soldatenkost. Die Reinigung des Gefäßes geschah mit kaltem Wasser und Sand. Das Essen selbst war, da wir noch im Beginn des Krieges standen, kräftig und gut und nach der Anstrengung, welcher der Körper täglich ausgesetzt war, hat es mir immer gut geschmeckt. Pakete, welche mir reichlich von Eltern und Bekannten geschickt wurden, sorgten für Abwechslung in der soldatischen Kost. Auch die Getränke wie Kaffee und Tee waren sehr gut, selbst Kakao gab es wöchentlich ein paar Mal.

Die Korporalschaft von Theodor Andresen kurz vor
dem Ausmarsch ins Feld. Foto: Archiv Andresen

Nach dem täglichen Exerzierdienst mussten wir abends bei Lampenschein zumeist unsere Sachen säubern und putzen und wenn wir damit fertig waren, ging es ins Bett. Nur selten geschah es, dass wir abends eine freie Stunde hatten. Diese und auch die sonntägliche Freizeit benutzten wir anfangs dazu, ins alte Lager hinüberzugehen, wo es ein größeres Kasino gab, dass in Friedenszeiten nur für Offiziere, jetzt auch für uns zugänglich war. Wir wurden hier wie Gäste bedient, ganz wie es draußen im bürgerlichen Leben geschah. Auch gab es in dem alten Lager kleine, gemütliche Cafés, die wir gerne besuchten.

Döberitz, Kaiser Wilhelm-Soldatenheim   Schreib- und Lesezimmer

Soldatenheim in Döberitz, Archiv Andresen

Als wir nach einigen Wochen die Erlaubnis erhielten, den Lagerbezirk verlassen zu dürfen, war eine von viel besuchte Wirtschaft der Finkenkrug an der Berliner-Hamburger Heerstraße. Es war ein altes, sehr kleines Gasthaus, reizvoll unter Bäumen gelegen. Der Blick ging hier über die Chaussee hinweg auf die schöne Landschaft des Truppenübungsplatzes. Eine sehr enge Gaststube war der einzige Aufenthaltsraum für die Gäste. Wenn aber abends das Heer hungriger Soldaten, die nur zu gut wussten, dass es hier das schönste und größte Beefsteak in der ganzen Umgegend gab, herbeiströmte, gab es kein Halten mehr. Die armen Wirtsleute waren ganz hilflos und hätten wohl am liebsten die Tür geschlossen. Doch wir Gäste wussten der schwierigen Lage besser Herr zu werden. Ohne Umstände wurde die Küche in Besitz genommen. Einige im Kochen und Braten erfahrene Soldaten nahmen der alten Mutter die Pfanne aus der Hand und nun ging es ans Werk, dass die Funken stieben. Doch glaubte ich nicht, dass die alten Wirtsleute, welche im ganzen Lager als bescheidene, gute Menschen bekannt waren, jemals übervorteilt worden wären. Auf alle Fälle haben sie bei diesem Handel ihr gutes Geschäft gemacht und andererseits waren wir Gäste in höchstem Maße mit der gereichten oder selbst servierten Kost, die zudem kein großes Geld kostete, zufrieden. Diesen alten `Finkenkrug´ an der Hamburger Heerstraße habe ich in angenehmer Erinnerung.

Dorf Döberitz   Altes Bauerngehöft

Dorf Döberitz, Archiv Andresen

Vom Heerlager nach Süden erstreckte sich der große Truppenübungsplatz. Auf ihn führte man uns hinaus, nachdem wir in den Anfangsgründen des Soldatenhandwerks unterwiesen waren. Obwohl nun in der jetzt folgenden Zeit größere Anforderungen an den Körper gestellt wurden, ließ sich der Dienst doch interessanter an. Besonders schätzte ich es, wieder mit der Natur in enge Berührung zu kommen.

Wenn ich in meiner Militärzeit irgendetwas liebgewonnen habe, so war es die Naturschönheit dieses Übungsplatzes. Es war ein ausgedehntes Gelände von etwa 50 Quadratkilometer. Im Norden grenzte der Platz an die Heerstraße Berlin–Hamburg. Im Süden reichte er bis in das Weichbild der Stadt Potsdam. Die Natur hatte dieses Gebiet in reichem Maße ausgestattet. In bunter Folge wechselten Hügel und Talsenkungen, Felder und Wälder, Wiesen und sumpfige Gründe. Der Boden war der magere Sandboden der Mark Brandenburg. Die Wälder bestanden fast nur aus Kiefern, deren rostbraune Stämme unter den breiten, dunklen Kronen für mich einen neuartigen Anblick boten. Der eigenartige Reiz dieses Gebietes lag jedoch darin, dass es im Wachstum ganz sich selbst überlassen war, sofern man nicht für Übungszwecke Verschanzungen angelegt hatte und hier und da die Erde durch kräftige Artilleriebeschießung aufgewühlt war. Seltsam mutete das Dorf Döberitz an, welches mitten im Übungsplatz lag. Wohn- und Wirtschaftsgebäude, Gärten, Kirche, Schule, alles lag da, wie es die Bewohner vor Zeiten verlassen, völlig dem Verfall preisgegeben. Auf den Hofplätzen wucherten Gras und Kraut, Unrat trieb sich umher, verdorrte Zweige und Äste, Steinbrocken aus den zerschossenen Häusern, Glasscherben, Dachziegel und was der Dinge mehr. Große Löcher von den Granaten hineingerissen, klafften im Gemäuer der Wohnhäuser und Scheunen, ja, zum Teil waren ganze Gebäudeecken zusammengestürzt und das Mauerwerk notdürftig wieder abgestützt. Die Gärten lagen verwahrlost da. Bäume und Büsche wuchsen wild aus, vermodertes

Laub hatte der Wind in die Ecken gefegt, kurz, überall herrschten Unordnung, Verfall und Verwesung. Wie musste es hier erst aussehen in Sommertagen, wenn die Natur sich in ihrem üppigen Wachstum entfaltet. So oft wir durch dieses verlassene, tote Dorf kamen, hatte dessen Anblick für mich etwas schaurig Geheimnisvolles. Romantik webte um diese Stätte. Ja, wenn es geschah, dass wir diese verfallenen Häuser betraten, bemächtigte sich meiner eine gewisse Scheu, denn wie sah es erst hier drinnen aus. Tapeten hingen in Fetzen von den Wänden, die Fußböden, von Feuchtigkeit vermorscht, zerfielen wie Zunder, Pilze schossen hervor, wucherten in den Fenstern, an Wänden und Decken. Die Fensterscheiben waren zum größten Teil zerschlagen, kalter, feuchter Zugwind fuhr durch die Zimmer. Ungeziefer hauste in den Winkeln.

Da entsinne ich mich eines Biwaks, welches wir abends in den Gärten des alten Döberitz abhielten. Die Feuer flackerten auf und erhellten gespenstisch die seltsame Umgebung, dazwischen erklangen Soldatenlieder, dann all die vielen Geräusche, das Knistern und Prasseln der Holzscheite, das Klappern der Kochgeschirre, Kommandorufe, Hornsignale, Scharren und Wiehern der Pferde.

Wenn wir unsere Übungen und Märsche auf dem weiten Platze machten, gab es der Eindrücke genug. Bald kamen wir über Höhenzüge, von denen der Blick weit über das Land schweifte. Dunkle Kiefernwälder lagen verstreut, Marschwege schlängelten sich durch den graugelben Sand und über die dürftige Grasnarbe hin. Zuweilen geschah es, dass ich mit einem Kameraden bei einer Feldübung irgendwo an einem Waldrande, oder in einem Gebüsch, oder auf dem Höhenkamm auf Posten stand. Das waren oft schöne Augenblicke. Die Umgebung, die stille, friedliche Natur verscheuchte eine wenn auch nur kurze Zeit alle Gedanken an eine kriegerische Beschäftigung. Es kam auch vor, dass wir abends oder nachts auf dem Platze übten. Zwar wenn es regnete oder schneite, dass wir bis auf die Haut durchnässt wurden, sehnten wir uns wohl nach der warmen Baracke, aber wenn die klare Nacht über uns stand und der Gestirne milde Schein sich über Wald und Feld ergoss, wenn wir singend im Gleichschritt hügelauf und –ab marschierten, wenn der Gesang der unzähligen schönen Volkslieder die Reihen ermunterte, dann empfanden wir, dass das soldatische Leben auch seine angenehmen Seiten hat. – Wenn es mir je vergönnt sein sollte, eine zweite Reise unternehmen zu können, dann möchte ich, so seltsam es klingen mag, jenen Truppenübungsplatz Döberitz besuchen und ihn in allen Richtungen durchwandern. Aber auch dies würde nicht möglich sein, denn heute noch wird er für Heeresübungen benutzt und als solcher ist der Zutritt zu ihm für die Zivilbevölkerung verboten.

Wie schnell wurden wir jedoch solche Stunden gehobener Lebensfreude getrübt durch den harten Dienst, durch die Stimme des rauen Befehlstones des Unteroffiziers und durch die weit oder mehr entmutigende Tatsache, dass dies alles nur geübt wurde für schlimmere Zeiten. Immer deutlicher wurde uns diese Tatsache ins Bewusstsein geprägt, dass dies alles nur ein Vorspiel und dass man da draußen ganz anders mit uns verfahren würde.

Ernster auch wurde für uns dieses Spiel als man uns zum ersten Male zum Scharfschießen führte. Die Schießstände befanden sich in Haselhorst bei Spandau. An dem Schießen selbst hatte ich wenig Vergnügen gefunden. Von meiner Kindheit her ist mir die Schießwaffe immer zuwider gewesen. Meine Leistungen im Schießen waren auch darum nicht bedeutend und einmal schloss ich in einer Übung so schlecht ab, dass ich nachher Strafexerzieren musste. Warum ist mir nie recht verständlich geworden. Immer war ich bemüht, meine Pflicht zu tun, habe auch jedes Mal beim Schießen danach gestrebt, ein gutes Resultat zu erzielen. An meinem Willen lag es nicht. Warum dann die Strafe? Doch der Soldat hatte nicht selbständig zu denken, nur zu gehorchen.

Döberitz, Auf Wiedersehen. Theodor Andresen mit Pfeife

Truppenübungsplatz Dörberitz. Artillerie von einer Übung zurückkehrend. Archiv Andresen

Was mir aus dieser Zeit der Schießübungen in angenehmer Erinnerung geblieben, ist wiederum die Natur. Der Haselhorst ist ein großes Waldgelände, in welchem sich die Schießstände aneinanderreihen. Der Wald bestand zur Hauptsache aus Laubbäumen und niedrigem Unterholz, ganz wie es in den Waldungen der Heimat war, an die ich im Haselhorst sehr oft erinnert wurde.

Es sei noch berichtet über einige Menschen meiner Umgebung. Da waren zunächst die Kameraden. Am engsten hielt ich natürlich mit meinem Freunde zusammen. Doch verließ dieser nach einigen Wochen unseren Truppenteil. Wir beide hatten bisher vom ersten Augenblick unserer militärischen Laufbahn an danach getrachtet, beieinander zu bleiben und das war uns auch trotz der wiederholten Einteilung geglückt. Nun, kurz vor Weihnachten, sollten aus unserer Truppe einige ausgesucht werden, die zu einem anderen Truppenteil zur weiteren Ausbildung nach Berlin geschickt werden sollten. Hauptsächlich wünschte man Einjährige. Die Meldung war freiwillig. Mein Freund, der das Leben in Döberitz weit gründlicher satthatte als ich, strebte danach, fortzukommen.

Ich hatte aber bisher ständig ein anderes Prinzip innegehalten. Es bestand darin, dass ich mich nie freiwillig meldete, um so das Geschick nicht herauszufordern. Auch später im Felde bin ich diesem Prinzip treu geblieben. Mein Freund drängte nun, ich möchte doch mit ihm kommen. Ich weigerte mich beharrlich und so geschah es, dass wir uns trennen mussten. Mich betrübte diese Trennung nicht sonderlich, hatte ich doch schon in dieser kurzen Zeit den größten Teil der nächsten Kameraden als prächtige Menschen kennen und schätzen gelernt. Besonders waren es zwei Berliner, Ernst Hensel und Erich Gedanke, welchen ich mich enger anschloss. Sie waren von Beruf Maurer und ihrerseits langjährige Berufskollegen und Freunde. In enger Kameradschaft waren sie einander verbunden und stets

füreinander hilfsbereit. Später im Felde habe ich die Kameradschaft dieser beiden in einem Maße genossen, wie es wohl selten geschieht. Nie verloren sie den Humor. Sie haben oft dazu
beigetragen, dass unter uns Kameraden Missmut verscheucht
wurde. Sie nahmen mich auch bereitwillig in ihren Freundes-
kreis auf. Wenn einer von uns Liebesgaben erhielt, wurden
diese stets zu gleichen Teilen verteilt.

Über den Unteroffizier, welcher uns ausbildete, weiß ich
nicht viel Rühmliches zu berichten. Er hieß Becker, war klein
von Gestalt und trug den Kopf immer sehr hoch, als wolle er
dadurch seiner Größe etwas zu tun. Auch in seinem Wesen
zeigte sich dieses Bestreben, höher hinaus zu wollen. Er war
von Neid erfüllt, wenn die Korporalschaft eines seiner Kollegen
von einem Vorgesetzen gelobt wurde. Sein Ehrgeiz trieb ihn,
mit seinen Untergegeben scharf zu verfahren. Wehe dem, der
nicht das leistete, was gefordert wurde. Ich sehe diese unter-
setzte Gestalt vor mir, schimpfend und keifend und doch nur
wenig Respekt einflößend.

Ernst Hensel. Foto: Archiv Andresen

Dann gedenke ich des etatmäßigen Feldwebels. Der war ein blutjunger Mensch, nicht viel älter als wir Rekruten. Ich habe nie einen Menschen kennen gelernt, der so vom Geist eines brutalen Militarismus durchdrungen gewesen wäre wie dieser Feldwebel Klatt. Auffallend an ihm war der übergroße Mund. Der war vielleicht nicht angeboren, aber das ewige Kommandieren, Schimpfen und Schnauzen hatte ihn so geschaffen. Wir Rekruten hatten vor diesem Menschen heillosen Respekt, gepaart mit tiefem Hass.

Unser Kompagnieführer, Leutnant Heudlas, war der einzige Vorgesetzte, den wir schätzten, weil er auch menschlich zu uns sein konnte, uns hin und wieder, besonders außerhalb des Dienstes, nach unseren persönlichen Schicksalen fragte, sonst aber innerhalb des Dienstes ruhig und sicher mit uns verfuhr. Wohl war er wortkarg und ernst, aber in diesem Ernst lag etwas, das die Umgebung beruhigte. Ich habe damals schon empfunden, dass man sich diesem Vorgesetzten in jeder Lebenslage unbedingt anvertrauen konnte, er wusste seine Leute im innersten Verstehen zu leiten. Erwähnt sei ausdrücklich, dass er als Reserveoffizier, also kein Berufssoldat war und schon in Frankreich die Schrecken des Krieges erlebt hatte.

Von den höheren Vorgesetzten mag ich nicht viel zu sagen. Sie waren für uns Halbgötter, aktive Gardeoffiziere von hohem Adel, so der Bataillonsführer Oberstleutnant Freiherr von Rotenhahn und der Regimentskommandeur Major von Kornatzki.

Es kam das Weihnachtsfest, welches ich das erste Mal in meinem Leben fern der Heimat verbringen musste. Ein Weihnachtsurlaub wurde mir nicht gewährt in Anbetracht der langen Fahrstrecke. Freilich, ein Kamerad aus Hadersleben konnte die noch längere Fahrt antreten, weil sein Vater der Kompagnie einige Kisten Zigarren geschenkt hatte. Wir zurück Gebliebenen feierten den Heiligabend in einer leerstehenden Baracke. Die Vorgesetzen, soweit sie geblieben waren, verlebten den

Abend mit uns und bemühten sich, das Fest einigermaßen feierlich zu gestalten. Dennoch habe ich während des ganzen Abends alles vermisst, was dieses größte Fest des Jahres uns in der Gemeinsamkeit der Familie zu geben vermag. Eben das war es, was hier fehlte, die Heimatverbundenheit des Heiligabends, obwohl auch in unserem Raum ein Lichterbaum erstrahlte. Auf langen Tischen lag für jeden eine kleine Gabe, Weihnachtslieder wurden angestimmt und ein höherer Vorgesetzter hielt eine Ansprache – aber über allem lastete die Rauheit des militärischen Lebens. Die rechte Weihnachtsstimmung kam nicht auf und wie wollte man uns den Frieden auf Erden und von der Liebe der Mitmenschen predigen, während wir am anderen Tage gezwungen waren, uns für das grausamste Menschenhandwerk zu üben.

Die Weihnachtstage selbst verlebte ich mit einigen Kameraden in Berlin. Es geschah nur, um einmal hinauszukommen aus dem eintönigen Lagerleben. Das platte Vergnügen, in der tollen Großstadt von einer Belustigungsstätte zur anderen zu ziehen, bot mir keine besondere Freude.

Dann rückte der Tag unserer Abreise ins Feld immer näher. In mir wurde von Tag zu Tag das Verlangen stärker, noch einmal die Heimat zu besuchen und Abschied zu nehmen von den Angehörigen. Es gelang mir auch, bei meinem Leutnant Urlaub für einige Tage zu erhalten. Der Urlaubsschein ward mir ausgehändigt, nur musst er noch auf dem Bataillons-Geschäftszimmer abgestempelt werden. Hier aber, im letzten Augenblick, wurde mir der Urlaub versagt. „Urlaub gibt es nicht mehr, das Regiment hat sich marschbereit zu halten", war die Antwort. Das war für mich eine sehr betrübliche Nachricht und bedrückt wanderte ich zu meinen Kameraden ins Lager zurück. Ich würde also die Heimat nicht mehr vor dem Ausmarsch zu sehen bekommen und wer wollte sagen, ob ich nicht für immer Abschied genommen. Dieser Gedanke peinigte mich gar sehr, aber was half es, ich hatte mich wie viele andere in mein Schicksal zu fügen.

An einem der letzten Tage des Monats Januar wurden unsere kriegsbereiten Regimenter von dem „Allerhöchsten Kriegsherrn" besichtigt. In aller Morgenfrühe begann die Aufstellung der Division auf dem Hafenheidenberg des Übungsplatzes. Erst gegen Mittag erschien der Kaiser in Begleitung der Kaiserin und ihres Gefolges. Nach einer kurzen Ansprache des hohen Herrn schritt dieser die Front ab. Wir waren für das Kriegswerk für tauglich befunden. Das Reserve-Infanterie-Regiment Nr. 261, eingegliedert in die 79. Reserve-Division und das 40. Reserve-Korps, stand zum Abmarsch ins Feld bereit.

Der allerhöchste Kriegsherr. Bild: Illustrierte Weltkriegschronik der Leipziger Illustrierten Zeitung (Leipzig 1915).

Zugfahrt zur Ostfront nach Ostpreußen

Der 1. Februar 1915 war ein grauer, unfreundlicher Tag. Früh am Morgen standen wir in unserer vollen Kriegsausrüstung bereit. Der Ausmarsch aus unserem Lager vollzog sich sang- und klanglos. Zivilbevölkerung, welche uns Abschied winken konnte, gab es nicht. Eine Landsturmkapelle begleitete uns bis zum Bahnhof. Hinter ihrem Stacheldrahtzaun standen einige Kriegsgefangene und schauten uns mit stummer Miene nach. Auf dem Bahnhof wurden wir in Personenwagen 3. Klasse verladen. Es ging einem unbekannten Ziele entgegen. Der Zug rollte in Richtung Berlin.

Die Riesenstadt lag noch halb im Schlaf. Träge klapperte der Zug durch die Weichen. Dann schwand auch das Häusermeer und es ging hinaus in die märkische Landschaft, immer gen Osten, über Küstrin, Schneidemühl, Bromberg hinaus ins Ostpreußenland. An einer Haltestelle mussten wir den Zug verlassen, um bei der Lokomotive unsere Gardelitzen, die wir als eine aus dem 2. Garderegiment zu Fuß hervorgegangene Formation trugen, zu schwärzen, da die weißen Litzen dem Feind die Orientierung erleichterten. Von Allenstein an verlangsamte der Zug seine Fahrt. Schon sahen wir stellenweise die Verwüstungen, welche von dem ersten Russeneinbruch herrührten. Immer näher kamen wir der Front und erwarteten stündlich das Aussteigen. Wie erstaunten wir, als wir in einem kleinen Ort an der Bahnstrecke hier im Kriegsgebiet nach Jahrmarktstrubel erblickten. – Bischofsburg – Sensburg – und endlich das Ziel unserer Bahnfahrt: Peitschendorf. – Ein trostloser Winterabend war herabgesunken. Eine empfindliche Kälte schlug uns entgegen, als wir den warmen Abteilen entstiegen.

Nun will ich in der Erzählung einen Augenblick verweilen. Meine Erlebnisse an der Front schrieb ich kurz nach meiner Rückkehr in die Heimat in aller Kürze nieder. Seither sind nun zwanzig und mehr Jahre verstrichen und manch andere Erlebnisse liegen dazwischen. Dennoch sind jene Kriegsereignisse mir immer noch klar gegenwärtig. Ich rufe sie mir ins Gedächtnis zurück und ich sehe jene sechs Wochen furchtbaren Erlebnisses geschlossen vor mir. Manches wird auch auf den folgenden Seiten geschildert, was damals übersehen sein mag.

Da ist zunächst der Gedanke, welcher wohl jeden Menschen, der hinausgeschickt wurde vor dem Tod, bewegte und ihn viele Stunden nicht in Ruhe ließ, diese eine unerbittliche Frage: wirst du zurückkehren oder nicht? Lange Zeit hat dieser Gedanke auch mich gequält, ja, hat mich nie ganz verlassen bis zu dem Augenblick, da ich wusste, dass ich gerettet war. Zwar habe ich ihn immer nach Möglichkeit ferngehalten und bin auch bis zu einem gewissen Grad über ihn Herr geworden.

Ich entsinne mich, dass es auf unserer Bahnfahrt an die Front war, als ich mich zu überreden suchte, du wirst bestimmt nicht zurückkommen, du kannst dich getrost mit dem Gedanken abfinden, dass es dein Ende ist – und dieser Gedanke brachte mir eine große, innere Ruhe, die Gewissheit, dass ich dem Tode ohne Furcht entgegentreten würde. Später wurde dann diese Frage völlig beiseite gedrängt durch die Ereignisse. Das Schwerste, was wir auszuhalten hatten, waren die Strapazen. Ich frage mich wieder und wieder, wie es nur möglich war, dass der Körper solches ertragen konnte, will auch in der folgenden Darstellung diese Tatsache besonders hervorheben. Unsere Truppen haben damals durch die Entbehrungen und Anstrengungen, die sie fortgesetzt aushalten mussten, kaum glaubliche Leistungen vollbracht.

Ich darf auch sagen, dass solches auf mich selbst in meinem späteren Leben einen nachhaltigen Einfluss ausgeübt hat, derart, dass ich heute noch gar oft, wenn man sich über kleine Übel und Anstrengungen, schlechte Unterkunft und Kost beschwert, an jene Tage zurückdenke und mir sagte: Lasst nur, ihr könntet es viel, viel schlechter haben.

An der Ostfront in Ostpreußen und Polen

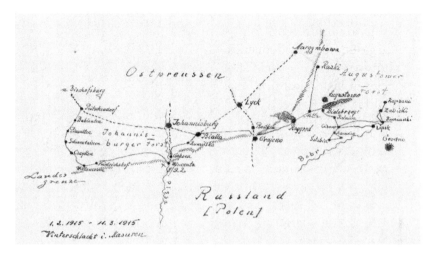

Kartenskizze mit Orten der Winterschlacht in den Masuren von Theodor Andresen. Archiv Andresen

Wir wurden also in Peitschendorf, einem kleinen ostpreußischen Ort, ausgeladen. Sofort begann der Marsch. Es ging in die sternklare Nacht hinein. Von der Kälte aber spürten wir bald nichts mehr, denn wir marschierten uns warm und überdies drückte die ungewohnte Last der vollen Kriegsausrüstung. Auch hatte ich im Tornister manches mitgenommen, was wohl zu entbehren war. Gar bald ward ich nur mit dem einen Gedanken erfasst, bald in ein Quartier zu kommen. Der Tornister drückte immer härter auf Schultern und Rücken, immer gebeugter wurde die Haltung, das Gewehr wurde bald so, bald so getragen, die Füße begannen zu schmerzen. Sollte das Tag für Tag so weitergehen, dann wusste ich nicht, wie ich das aushalten sollte. Und doch war dieses nur ein gelinder Anfang. Die Wege waren noch gut, der Himmel klar, kein Schneefall und

Regen, kurz, das günstigste Marschwetter. – Endlich kamen wir in ein kleines Walddorf:

Babienten – Hier gings ins Quartier. Es war ein armseliges Dorf. Neuartig war für uns der Anblick, dass alle Häuser aus Holz errichtet waren, im Inneren die Räume nur eng und alles, Mensch und Vieh, hauste einträglich darin zusammen. In einer dieser Hütten fand ich mit einigen Kameraden Unterkunft. Aus einer Scheune holten wir uns Stroh herbei und breiteten es auf dem Fußboden aus. Das war ein vollkommenes Lager für den ermüdeten Körper. Die Einwohner sprachen ein schlecht verständliches Deutsch, waren aber erfreut, dass die deutschen Soldaten sie wieder von der Russenherrschaft befreit hatten. Der Besitzer unserer Hütte nahm dies Ereignis zum Anlass, sich tüchtig zu betrinken und kam am Ende mit einem Fässchen Branntwein an, welches er uns zum Dank anbot. Wir lehnten aber das Geschenk ab, da wir von diesen armen Menschen, die zudem in den letzten Wochen und Monaten Furchtbares genug erlebt haben mochten, nichts annehmen wollten. Im Gegenteil begannen wir nun, Geschenke aufzuteilen. In der Mitnahme von Wäsche hatten wir uns ohnehin übernommen und die Tornisterlast übermäßig beschwert. Den armen Leuten bereiteten wir aber durch unsere Gabe eine große Freude.

Am nächsten Morgen ging es weiter. Fast den ganzen Tag marschierten wir durch einen großen Wald. Was ich nun und auch später entbehrte, war eine kleine Karte, nach welcher man sich hätte orientieren können. Man nannte uns wohl die Orte, aber wo diese lagen, blieb uns ungewiss und in welcher Richtung wir marschierten, vermochten wir meistens nicht zu sagen. Die Sonne kam wenig zum Vorschein, vorzugsweise marschierten wir auch nachts. Wir wurden von einer bekannten Macht geführt und folgten blindlings.

Über Piassulten kamen wir nach Schwentainen, einer großen Ortschaft an der Bahnlinie Ortelsburg – Johannisburg. Zum ersten Male erblickten wir von hier aus nächster Nähe die Verwüstungen des Krieges. Von dem zu Hauf liegenden Häusern war kein Stein auf dem anderen geblieben. Nur die Kamine ragten als traurige Zeugen kahl in den Himmel. Selbst die Kirche war ausgebrannt. Nur eine armselige Hütte war inmitten dieses Trümmerfeldes stehen geblieben. Ein Schuster wohnte darin. Er war mit Arbeiten für die durchziehenden Truppen über und über beschäftigt. Wir fragten ihn, wie er es fertiggebracht hatte, seine große Nähmaschine vor der Zerstörungswut der Russen zu retten. „Die habe ich schnell, ehe der Feind ins Dorf drang, im Garten vergraben" war die Antwort und er zeigte uns voller Stolz ob seiner Findigkeit die Stätte, wo dieses geschehen. Wir fragten weiter, wie es gekommen wäre, dass die Russen dieses Dorf so gründlich zerstört hätten. Er wusste uns viel darüber zu erzählen und er schien den Grund darin zu finden, dass bei dem Eindringen der feindlichen Vortruppen einige Burschen des Dorfes mit Jagdgewehren auf sie geschossen hätten. Der Russe ließ darum ein strenges Strafgericht walten und brannte kurzerhand das Dorf nieder.

Unser Aufenthalt in Schwentinen währte nicht lange. Weiter ging es in den grauen Abend hinein, über endlose mit frischem Schnee bedeckte Felder. Tief in der Nacht wurden wir vom Wege abgeführt, kamen auf ein Gehöft, wo wir Quartier bezogen. Unserer Korporalschaft wurde eine Scheune zugewiesen.

Es war in dem Dorfe Lzayken. Furchtbar waren die Tage und Nächte, die wir hier zubrachten. Der harte Frost und der schneidende Wind ließen uns nachts nicht zur Ruhe kommen. Die Scheune war aus Baumstämmen nach Art eines Blockhauses erbaut. Zwischen den einzelnen Stämmen klafften aber große Lücken. Der Wind fuhr eilig hindurch. Das Stroh vermochte hingegen keinen Schutz zu gewähren. Wir versuchten es, oben auf der Strohpackung zu liegen, doch kam die Kälte von oben. Wühlten wir uns hingegen hinein, ward es noch ärger. Dann stieg die Kälte von untern herauf und ließ uns keinen Augenblick in Ruhe. Und wie sehnten wir uns nach dem Schlaf. Jetzt war uns Zeit dazu gelassen. Es war schier zum Verzweifeln. Nichts half, um sich warm zu halten. Schließlich überließ man sich dem Gleichmut, verharrte in ruhiger Lage und ließ die Kälte auf sich einwirken. Die kroch an den Beinen herauf, erfasste Hände und Arme, packte den ganzen Körper, legte sich über das Gesicht, ja man spürte im Dunkel, wie der dampfende Atem aus dem Munde kam – resigniert ließ man alles geschehen – bis man am Ende wieder aufsprang, im Dunkel nach einem anderen Platz suchte, wohl auch den Mantel auszog, um ihn über sich zu decken, als ob das helfen könnte.

Wenn wir uns so einige Stunden zwischen Schlafen und Wachen, zwischen zusammengekrümmter Lage und Kehren und Aufbringen und Wühlen hin gequält hatten, wurden wir dessen schließlich müde und gingen hinaus, suchten uns eine geschützte Stelle, entfachten Feuer und setzten uns dann nieder, um uns zu wärmen. An ein Schlafen war natürlich in dieser hockenden Stellung nicht zu denken. Auch musste das Feuer immer wieder geschürt werden.

Wenn dann der Morgen anbrach und die letzten Holzscheite verglommen, erhoben wir uns, um das Tagewerk zu beginnen, denn der Tag war ohne Rücksicht darauf, ob wir unsere Nachtruhe gefunden, mit anstrengendem Dienst angefüllt. Alles ging vor sich wie auf dem Übungsplatz. Da mussten Waffen und Uniform gesäubert werden, auf schneebedeckten Sturzäckern wurde exerziert, oder man wurde truppweise zur Feldküche abkommandiert, die am anderen Ende des zerstreut gebauten Dorfes stand, um Essen zu holen. Das alles geschah bei schneidender Kälte. Mit steifen Fingern musste das Gewehrfett aufgetragen werden, mit steifen Fingern wurde das Essen ein gelöffelt, gierig verschlungen, ehe es im Essgeschirr erstarrte. Im

Wohnhause des Gehöfts hatten sich die Unteroffiziere einquartiert. Dort waren Öfen und Betten und im Übrigen wurden die Herren noch bedient. Zuweilen wurde auch ich hineingerufen, um irgendeinen Befehl entgegenzunehmen. Wie wohlig empfand ich dann die Wärme. Aber es währte nur Augenblicke und umso furchtbarer empfand man die Kälte, wenn man wieder hinaustrat.

Dann, an einem Morgen traten wir zum Weitermarsch an. Ein leichter Schneefall hatte wiedereingesetzt und erschwerte das Marschieren auf den holperigen Wegen. Gegen Mittag schneite es heftiger und wir vermochten kaum einige Schritte weit zu sehen. Am Nachmittag jedoch hellte es auf und bald kam die Sonne zum Durchbruch. Das erhellte auch unser Gemüt. Mit all ihren winterlichen Reizen breitete sich vor uns, sonnbeglänzt, die ostpreußische Landschaft aus. Wald und Hügel, Felder, Wege, Häuser, Baum und Strauch, alles lag da unter einer schimmernden Decke. Von den Zweigen stäubte bei der leisesten Berührung eine kleine Lawine hernieder, unseren Waffenrock wie mit einer Mehlschicht bedeckend. Die Sonnen wärmte. O, wie tat das gut. Viel leichter wurde mit einem Male die Last, die uns drückte und bald brauste der kraftvolle, rhythmische Gesang unserer schönen Marschlieder über das Land.

Da gedenke ich auch eines kleinen tragikomischen Ereignisses. In einem abgelegenen Walddorf hatte sich ein Bauer mit seinem Gespann zur Verfügung gestellt, der unsere Tornister und sonstiges Gepäck auf seinen Wagen nehmen wollte, um uns einige Stunden Weges die Last zu erleichtern. Er fuhr mit seinem Ponygespann vor unserer Kompagnie daher, selbst lenkend, während ein kleiner Junge stolz neben ihm thronte. An einer Stelle hatten wir ein wenig den Weg verlassen und mussten über ein abschüssiges, holperiges Feld. Sei es nun, dass die schwächlichen Ponys die Tornisterlast nicht halten konnten, sei es, dass das ziemlich gebrechliche Gefährt die Schuld trug oder auch der unachtsame Lenker, oder das holprige Feld – in rasender Geschwindigkeit rannten die Gäule den Berg hinunter. Der Bauer verlor die Herrschaft über sie, kurz, vor der Talsenkung geriet das Gefährt ins Schleudern, der Bauer und sein Junge flogen in hohem Bogen nach vorn, die Pferde stürzten, das Gepäck in heilloser Unordnung darüber und dazwischen. Das sah nun aus der Ferne recht komisch aus, zumal der Schnee aufstob als wäre ein Geschoss eingeschlagen.

Unter dem Kriegstross brach ein Gelächter aus, aber wir waren ebenfalls hilfsbereit zur Stelle, zogen die Menschen unter dem Wagen hervor, richteten die Gäule auf und brachten alles wieder in Ordnung. Zum Glück war alles gut abgelaufen. Nur der in seinem verständlichen Halbpolnisch fluchende Bauer, der natürlich seinen Pferden die Schuld gab, blutete aus einer Kopfwunde, die aber nicht lebensgefährlich war und sogleich von unseren Sanitätern sachgemäß verbunden wurde. Nach kurzer Unterbrechung ging der Zug weiter, voran der Bauer auf seinem Bock mit den weit sichtbarem weißen Verbandsturban auf dem Kopfe.

Gegen Abend kamen wir in ein größeres Dorf: Willamoven. Es lag auf einer Anhöhe und hatte mit seinen düsteren, dürftigen Holzgebäuden bereits einen polnischen Charakter. Ein solches Dorf erweckt immer einen schwermütigen Eindruck. Diese Hütten haben etwas erdgebundenes in ihrer primitiven Bauart. Düster erheben sie sich über dem schwärzlichen Erdreich, liegen in Haufen zusammengeschart, sicher untereinander schützend vor den Stürmen, die aus allen Himmelsrichtungen auf sie eindringen.

In Willamoven bezogen wir Quartiere. Ich fand mit meiner Abteilung Unterkunft in einem Hause, in welchem sich eine Hökerei befunden. Wie sah es drinnen aus. Das Gebäude war zwar ausnahmsweise massiv aus Steinen errichtet und nicht sehr beschädigt – in Willamoven hatten die Russen keinen

Brand angelegt – aber drinnen herrschte ein wüstes Durcheinander. Die Bewohner hatten das Dorf verlassen. Im Laden waren überall Schubfächer aufgerissen, Kaufmannswaren, Handwerkszeug, Gerätschaften, alles was sich in einem solchen Geschäft und Hauswesen vorfindet, lag drüber und drunter. In dem kleinen Wohnraum und in der Küche sah es ähnlich aus.

Wenn uns ein Haus als Quartier zugewiesen wurde, gab es zunächst einen Ansturm auf die besten Räume. Jeder wollte den ersten Platz erobern. An diesem Tage war ich unter die Letzten geraten.

Der Laden und die angrenzenden Räume waren bis auf wenige unbequeme Ecken voll belegt. Aber hier gab es kein Unterkommen. Wir hätten schon unter großen Anstrengungen altes Gerümpel beiseiteschaffen müssen, das hier in wüstem Durcheinander sich türmte. Auch waren die Fensterscheiben zersplittert und Dachziegel von Geschossen heruntergerissen. Wir begaben uns daher wieder nach unten und fanden irgendwo in einer Ecke notdürftig unser Plätzchen, hoffend, bis zum anderen Morgen unsere Ruhe zu haben. Aber mitten in der Nacht trieb man uns hinaus. Draußen tobte ein Südweststurm, der nicht die Hand vor Augen sehen ließ. In die finstere Nacht hinaus ging der Marsch.

Im Johannisburger Forst: Aus dem Dunkel sehe ich riesige Schatten hervortauchen, geisterhaft, verschwommen. Es sind die Häuer eines Gehöfts, an dem wir vorbeimarschieren. Die Kolonnen halten, wir stehen vor einem Hause, dessen schwarze Fensterhöhlen uns anstarren. Ein Rennen hin und her. Jemand klopft an die verriegelte Tür. Was ist? Ein Streichholz flammt auf. Ungeduldiges, hartes Klopfen – Schreien: „Aufmachen!" Die Tür gibt nach. Einer der Unseren fragt nach dem Weg. Ein verschlafener Bauer, verschüchtert und am ganzen Körper vor Kälte zitternd, gibt Auskunft mit bebender Stimme.

Dann geht es weiter – über endlose Felder – kein Weg, kein Richtungsanzeiger – immer hinein in die Finsternis. – Wohin? Was kümmert uns das. Unablässig tobt der Sturm. Immer höher wächst die Schneedecke. Wir stapfen und stolpern. Vom rhythmischen Marsch der ziehenden Kolonnen ist schon längst nichts mehr zu hören. Es sind keine Kolonnen mehr. Hier und da müssen wir zu zweien, einzeln gehen, müssen uns beeilen, laufen, um den Anschluss nicht abreißen zu lassen. Sturm und Schnee dämpfen alle Geräusche.

Die Körperkräfte schwinden. Immer der eine Gedanke, wann werden wir uns endlich schlafen legen können, nur einen Augenblick die Last abwerfen, sich hinwerfen, schlafen. Aber nein, immer weiter, die ganze lange, finstere, tobende Nacht hindurch.

Allmählich beginnt es zu tagen. Jetzt können wir doch einander erkennen und brauchen nicht zu fragen, wer bist du, der neben mir geht. Riesige Schneewehen werden wir um uns gewahr. Dann sind wir in einem Walde. Mächtige Tannen ragen über uns. Langsam geht es vorwärts. Spaten und Schaufeln von rührigen Händen geregt, bahnen einen Weg.

Kanonen stecken im Schnee. Fäuste greifen in die Speichen, Peitschen knallen und klatschen auf die Pferde. Flüche hallen durch den Wald. Die gehetzten Gäule stemmen sich in die Seile, ziehen, stürzen, bäumen sich auf – schnaubende Lüstern, schweißtreibende Schenkel.

Ein Geschütz ist gegen ein Haus gerutscht. Pferde ziehen, Fäuste packen an. Es rührt sich nicht. Der Baum wird umgelegt- Dort liegt ein Gaul – verendet – brach sich das Genick. Sie schnallen das Geschirr ab.

Schlittenkufen werden unter die Räder geschraubt. Nun rutschen und gleiten die schweren Kanonen erst recht, sinken ein. Die Kufen werden wieder abgeschraubt. Fort damit, unnützer Ballast.

Unablässig geht es weiter, ruhelos, unbeständig – als ob eine drängende Macht hinter uns wäre. Der Feind? Oder ist er vor uns? Müssen wir eilen, um unseren Kameraden zu Hilfe zu kommen? Wir wissen von nichts. Es geht weiter, unablässig.

Einmal wird längere Zeit Halt gemacht. Wir müssen Essen holen. Als wir zurückkehren, ist der Reisbrei in den Töpfen zu Eis erstarrt. Doch der Hunger ist groß. Wir verschlingen das Essen bis auf den Rest. Kaum fertig mit der Mahlzeit, geht es weiter.

Die Artillerie vor uns hat mit einem Male freie Bahn. Sie kommt ins Traben. Wir eilen hintendrein, keuchend unter der Last des schweren Gepäcks. Der Schweiß trieft am Körper. Wieder Halt. Schnell wird das Gewehr als Stütze unter den Tornister geschoben. Eine Weile löst sich die Last. Das tut gut. – Warten. Die Artillerie hat sich festgefahren. Der Schweiß erkaltet. Ein schneidender Wind streicht durch den Wald. Ein Frösteln geht durch unsere Kleider. Endlich geht es weiter.

So vergeht der Tag. Der Wald nimmt kein Ende. Es schneit bis in den Abend hinein. Wann wird man uns Ruhe gönnen? Wieder ist finstere Nacht. Wieder stockt der Zug. Es dauert lange. Einer nach dem anderen legt sich in den Schnee. Wir schlafen. Ein schreckliches Erwachen – Füße trappeln – Schimpfen – Fluchen – Kommandos: „Aufstehen! Weiter!"

Die Kräfte erlahmen. Es ist, als ob in der nächsten Sekunde der Zusammenbruch käme. Aber immer wieder rafft man sich zusammen, immer noch ist ein letzter Wille da, der uns weitertreibt und uns davor bewahrt, zusammenzusinken. Oder ist es dieses: dass man im Tross gehalten wird. Da geht einer vor, neben, hinter dir. Auch ihm geht es wie dir. Er hält sich immer noch, Schritt um Schritt. Du willst nicht der Erste sein.

Wir hoffen von Minute zu Minute aufs Quartier. Wir spähen in die Finsternis hinein, ob nicht ein Licht leuchtete, eine Hütte, ein Dorf.

Endlich, mitten in der Nacht haben wir ein Dorf erreicht oder sind es nur einige einsame Behausungen, tief im Walde versteckt. Kerzenlicht leuchtet durch niedrige Fenster. Wir treten gebückt über die Schwelle. Ein alter, zahnloser Mann steht uns, zittert am ganzen Körper vor Kälte und Erregung. Wie sollen wir, 20, 30 Mann, hier in diesen engen Räumen nur Platz finden. Im Nu ist alles belegt. Mit einigen Kameraden steige ich die brüchige Leiter zum Boden hinauf. Wir werfen uns hin wie gehetztes Vieh, schlafen ein, augenblicklich. Aber es ist kein ruhiger, gesunder Schlaf. Es ist ein Hineintauchen in das Reich düsterer, wirrer Träume, ein Wälzen auf hartem Lager mit müden, schmerzenden Gliedern.

Drei Stunden vergehen schnell. Was ist? Aus dumpfer Schwernis wache ich auf. Draußen ein Laufen, Rufen und Schreien. Mein Körper ist wie gelähmt. Eine Schneedecke hat sich über mich gebreitet. Die Flocken stäubten durch das undichte Dach.

Taumelnd suche ich meine Sachen, steige die Leiter nieder, tappe durchs Dunkel, Tornister über die Schulter, Gewehr in der Hand. Schwarze Nacht, Rennen und Hasten, Pferdewiehern und -scharren, Fragen und Suchen, Lichtkegel von Taschenlampen, hierher, nein dort! Abzählen! In Gruppen rechts schwenken! Ohne Tritt, marsch!

Hinein in die Nacht und Schnee – zerschlagen an Leib und Seele. Wir waren des Krieges müde – und hatten nach keinen Schuss gehört.

Wieder graute der Morgen. Der Zug stockte bei Gehsen. In hügeligem Waldgelände mussten wir in Schützenlinie ausschwärmen und nun ging es langsamen Schrittes mit gesenktem Gewehr, von welchem wir zum ersten Male den Mündungsdeckel abnehmen mussten, quer durch den Wald, durch Gestrüpp, über Bäche, durch sumpfiges Gelände. Immer näher hallte Gewehrfeuer.

Nach achttägigen beschwerlichen Märschen waren wir also nunmehr an den Feind geraten und würden allen Anschein nach an diesem Tage unsere Feuertaufe erhalten. Wieder wurde Halt gemacht. Wir standen in Abständen von etwa 10 Metern. Es war ein Wäldchen und wir blickten durch die Stämme hinaus auf die freie Feldmark. Eine Weile mochten wir so gestanden haben, als ich neben mir ein eigenartiges, finsteres Geräusch vernahm, und noch eins und immer wieder, ein Geräusch, als ob man mit einer Gerte durch die Luft peitscht oder einen straff gespannten Draht zerschneidet. Dann wieder war es ein Summen und Surren wie von einer vorbeifliegenden Hornisse. Kein Zweifel, es waren die Kugeln feindlicher Infanterie. Dieses Pfeifen und Singen bedeutete den Tod. Die surrenden Geschosse waren Querschläger, die, wenn sie uns trafen, furchtbare Wunden rissen. Wir waren hineingerückt in den Ernst des Krieges und mein erster Gedanke war, Schutz zu suchen hinter den Bäumen. Lange Zeit mussten wir hier verweilen. Vor uns wurde das Knattern der Gewehre, das Tackern der Maschinengewehre lebhafter. Wann würden auch wir dort hineingeraten? Düstere Gedanken, dumpfe Ahnungen quälten mich.

Endlich gab es eine Veränderung in unserer Lage. Man rief uns zurück. Nach einiger Zeit kamen wir, immer noch im Walde, in eine muldenartige Senkung, wo wir dem feindlichen Feuer nicht mehr ausgesetzt waren. Hier hielten die Führer Kriegsrat, während uns eine Weile Ruhe gegönnt wurde. Da kam einer mit dem Vorschlag: Lasst uns gegenseitig die Adressen unserer Angehörigen aufschreiben, damit ein anderer schreiben kann, wenn einem von uns was zustößt. Wir taten es. Absonderlich ward uns dabei zu Mute und der Gedanke stellte sich ein: Wer wird wohl der Erste sein?

Der Tag, der angebrochen, war der 9. Februar 1915. Es war der Tag des Gefechts bei Gehsen an der deutsch-russischen Grenze. Vorläufig stand unser Truppenteil in Reserve. Das

Korps Litzmann, dem wir angehörten, bildete den äußersten rechten Flügel des deutschen Heeres. Der Russe versuchte mit nun mit der Absicht, die deutsche Front aufzurollen, aus der Richtung Kolno einen Flankenangriff. Die Aufgabe für uns bestand nun darin, diesen Angriff abzuweisen.

Wieder hatte unsere Kompagnie, diesmal gefechtsbereit, Aufstellung genommen an einem Waldrande, doch trennte uns eine Bodenerhebung von dem Schlachtfelde, so dass uns das Infanteriefeuer des Feindes nichts antun konnte. Nach einer Weile wurde ich mit einigen Kameraden abkommandiert, die Verbindung mit den im Gefecht stehenden Truppen zu halten.

Ich hatte meine Stellung auf jener Bodenerhebung zu nehmen. Von der Höhe herab vermochte ich nun deutlich den Gang der Schlacht, welche sich in der flachen Talmulde des Flusses Pissek entwickelte, zu verfolgen. In der verschneiten Landschaft erkannte ich klar die Schützenlinien der kämpfenden Truppe: kleine schwarze Punkte, welche sich bald still verhielten, bald abteilungsweise vorrückten. Kleine Rauchfahnen zogen unablässig aus den Mündungen der Gewehre. Die Luft war erfüllt von dem unregelmäßigen Knattern des Schützenfeuers, dazwischen aber von dem regelmäßigen Tackern der mörderischen Maschinegewehre. Dicht unter mir, im Gestrüpp des Waldrandes stand eine Batterie 15er Haubitzen. Mit ohrenbetäubendem Krach feuerte sie ihre Munition hinaus, deren Einschlag ich jedes Mal drüben auf dem Höhenkamm erkennen konnte. Rauch- und Brandsäulen stiegen empor und die nach und nach verstummende feindliche Artillerie ließ erkennen, dass die Unseren gute Treffer erzielten.

Dann sah ich wieder, wie unsere Linien geschlossen vorwärts stürmten mit brausendem Hurra, sah durch das Gemenge der Streitenden, wenn es galt, einen Graben zu nehmen. Dies bot alles bei klarem Himmel und Sonnenschein einen prächtigen Anblick, doch wurde der Genuss an ihm fortgesetzt durch den Ernst und die Gefahr des Augenblicks gehemmt.

Über dieses weite, weiße Feld hier unter mir, über diese an landschaftlichen Reizen so reiche Natur schritt gegenwärtig der Tod in seiner grausamsten Gestalt und vernichtete Sekunde um Sekunde, wer wollte sagen, wie viele blühende Menschenleben. Ja, ich selbst stand im Bereich seiner Gewalt, denn beständig flogen die Geschosse um mich her, klatschten in die Baumstämme, vor mir krepierten Schrapnells und eine Granate zerriss nicht weit von mir eine Gruppe von jungen Tannen.

Die Sonne sank hinab und der Wälder lange Schatten glitten bläulich hinaus in die Ebene. Es wurde empfindlich kalt. Mit einem Male lösten sich von fernem Höhenkamm einzelne Punkte und bewegten sich in rasender Geschwindigkeit zu Tal. Es war feindliche Artillerie, welche, obwohl sie von den Unseren beschossen wurde, bald das Dorf Gehsen in der Talmulde erreicht hatte mit der Absicht, ihrer bedrängten Infanterie zu Hilfe zu kommen. Doch ehe sie recht in Stellung gehen konnte, wurde sie von unseren Haubitzen, deren Bedienung das Herannahen des Feindes mit größter Ruhe geschehen ließ, mit schwerem Feuer belegt. In kurzer Zeit war ihr Geschick besiegelt.

Nun begann der Feind seinen Rückzug. Die Infanterie wich dem Druck unserer Truppen. Stellenweise ging sie fluchtartig zurück. Von der Ebene herauf drang das sieghafte Hurra unserer Reihen. Da beobachtete ich eins, was mich erkennen ließ, wie hart und grausam der Krieg verführt: Ein einzelner russischer Soldat hatte sich hinter einen einsam in der Ebene stehenden Baum geflüchtet. Dieses war von unserer Batterie beobachtet worden. Im Nu krachte der Schuss eines Geschützes. Eine gewaltige Wolke stieg aus der Ebene empor und als sich dieses verzogen hatte, waren Baum und Mensch vom Erdboden verschwunden.

Nun wurde auch unsere Kompagnie herbeigerufen. Die Dunkelheit war hereingebrochen, als wir vor dem Waldrande antraten und den Befehl empfingen, ein vor uns liegendes Dorf, in welchem der Feind sich verschanzt hielt, zu stürmen. Mit gefälltem Gewehr und aufgepflanztem Bajonett ging es in Schützenlinie vorwärts. Hier und da auf der Schneedecke lagen die Gefallenen, auf dem Rücken, auf dem Gesicht, gekrümmt, in allen Stellungen, wie sie der Tod ereilt hatte. Die Luft war erfüllt von dem Stöhnen und Wimmern der Verwundeten, dann und wann hallte ein Schuss.

Ich gedenke dieses ersten Nahkampfes und mir kommt das alles wie ein Irrtum vor. Der einzelnen Vorgänge weiß ich mich schwer zu entsinnen, vermag auch nicht zu sagen, wie lange es währte, bis dieses Morden ein Ende hatte.

Ich sehe die klare Sternennacht über uns, dass Mündungsfeuer der Gewehre, wir rennen katzengleich über den Schnee, eine dunkle lebende Wand steigt vor mir auf aus der Erde, neben mir taumelt einer, ich halte das Bajonett vor mir, den Gewehrkolben fest an den Körper gepresst. Alles in mir ist Erregung.

Eine riesige Gestalt steht plötzlich vor mir. Ich setzte einen Kolben in die Luft, ich schlage, ich steche, ich fühle einen Schlag auf die Schulter, ich glaube zu stürzen, halte mich noch. Die Gestalt ist verschwunden. Neben mir ein durchdringender Schrei. Ich will mich hinwenden. Da sehe ich meine Kameraden weit voraus. Ich springe über den Graben und laufe hintendrein. Wir rennen, wie lange, weiß ich nicht. Nun tauchen die düsteren Massen von Häusern vor uns auf. Feuergarben krachen, speien, Geschosse pfeifen. Wir stürmen, schreien mit aller Kraft und in höchster Erregung unter wild durcheinander brausendes Hurra. Im Nu sind wir an den Händen, schlagen mit dem Kolben Türen und Fenster ein, stechen blind ins Dunkle. Einer nach dem anderen kommt heraus, die Hände hoch über dem Kopf erhoben. Wir treiben sie zu Hauf. Ich sehe im Glanz der Sterne ein bluttriefendes Gesicht. Ich suche die Kameraden. Alles ist durcheinandergeraten. Einer ruft den Namen: „Erich, du bist es?", „Wo ist Ernst, wo Walter?", „Becker ist gefallen", „Quatsch, dort steht er ja." Allmählich sind wir wieder beisammen. Nur Hans wird noch vermisst. Einer glaubte, er habe ihn stürzen sehen. Wir suchen ihn, aber ist nicht zu finden.

Nachdem alles sich beruhigt, die Gefangenen gesammelt und abtransportiert, die Kompagnie wieder geordnet, lagerten wir uns um ein Feuer, dessen Flammen, hoch emporlodernd, gespenstische Schatten warfen. Draußen auf der Ebene lag die Nacht, am dunkelblauen Firmament über uns strahlten die Gestirne. Dann und wann hallte ein Schuss. Wenn es still um uns ward und mir hinaushorchten, vermochten wir aus der Ferne das rhythmische Stampfen marschierender Kolonnen, das schwere Knarren fahrender Artillerie zu hören. Aus unbestimmter Richtung drang ein Schrei durch die Nacht, langgezogen, herzzerreißend.

Unsere Rast währte nicht lange. Antreten zum Weitermarsch, lautete der Befehl und wieder ging es hinaus in die frostklare Sternennacht.

Die Erlebnisse des Krieges in seiner grausamen Gestalt ließen unseren Geist nicht zur Ruhe kommen. An einer Stelle – es war an einer Brücke, die über einen Bach führte – lagen die Toten in Haufen. Unsere Artillerie hatte hier in marschierende feindliche Kolonnen geschossen. Wir mussten über die Leichname hinweg. Im Dunkel der Nacht konnten wir aber nicht recht erkennen, wohin wir traten und mühten uns stolpernd vorwärts. Die Fahrer schrien und trieben die Pferde an, über das Hindernis zu treten, denn selbst das Tier scheut vor solcher Rohheit zurück. Dann betraten wir ein Haus. Was wir hier sollten, weiß ich nicht. Nur kurze Zeit hatten wir hier verweilt, als man uns wieder hinausrief. Beim Fortgang öffnete sich eine falsche Tür. Ein schwerer Gegenstand fiel mir in die Arme. Als ich näher zusah, war es der Leichnam eines russischen Soldaten. Entsetzt wandte ich mich ab und eilte den Kameraden nach. Dann kamen wir in das Dorf Gehsen. Hier bezogen wir endlich

Quartiere. Unsere Abteilung wurdein einer kalten Scheune untergebracht. Doch nur wenigStunden hatten wir geschlafen, als man uns wieder weckte, damit wir unsere Sachen und Waffen reinigten. Der Tag war inzwischen angebrochen.

Gehsen nach dem Sturm. Federzeichnung von Theodor Andresen

Als ich mit meiner Arbeit fertig war, wollte ich, um meine Bedürfnisse zu verrichten, hinter das Haus treten. Als ich um die Ecke bog, sah ich vor mir, an die Wand gelehnt, einen Menschen sitzen. Er trug russische Uniform. Ich erschrak, glaubte ich doch, er sei am Leben, erkannte aber darauf, dass es ein Toter war. Beim Nähertreten offenbarte sich mir ein grauenerregendes, widerliches Bild. Im Todeskampf hatte der Arme seine Hosen niedergestreift und die gespreizten Finger auf die Bauchgegend gelegt. Die Eingeweide quollen hervor. Wachsbleich und schmerzverzerrt starrte mich das Antlitz an. Der Mund war halb geöffnet und unter den vereisten Schnurrbart blitzte eine Reihe weißer Zähne. Es war ein Augenblick, dass ich dieses Bild in mich aufnahm, aber dieser Augenblick genügte, um mir in aller Abscheu gegen dies menschenwürdige Morden zu erwecken. Das Bild dieses Toten ist mir heute noch klar gegenwärtig.

Der Morgen war voller Sonnenglanz. Man ließ uns auf eine Stunde freie Zeit, welche ich mit einigen Kameraden benutzten, um einen Gang durch das Dorf zu machen. Hier sah es von dem Kampfe am Vortag furchtbar aus.

In den Straßen lagen die bespannten russischen Geschütze, zum Teil von den wohl gezielten Treffern unserer Artillerie fürchterlich zugerichtet. Die aufgeblasenen Pferdekadaver strömten einen widerlichen Geruch aus. Blutströme waren aus den Nüstern gestürzt und färbten weit umher den Schnee. Alles nur erdenkliche Kriegsgerät lag wild zerstreut und ließ erkennen, mit welcher Hast sich die Flucht der Russen abgespielt hatte.

In unser Quartier zurückgekehrt, wurde einer Gruppe, zu der ich auch gehörte, der Befehl erteilt, unter Führung eines Unteroffiziers die Umgebung des Dorfes abzustreifen, da man annahm, dass vereinzelt und versteckt noch gefallene Soldaten auf dem Felde lagen. Unsere Aufgabe war es, diese an Ort und Stelle zu begraben. Wir stiegen auf eine Anhöhe, die zum Teil bewaldet war. Nach einigem Suchen fanden wir hinter niedrigem Gestrüpp einen toten deutschen Infanteristen und einige Schritte weiter einen zweiten, der sich an einem Baum gelehnt hatte und in dieser Stellung gestorben war. Eine Fährte von Blutstropfen im Schnee deutete daraufhin, dass er sich nach seiner Verwundung eine Strecke geschleppt hatte, um vielleicht hier in natürlicher Deckung Schutz vor feindlichem Feuer und der Kälte zu finden. Eine kleine Stirnwunde, erzeugt von einem Infanteriegeschoss, hatte seinen Tod verursacht. Vielleicht wäre er zu retten gewesen, wenn man ihm rechtzeitig geholfen hätte, aber die Nacht mochte hereingebrochen sein und mit ihr der erstarrende Frost.

Wir nahmen den Toten Tornister, Waffen, Stiefel und Erkennungsmarke ab, gruben ein Grab und betteten sie hinein. Auf dem Hügel steckten wir ein schlichtes Kreuz aus Zweigen. Dann nahmen wir den Helm ab und blieben eine Weile still in Andacht stehen. Keiner sprach ein Wort, aber was brauchte es auch der Worte und die Toten hätten keine schönere Grabstätte finden können als hier oben auf der Höhe im Schutze des Wäldchens.

Dann kehrten wir zurück ins Dorf, wo man schon wieder zum Aufbruch rüstete. Als wir bei eintretender Dunkelheit aus Gehsen hinausmarschierten, bedeckten graue, tiefhängende Wolken den Himmel. Kalt fuhr der Wind über die Höhen, welche mir, gebeugt unter der Last des Tornisters, hinan stiegen. Über das Gefecht bei Gehsen zitiere ich aus Hans Niemann, „Hindenburgs Winterschlacht in Masuren. 7.–15. Februar 1915" (Berlin 1915), wie folgt:

Während die Kolonnenspitzen bereits auf das linke Flussufer übergingen, erfolgte von Süden aus der Gegend Kolno ein Flankenangriff schwächerer russischer Kräfte. Sofort war die notwendige Frontveränderung vorgenommen, der Feind zunächst abgewehrt und sodann im Gegenstoße nach kurzem Kampfe geschlagen. Unter Verlust von

500 Gefangenen, 5 Geschützen und 2 Maschinengewehren sowie zahlreichen Wagen und vielem Kriegsmaterial gingen die Russen in Eile zurück. Der Flussübergang ward vollendet. Litzmanns junge Regimenter hatten den ersten Teil ihrer Aufgabe glänzend gelöst, bei widrigem Wetter- und Wegeverhältnissen etwa 40 km an einem Tage zurückgelegt, im Kampfe selbst gegen den überraschten – den feindlichen Flankenangriff mit Kaltblütigkeit und Ruhe, beim eigenen Angriff mit stürmischer Tapferkeit gefochten.

Unser Marsch dauerte die ganze Nacht hindurch, und erst gegen Morgen erreichten wir das Städtchen Bialla. Schon bei dem ersten Einfall der Russen war dieser Ort hart mitgenommen worden. Wir fanden daher einen großen Teil der Stadt in Trümmern. Was wir jedoch seit langer Zeit nicht gesehen hatten, waren die aus Stein gebauten Häuser und Straßenzüge. Wir fanden Quartier in einem Hause von mehreren Stockwerken. Eine Etagenwohnung bot uns den Tag über Ruhe. Schon die Russen hatten sich in den einzelnen Zimmern häuslich eingerichtet gehabt, hatten Schlafpritschen übereinander gebaut, jedoch nicht versäumt, diese vor ihrem eiligen Abzug mit Unrat zu beschmutzen.

Am Abend traten wir wieder zum Abbruch an. In langen Märschen durch Dunkelheit und Schneesturm kamen wir gegen Morgen in dem Grenzdorfe Kogallen an. Im Dämmerlicht bemerkten wir beim Einmarsch neben uns eine Schneeerhöhung, aus der ein Schornstein hervorragte. Nun erkannten wir, dass das Haus zu diesem Schornstein unter der Schneedecke, die uns trug, verborgen lag. Wir bezogen in Rogallen ein großes Bauerngehöft. Ein geräumiges Zimmer bot uns Unterkunft. Wir richteten uns hier mit einigen Bündeln Stroh gemütlich ein. Im großen weißen Kachelofen prasselte bald ein wärmendes Feuer. In der Küche bereiteten uns einige Frauen eine Mahlzeit. Ich entsinne mich ihrer sorgenvollen Mienen, aus denen die furchtbaren Erlebnisse des Krieges sprachen.

Aber auch diese Rast währte nicht lange. Wieder brachen wir zu Nacht auf. Am frühen Morgen erreichten wir den Grenzort Prostken, wo wir wieder mit dem Feinde zusammenstoßen sollten. Es hatte die ganze Nacht ununterbrochen geregnet, die Schneedecke war zusammengeschmolzen und der Boden aufgeweicht. Jetzt führte man uns querfeldein. Immer beschwerlicher wurde das Vorwärts kommen. Bei jedem Schritt sanken wir tief in Dreck und Schlamm ein. Schon lange waren wir bis auf die Haut durchnässt. Oft mussten wir lange warten und gerieten dann ins Frieren. Gegen Abend suchten wir, da der Feind uns entdeckt hatte und beschoss, Deckung hinter den Mauerresten eines zerschossenen Gehöftes. Es war empfindlich kalt geworden. Eisig fuhr der Wind durch die Fensterhöhlen. Die Luft war erfüllt von Brandgeruch. Schneeflocken wirbelten herab.

Wir standen tief in Schmutz und Lehm und durften uns wegen des Feindes nicht bewegen. Erst als es völlig dunkel geworden, mussten wir vorsichtig Mann hinter Mann weiterstapfen und erreichten nach einiger Zeit eine Scheune. Hier durften wir uns in den Heu- und Strohvorräten zur Ruhe legen. Beim Wasser versunken, musste ich daher zunächst eine Kleidung säubern ehe ich mich ins wärmende Heu vergrub. Das alles hatte bei völliger Dunkelheit zu geschehen, da ein Lichtschein uns dem Feind verraten konnte.

Gegen Tagesanbruch ging es weiter. Nun hatten wir schon lange Zeit nichts zu essen bekommen. Furchtbar quälte der Hunger. Ich entsinne mich, dass wir auf dem Marsche an unserer Feldküche vorbeikamen, von der ein Beutel Keks in den Schmutz gefallen war. Wie die Geier stürzten wir uns über die Beute, uns kaum Zeit lassend, sie vom Schmutze zu säubern.

Beiderseits des Bahndamms Prostken-Grajewo schwärmten wir aus. Wieder ging es über grundlose Äcker. Nach einer Weile schien uns der Feind beobachtet zu haben, denn er beschoss uns mit Granaten. Unsere Gruppe suchte Deckung in einer Bodenvertiefung, aber der uns kommandierende Feldwebelleutnant befahl uns auf eine Anhöhe hinauf. Das war natürlich ein unsinniges, weil zweckloser Befehl, denn gegen die Artillerie konnten wir nichts ausrichten und von der Infanterie war weit und breit nichts zu bemerken.

Wir hatten uns auch kaum hingelegt, als die Beschießung ärger wurde und die Einschläge immer dichter an uns herankamen. Die Erdfetzen flogen uns bereits um die Ohren, und wir zogen es jetzt vor, trotz unseres schimpfenden Vorgesetzen, wieder die Bodensenkung aufzusuchen. Aber auch hier waren wir nicht mehr sicher. Der Feind hatte uns in Beobachtung. Es blieb nichts anderes übrig, als den Rückzug anzutreten. Wir rannten, hinter uns Pfeifen, Singen, Heulen, dann ein Krachen, sausende Erdklumpen, Zischen der Granatsplitter im Schnee. Ein großes Stück flog mit voller Wucht an meinem Ohr vorbei und wenige Schritt vor mir in den Schnee. Unangenehm ist eine solche Beschießung, man hört den Abschuss, das herannahende Heulen und weiß, in der nächsten Sekunde kann es dich zerreißen. Wie ein Wunder war es, dass wir alle mit heiler Haut davonkamen.

In einer allein im Felde liegenden, zerschossenen Ziegelei suchten wir Schutz. Jetzt erst stellte sich heraus, dass wir mit 4 Gruppen von unserer Kompagnie abgekommen waren, erhielten aber nach einiger Zeit Befehl, hier zu bleiben. Unablässig beschoss der Feind mit seiner Artillerie die Ruinen. Ein guter Zielpunkt war ihm dabei der noch stehende lange Schornstein. Wir fürchteten beständig, dieser könnte getroffen werden und uns unter sich begraben. Zum Glück war der russische Artillerist ein schlechter Schütze. Gegen Abend hörte die Schießerei auf und wir begannen, uns in den Brennofen der Ziegelei zurückzuziehen. Wir gedachten, uns ein Nachtlager herzurichten. Aber das war nicht so einfach. Der Erdboden war durchnässt und der kleiige Lehm klebte, dass man darin stecken blieb. Wir halfen uns dadurch, dass wir Ziegelsteine über den Schmutz legten. Stroh oder Heu waren nicht aufzutreiben. Es blieb also nichts anderes übrig, als dass wir uns auf die Steine niederlegten. Lange Zeit zum Schlafen gewährte man uns ohnehin nicht. Vor der Ziegelei, dem Feind zu, hatten wir in der Dämmerung Gräben auszuheben. In ihnen mussten wir dann zu vieren Wache stehen. Die Ablösung erfolgte alle zwei Stunden, dazwischen zwei Stunden Schlaf.

Von diesen Postenstehen möge uns einiges berichtet werden. Die Nacht war sternklar. Der Blick ging über eine Niederung, über der dichte Nebelschwaden wogten. In der Ferne erkannte man dunkle Waldesschatten. Dort irgendwo lag die Stadt Grajewo, welche der Feind noch hielt. Wir mussten uns in unserem Graben still verhalten, durften nicht sprechen, nicht rauchen, nicht mit den frosterstarrten Füßen trampeln. Beständig mussten wir darauf achten, ob der Feind einen Überfall auf uns plante. Wie schön war die Nacht, wie still. Am Tage nach dem Lärm der Geschütze, jetzt hüben wie drüben Ruhe. Aber es war eine unheimliche Ruhe: plötzlich würde es losbrechen, das Schießen und Schreien, das Krachen und Blitzen der Kanonen. Es begann, in der Ferne zu grollen. Irgendwo an der Front wurde gekämpft. Plötzlich tauchten hinter uns dunkle Gestalten auf, eine hinter der anderen, eine ganze Kompagnie. Es waren Bückeburger Jäger. Sie sollten bei dem Sturm auf Grazjewo mit eingesetzt werden. Unsere Gedanken begleiteten sie. Nun war auch der letzte Mann unseren Blicken entschwunden.

Wir horchten in die Nacht hinaus. Da diese Schüsse einzeln, dann mehr, Maschinengewehre mischten sich dazwischen, zeitweilig Hurrarufe, wieder Schießen, dann ein immer stärker anwachsendes, brausendes „Hurra" von Hunderten von Kehlen, wieder vereinzelt Schüsse bis der Schlachtlärm völlig verstummte. Nun aber drangen Leute zu uns, die das Gemüt tief ergriffen: das Schreien und Wimmern der Verwundeten und Sterbenden, denen wir nicht helfen konnten. Der schneidende

Frost breitete sein Leichentuch aus. Nach und nach verstummten diese furchtbaren Anklagen gegen den Krieg. Hier wie so oft habe ich gebetet, dass ich, wenn es sein sollte, schnell aus dem Leben scheiden möge und nicht unter solchen entsetzlichen Qualen. Vielleicht war auch dieses zerreißende Klagen und Wimmern nach geschlagener Schlacht das Furchtbarste, was mir der Krieg an Erinnerungen gelassen hat.

Die Nacht ging zu Ende und in den Morgenstunden verließen wir, unbehelligt vom Feind, die Ziegelei. Nun hatten wir schon tagelang nichts zu essen bekommen. Eigenmächtig hatten wir zwar unsere „Eisernen Portionen" geöffnet, aber mir war dabei das Unglück widerfahren, dass mir meine Suppe beim Kochen durch eine ungeschickte Handbewegung in den Sand gelaufen war.

Der Sturm auf Grajewo war für uns von Erfolg gewesen, der Feind abermals in die Flucht gejagt. Unser Marsch ging südwärts. Als wir in einem Walde eine Weile Rast machten, hatten wir Gelegenheit, einen verlassenen russischen Schützengraben zu besetzen. Wir erstaunten über die meisterhafte Arbeit. Unverständlich blieb es uns, dass man diese in eine so vorzügliche Lage angelegte Stellung kampflos geräumt hatte. Die wohnlich eingerichteten Unterstände waren völlig unbeschädigt. In einem befand sich sogar ein Klavier.

Nach kurzer Zeit hatten wir die Stadt Grajewo erreicht. Welch ein Unterschied besteht zwischen den Städten auf deutschen und denen auf russischem Gebiet. Straßenpflaster gab es hier nicht. Durch tiefen Dreck mussten wir hindurchwaten. Die Bürgersteige bestanden aus Bretterlagen, die Häuser fast ohne Ausnahme aus Holz mit bemalten Fassaden. Die Kirchen hoben sich wie Prunkbauten daraus hervor. Auf dem Marktplatz wurde Halt gemacht. Es wimmelte in der Stadt von Militär aller Truppengattungen. Die Winterschlacht in Masuren war abgeschlossen und der Feind damit fast völlig vom deutschen Boden vertrieben. Es ging an seine Verfolgung.

Wir marschierten aus neue in den Abend hinein. Nicht weit außerhalb der Stadt stockte die Kolonne. Das erste, wenn man bei einer Rast seine Schlafmöglichkeit gegeben war, war der Gedanke, gibt es hier irgendwo etwas zum Essen. Mit einigen Kameraden untersuchte ich ein Haus. Wir fanden einige Rüben, die wir hastig zerteilten und so gut es ging, im Kochgeschirr und Tornister unterbrachten. Als wir darauf eine Tür zu einem Nebenraume öffneten, hatten wir einen widerlichen Anblick. In verwesendem Zustande lagen hier ein Schwein, eine Ziege und eine Katze. Wir warfen die Tür schnell wieder zu und eilten zu unserer Kompagnie.

Reliefkarte I. zur Winterschlacht in den Masuren (Gelände um Lyck). Quelle: Hans Niemann, „Hindenburgs Winterschlacht in den Masuren"

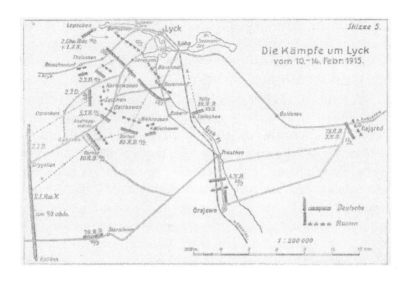

*Die Kämpfe um Lyck vom 10.– 14.2.1915. Quelle: Hans Niemann,
„Hindenburgs Winterschlacht in den Masuren"*

Dann sehe ich eine endlose Straße, schwarze Äcker in weiter
Ebene, grauer Himmel darüber. Wir marschierten. O, dieses
trostlose, entmutigende Marschieren, ohne Aufenthalt, Stunde
um Stunde. Der Tornister drückt. Man greift mit der Hand zurück, schiebt die Last ein wenig hoch – eine Sekunde – doch es
entlastet die quälenden Schulterblätter. Und das Gewehr. Wie
soll man es tragen? Eine Weile geschultert, meistens jedoch
schräg hinter den Kopf gelegt, damit wiederum der Tornister
etwas von der Last abnehme, bald über die rechte, bald über
die linke Schulter. Dann wieder trägt man es eine Weile unter
dem Arm und lässt die Hauptlast auf den Patronentaschen ruhen. So geht es in ewigem Wechsel. Qualvoll ist es, wenn die
Stiefel drücken und die Wunden scheuern. Quälender noch ist
die Erschlaffung – und der Hunger. Was nützt es, dass man hier
und da einen Brocken erhascht, ihn verschlingt, er ist wie der

Tropfen auf dem heißen Stein. Alles was nur irgend essbar, wird dem gierigen Magen zugeführt. Zuweilen hilft auch eine Pfeife Tabak. Sie lädt den Speichel und stillt auf Augenblicke die Qual.

So geht es unter ständigen Entbehrungen und dabei unerhörten Anstrengungen und Anforderungen an den ausgezehrten, müden, kranken Körper hinein in das Feindesland, dieses Land, das mir als etwas Fremdes, als den Schwermut Erfülltes in der Erinnerung geblieben. Die braunschwarze Erde, die weiten leeren Felder, von denen man nicht weiß, ob sie von menschlicher Hand je bearbeitet wurden, halb Steppe, sich bis an den Himmel zu einer großen, ebenen, düsteren Fläche unter den trostlosen grauen Himmel dehnend, ein wenig freundlicher nur, wenn sich die weiße Schneedecke darüber breitet, doch immer ein fremdes, ein rätselhaftes Land, durch das man mit seinem gebrochenen Körper in dumpfer Schwere dahintaumelt. Manchmal zieht sich am Horizont ein düsterer Streifen hin, der wächst, wenn wir näherkamen.

Endlose Wälder nehmen uns auf. Mitten darin, unter Bäumen und Gesträuch versteckt, liegen armselige Hütten zu Hauf. Wovon mögen die Menschen leben, die hier, von der Welt weit abgesondert, in kärglichen Verhältnisse ihre Tage verleben. Zumeist marschieren wir in den Nächten. Dann hüllt sich die Natur in ihr pechschwarzes Gewand. Sehnsüchtig späht das Auge von Stunde zu Stunde nach einem Licht aus. Da, in der Ferne blinkt es auf, es wird ein Haus, ein Dorf sein. Wann werden wir dort sein, wann wird man zur Ruhe kommen. Nun haben wir den Ort erreicht – alles belegt – weiter, immer weiter – bis in dämmernden Morgen hinein. Man kennt kein Erbarmen mit uns. Apathisch schleppt man sich hin, fortgerissen von dem großen Tross, der sich durch das weite Land wälzt. So geht es Tag um Tag.

Wenn ich bis hierher ziemlich genau die zeitliche Folge der einzelnen Ereignisse im Gedächtnis hatte, so muss ich mich jetzt darauf beschränken, die Ereignisse selbst grob in ihrer Folge zu beschreiben. Auch über die Orte, durch welche wir kamen, vermag ich nicht immer zuverlässig zu berichten. Namentlich die letzte Zeit liegt für mich unter dem Schleier des Ungewissen. Doch die Erlebnisse in ihren Einzelheiten stehen mir heute noch deutlich vor der Seele. Diese Zeit war auch weitaus die furchtbarste, namentlich was die körperlichen Anstrengungen betrifft. Wie es möglich war, dass ich das alles überstanden, ist mir heute noch ein Rätsel.

Von Grajewo führte die Straße südlich der Grenze nach Kaygrod. Es ist dies ein Städtchen ähnlich Grajewo. In der Nähe von Raygrod hatten wir gegen Abend ein kleines Gefecht zu überstehen. Auf einem Felde ausgeschwärmt, wurden wir heftig von russischer Infanterie beschossen. Die Schüsse kamen aus den Häusern eines vor uns liegenden Dorfes. Wir suchten zunächst Deckung in einer Bodensenkung, von der aus wir gruppen- und zwangsweise vorgingen. Es war schon starke Dämmerung, so dass wir beim Schießen kein festes Ziel mehr nehmen konnten. Um uns pfiffen die feindlichen Geschosse, schlugen vor und neben uns in den Acker. Beim Aufschlagen gaben sie jedes Mal ein eigenartig knackendes Geräusch, so dass wir annehmen mussten, der Feind gebrauche die sehr gefürchteten Explosivgeschosse, welche furchtbare Wunden rissen. Wir kamen schnell zum Sturm, denn es schien sicher, dass es die feindliche Nachhut war, die uns beschoss. Im Dorfe angelangt, blitzte und knallte es noch aus den Häusern, aber bald hatte sich auch der letzte Soldat ergeben.

Dann lagen wir einige Tagesstunden in einem Hause eines größeren Dorfes. Hier richteten wir uns `gemütlich´ ein. Mir sind diese Stunden darum auch in freundlicher Erinnerung geblieben, hatten wir doch Zeit, uns etwas Essen zu kochen und uns behaglich im warmen Zimmer auszustrecken.

Aber immer, wenn es am schönsten war, ging es weiter. – Wieder marschierten wir in die Nacht hinein.

Am Morgen kamen wir in einen Tannenwald, dessen riesige Bäume unser Erstaunen erregten. Es war ein prachtvolles Wetter. Zwar war der Himmel bedeckt, aber überall lag weicher, weißer Schnee ausgebreitet. Die Luft war wundersam still. Alle Geräusche drangen so klar ans Ohr, wie es in einer solchen schneebedeckten Waldlandschaft geschieht. Da – mitten im tiefsten Waldesfrieden – lag ein Dörfchen versteckt. Aus einem Häuflein stiegen bläuliche Rauchsäulen und erfüllt die Luft mit jenem harzigen Geruch verbrannten Holzes.

Das war Bialobrzegi. Ich ahnte nicht, dass dieser Ort später mein Geschick von Bedeutung sein sollte. – Wir machten hier einige Male Rast. Unser erstes Trachten war auf Nahrung gerichtet. Beim Durchsuchen der armseligen Waldhütten fanden wir aber nicht viel. Die von den Kriegswirren verängstigten Bewohner, deren Sprache wir nicht verstanden, schauten uns mit scheuen Mienen an. Da entsinne ich mich eines kleinen Vorfalls: aus einer Scheune hatten die Unsern eine Kuh hervorgezogen. Die Besitzerin, eine alte Frau, wehklagte und aus ihren Gesten war zu entnehmen, dass es ihr letztes Stück Vieh sei. Aber es gab kein Erbarmen. Um die Frau dennoch ein wenig zu trösten, nahm einer unserer Offiziere ein Blatt Papier, schrieb einige Worte darauf und überreichte es der Frau mit der Erklärung, es wäre ein Schreck, gegen den sie bei der Zahlmeisterei das Geld für die requirierte Kuh erhalten könne. Die Mienen der Frau erhellten sich und sie schien zu glauben, einen guten Handel gemacht zu haben. Auf dem Fetzen Papier stand: Der Kaiser von Russland bezahlt Deine Kuh.

Auf unserem weiteren Marsch kamen wir nach kurzer Zeit wieder aufs freie Feld. Der Himmel hatte sich geklärt. Die Sonne kam zum Durchbruch. In der Ferne leuchteten die Dächer einer Stadt auf, rings am Horizont erstreckten sich dunkle Tannenwälder, auf allen Straßen, die zur Stadt liefen, wälzten sich in unabsehbaren Reihen Truppen aller Gattungen. Da drang von hinten durch unsere Kolonne ein Ruf: „Rechts ran –

rechts ran!" Kommandos: „Kompagnie hallt – in Gruppen for-
miert – in Gruppen links schwenkt – zurück, zurück, über den
Wegrand hinaus – stramme Haltung einnehmen – stillgestan-
den – der kommandierende General kommt." Wir rissen uns
zusammen so gut es ging. – Vorüber fuhr Hindenburg, langsam, mit scharfen ernsten Blicken uns musternd, hier und da
grüßend. Wir standen in langer Front da, Gewehr bei Fuß, abgekämpft, verschwitzt, mit ungepflegten Bärten, mit ernsten
Mienen, mit ernsten Blicken auf einige Schritt dem Feldherrn
folgend. – Vorbei –.

An dieser Stelle möge bemerkt werden, dass es keineswegs
bei solchen Gelegenheiten der Fall ist, dass, wie man es wohl in
schöngefärbten Berichten liest, die Truppen nach geschlagener
Schlacht ihrem siegreichen Führer zujubeln. Vom militärischen
Standpunkt aus ist dieses gar nicht zulässig. Der Soldat bleibt
auch Soldat und wie sollten wir nach den ausgestandenen Strapazen und bei dem Ernst der Stunde ein groß´ Jubelgeschrei
anstimmen. Der Größe unseres Sieges waren wir uns auch in
diesem Augenblick keineswegs bewusst. Wohl war es dauernd
vorwärts gegangen, wohl sahen wir fortgesetzt endlose Kolonnen von Gefangenen, aber über den Gesamterfolg unserer Märsche und Kämpfe blieben wir völlig im Dunklen. Unsere eigenen Leiden, das ruhelose Leben tagaus tagein ließ unsere Gedanken nicht so weit kommen, darüber nachzusinnen oder gar
Umfrage zu halten.

Ein General hielt eine Ansprache und verkündete uns unseren gewaltigen Sieg. Die wohl verdiente Ruhe würde uns jetzt
zuteilwerden. Doch wurde das Versprechen nicht gehalten.
So zogen wir in jene Stadt ein. Es war Augustowo. Ein riesiges
Waldgebiet umgibt den Ort, der zwar größer, einen ähnlichen
Eindruck macht wie Grajewo und Raygrod. Welch ein Gewimmel von Militär in den aufgeweichten Straßen. Die Stadt ist ge-
stopft voll, der große Marktplatz dicht besetzt und Fuhrparks.
Auch wir dürfen Quartiere beziehen. Aber wo? Wir ziehen von

Haus zu Haus, alles vergeblich. Unsere Gruppe macht sich selbständig. Endlich haben wir ein abseits gelegenes Gebäude entdeckt, das noch keiner fand. Es ist eine Judensynagoge, ein saalartiger Raum, in dem hohe, schwere Holzbänke aufgereiht stehen. An den Wänden in staubbedeckten Rahmen verblichene Patriarchen- und Prophetenbilder. An einer Wand erhebt sich bis zur Decke ein gewaltiges, schweres Bücherregal, vollgestopft mit dicken alten Folianten. In einer Ecke steht ein Rednerpult. Zwei breite, weiße Kachelöfen ziehen unsere Aufmerksamkeit an. Da es an Brennmaterial mangelt, machen wir uns über die Bänke her und schlagen sie mit Beilen auseinander. Aber das Feuer will nicht recht brennen. Einer der Kameraden weiß Rat. Er schleppt einige von den dicken Folianten herbei, zerreißt sie und stopfte sie durch die Ofentür. Ein Mauschel in langem Kaftan tritt über die Türschwelle, murmelt unter heftigen Gestikulationen unverständliche Worte, die uns bedeuten sollen, von dem schändlichen Zerstörungswerk abzulassen. Einer der Unseren aber packt ihn kurzerhand und befördert ihn zur Tür hinaus.

Nachdem wir unseren ärgsten Hunger mit dem, was wir haben, gestillt, legen wir uns schlafen. Deutlich entsinne ich mich jener Augenblicke vor dem Einschlafen. Eine Kerze brennt noch und erleuchtet matt ihre Umgebung. Lang und düster greifen die Schatten in den Raum. Es ist, als hielten sich unter den Bänken, hinter den Schränken die Geister verborgen. Von den Messingleuchtern und gottesdienstlichen Geräten blitzt es im Dunkel auf. Im Offen, dessen Tür geöffnet blieb, verglimmt langsam das Feuer. An den Fenstern rüttelt der winterliche Wind. Es wird kalt im Raume. Ich hülle mich fester in meine Decke. Die anderen schlafen. Zuweilen wendet sich einer auf seinem Lager, holt tief Atem und schnarcht weiter. Meine Gedanken wollen nicht zur Ruhe kommen. Sie sind in der Heimat. Nie waren sie sehnsüchtiger. Sie sahen Eltern und Geschwister beim traulichen Schein der Lampe um den Tisch vereint. Wie oft weilten wohl auch ihre Gedanken bei den Söhnen und Brüdern im Felde. Ob sie ahnten, wie qualvoll dieses Leben war? Nur einmal möchte ich zurückkehren, nur, einmal auf wenige Stunden unter ihnen sein – denn dieses würde doch bald ein Ende nehmen, ein Ende für immer, irgendwo auf dieser schwarzen, russischen Erde eingescharrt.

Langsam nimmt mich der Schlaf in seine Arme, schwere Träume führen mich fort: Ich sehe Blut dunkles, dickes Herzblut. Blut überall, dickes Blut und um mich die Nacht, die schwarze grausige Nacht. Über die weite, schneebedeckte Ebene quillt das Blut, starrt die Nacht, und der Tod naht mit eisigem Hauch. Eine Kerze flackert in seiner Knochenhand, erlischt. Blut, dickes, dunkles Blut. Nacht, die schwarze, grausige Nacht. Tod, der kalte, klappernde Tod

Was ist? – Schreien – Rufen – Aufstehen! Schnell fertig machen zum Abmarsch! – Los! Raus! Und wieder hinaus in die Nacht, in Schneesturm und Kälte, hinaus aus Augustowo.

In der Ferne Aufleuchten und dumpfes Grollen. Feuerrot färbt der Himmel. Wir marschieren, ruhlos, immer weiter. Näher rückt der feurige Schein, das Blitzen, Krachen und Donnern. Ran an den Feind. Bei jedem Schritt: ran an den Feind – durch Nacht und Blut, in den Tod, in den Tod.

Wieder marschieren wir durch endlose Wälder, müde, abgekämpft. Endlich, im Morgendämmer geht es zur Rast. In Lisowska, einem riesigen Gut mitten im Walde, in einem Stallgebäude von gewaltiger Größe wurden wir, eine ganze Kompagnie, untergebracht.

Unser Lager bestand aus Pferdestreu. Soeben hatte die Kavallerie den Raum verlassen. Zum ersten Male erreichte uns hier die Post. Über ein Dutzend Feldpostpakete voll schöner Sachen aus der Heimat wurden mir ausgehändigt. Das meiste musste ich unter den Kameraden verteilen. Zwei oder drei Pakete nur behielt ich. Sie enthalten schöne Esswaren. Aber auch diese sollten mir nicht viel Freude bereiten. Der Magen war nicht fähig, fette Kost zu vertragen. Sich Mäßigung aufzuerlegen, war man aus Hungerpein nicht imstande. Die Folge war, dass ich krank wurde. Entsetzliche Magenbeschwerden stellten sich ein. Ich vermochte mich nicht aufrecht zu halten.

Mitten in der Nacht brachen wir wieder auf. Ich musste mit, wohl oder übel. Der Magen krampfte sich, die Beine wollten den Körper nicht tragen. Wie ich es dennoch fertig brachte, mit dem schweren Gepäck zu marschieren, vermag ich nicht zu sagen.

Was in dieser Nacht mit mir geschah, hüllt sich für mich ins Dunkel. Ein Kamerad erzählte mir nachher, was sich ereignete. Ich bin während des Marsches zur Seite getaumelt und hingestürzt. Der Kompagnieführer ist herzu gesprungen, hat geschimpft, mich Drückeberger genannt und gedroht, mich auf der Stelle niederzuschießen. Mein Unteroffizier ist für mich eingetreten. Meine Kameraden haben mich aufgehoben, mich halb tragend mitgeschleppt.

In einer Scheune, wo wir im Augenblick rasteten, habe ich mich dann ein wenig erholt. Aber ich musste im Tross bleiben. Es waren furchtbare Stunden, die nun folgten, nicht nur für mich, sondern auch für manche meiner Kameraden. Einer nach dem anderen brach zusammen. Die Offiziere fluchten: „Muttersöhne, Drückeberger!" Da sehe ich einen älteren Mann, er ist aus der Kolonne hingesunken, ein Offizier stürzt auf ihn zu, erhebt die Reitpeitsche und schlägt auf ihn ein. Man ließ uns nicht in Ruhe. Zuweilen steckte man uns in niedrige Hütten. Wie die Säcke im Speicher hockten wir hier zusammen, mit allem Gepäck am Körper, sprungbereit.

In der Nacht ging es wieder durch endlose Wälder, zeitweise stapfte einer hinter dem anderen. Vorsichtig, möglichst geräuschlos mussten wir uns vorwärts tasten. Wenn wir uns etwas zu sagen hatten, durften wir nur flüstern. Was war los? Wir marschierten durch die feindlichen Linien. Alles ging gut. Tags wechselten wir wiederholt unsere Kopfbedeckung. Helm und Feldmütze. Der Feind sollte dadurch über unsere Truppenstärke getäuscht werden. Dann standen wir zu unserer Übernachtung wieder vor den großen Gebäuden des Gutes Lisowska.

Über ein weites Feld bei Sztabia mussten wir ausgeschwärmt vorwärts. Die feindliche Artillerie bedeckte uns mit schwerem Feuer. Wir rannten, was wir konnten – trotz des geschwächten Körpers, trotz des schweren Gepäcks. Dann erreichten wir das Dorf. Schnell in die Häuser. Wieder hockten wir zusammengepfercht. Draußen krepierten Schrapnells und Granaten, stundenlang. Gegenüber schlug ein Geschoss in ein Haus. Wieder hockten wir zusammengepfercht. Draußen krepierten Schrapnells und Granaten, stundenlang. Gegenüber schlug ein Geschoss ins Haus. Dachfetzen und Steine flogen, eine schwarze Rauchwolke stieg auf. Im Nu stand alles in Flammen. Soldaten stürzten heraus. Wie viele waren wohl drinnen und vermochten sich nicht zu retten? Wann würde es unser Haus treffen? Was sollten wir nur hier, wo ein Treffer für uns alle gefährlich war. Aber unser Haus blieb wie durch ein Wunder verschont. Gegen Abend verstummte das Gewehrfeuer, und wir konnten ungehindert abziehen.

Eines Tages machten wir Halt in einem Walde. Hier mussten wir sofort Unterstände bauen. Wir waren entkräftet bis zum äußersten und vermochten kaum, einen Spaten Erde zu heben. Endlich hatten wir unsere Erdhöhle fertig.

Wir hatten auf Ruhe gehofft, aber wir irrten uns. Das Kommando lautete: antreten zum Gottesdienst. Was lag uns nicht am Gottesdienst. Ein müder, entkräfteter Körper, bedarf nicht der geistigen Nahrung, ganz gleich welcher Art. Ja, wir hatten kaum etwas mitgenommen. Froh waren wir, als wir uns in unsere Unterstände verkriechen konnten. Aber auch hier gönnte man uns keine Ruhe. Fast alle waren wir schwer magenkrank, litten an Durchfall und qualvollen Schmerzen in der Bauchgegend.

Wie sahen wir aus! Die Wangen waren eingefallen, die Augen lagen tief in ihren Höhlen, das Gesicht war von einem wildwachsenden Bartkranz umgeben, die Kopfhaare fielen lang herab. Wir schleppten uns hin wie Ausgezehrte, die dem Tode verfallen sind. Man hätte glauben sollen, dass man Menschen, die sich in einem solch erbärmlichen Zustand befanden, die Ruhe gönnte, sobald dies nur möglich war.

Aber nein, antreten zum Exerzieren, lautete die Parole: langsam Schritt üben und Grüßen durch Vorbeigehen in strammer Haltung. Dieses in strammer Haltung war die furchtbarste Qual, die man uns antun konnte, denn nie vermochten wir uns aufzurichten. Was dieses Exerzieren mit totkranken Menschen wenige Kilometer hinter der feindlichen Front bedeuten sollte, weiß ich nicht. Unsere Abneigung gegen die Vorgesetzen wurde jedenfalls nur dadurch verstärkt. Ich entsinne mich auch, an diesem Tage einen Soldaten gesehen zu haben, den man wer weiß um welchen Vergehens willen an einen Baum gebunden hatte.

Am folgenden Tage hatte ich an diesem Orte ein eigenartiges Erlebnis. Am Waldrande, wenige Schritte von unserem Lager, entfernt, stand unsere Feldküche. Ich war hier nach erfolgter Verteilung des Mittagessens noch einige Augenblicke zurückgeblieben, um mir womöglich noch etwas von den Resten des Essens zu erobern. Da tat ein Soldat aus einem anderen Regiment auf mich zu, sah mir ins Gesicht und nannte mich bei Namen, obwohl er scheinbar Zweifel hegte, ob ich auch der Genannte wäre. Ich erkannte ihn im ersten Augenblick nicht. Durch die Stimme aber wurde mir gewiss, dass es einer meiner Schulkameraden aus der Heimat war. Wenn sich zwei Menschen bei einer solchen Gelegenheit als alte Bekannte wieder begrüßen, sollte man meinen, dass diese Begrüßung überaus herzlich geschähe. Wir beide aber standen uns jetzt gegenüber und wussten kaum, was wir sagen sollten, so waren wir erschreckt über unser beider Aussehen. Ich erfuhr nur, dass er von seinem Regiment versprengt worden wäre und nun nach seinem Truppenteil suche. Hunger habe ich, sagte er, hast du nicht was zu essen. Ich ging mit ihm zur Feldküche und erbat dort für meinen Kameraden das Gewünschte.

Dann nahmen wir Abschied voneinander und ich sehe ihn noch, wie der durch die Stämme des Waldes verschwand, gebückt unter der Last des Tornisters. Als ich später nach Hause zurückkehrte, erfuhr ich, dass er kurz nach dieser Begegnung gefallen ist.

Noch einmal komme ich kurz auf meine Magenerkrankung zurück. Als ich eines Nachts im Unterstande aufwachte, bemerkte ich, dass der Kot meine Unterwäsche beschmutz hatte. Im Schlaf hatte man keine Gewalt über sich und es lief einem, ohne dass man es merkte. Es gab keine andere Möglichkeit als hinauszukriechen, sich der Kälte zu entkleiden und seine Kleidungsstücke so gut es ging mit Schnee zu säubern.

Eine Reihe von Erlebnissen aus diesen Tagen, die ich zeitlich nicht mehr genau einzuordnen vermag, möge hier folgen:

Eines Tages hatten wir Stellung bezogen auf einer Anhöhe, vor der sich eine weite Talmulde ausbreitete. Wir hatten Schützengräben ausgehoben und beobachteten nun die feindlichen Stellungen jenseits auf den Höhen. Die Entfernung zwischen uns mag etwa 1½ km betragen haben. Da, was war es, das sich drüben vor einem Gehöft bewegte: ein dunkler Punkt. Bald hatten wir durch das Glas erkannt, dass es sich um einen einzelnen Menschen handelte. Was mochte der vorhaben? Er bewegte sich von den Höhen herab zu Tal. Nun war er unten am Fluss angelangt. Er schien nach einer passenden Übergangsstelle zu suchen, glaubte am Ende, das schwache Eis würde wohl tragen und – saß bis an den Hals im Wasser. Aber unverzagt mühte er sich durch das kalte Nass stieg pudelnass am diesseitigen Ufer ans Land. Es war ein russischer Soldat. Wir begannen, einzusehen, dass es wohl ein Deserteur wäre, konnten aber nicht begreifen, dass ihn seine Kameraden so ungehindert davonziehen ließen. Mit der größten Seelenruhe kam er auf uns zu. Vorsichtshalber machten wir uns schussbereit: Etwa 100 Meter vor unserer Stellung blieb er stehen, hob die Arme und sein Gewehr, dass er seltsamerweise mitgeschleppt hatte, hoch über den Kopf zum Zeichen der Ergebung.

So kam er langsamen Schrittes auf uns zu. Wir ließen es geschehen. Nun sprang er zu uns in den Graben. Sofort nahm ihm unser Leutnant in ein eingehendes Verhör, das ungefähr folgenden Verlauf nahm:

„Wie viele seid ihr dort drüben?"

„Ganze Masse – Petersburg, großes Armee, kommt sich deutsches Armee nicht mit. Russki noch lange nix kaputt."

„Ja, alter Freund, was wolltest Du denn hier?"

Lächeln und Schweigen.

„Sieh hier, dies bekommst Du, wenn Du zurückgehst und Deine Kameraden holst."

Dabei zeigte ihm der Leutnant ein Goldstück. Aber davon wollte er nichts wissen. Sichtlich zufrieden mit seinem Schicksal wurde er als Gefangener abgeführt.

Aus der gleichen Stellung erinnere ich mich folgenden Vorfalls: unterhalb unseres Höhenzuges zog am helllichten Tage eine Kolonne russischer Soldaten mit Gesang ihres Weges, nicht ahnend, dass wir hier in Stellung lagen. Die hinter uns stehende Artillerie richtete schnell die Geschütze und funkte nun auf ein rechtzeitig abgefasstes Kommando mitten in die Kolonne hinein. Es gab ein furchtbares Blutvergießen.

Aber uns selbst wäre es an diesem Orte fast nicht anders ergangen. Die feindliche Artillerie hatte uns entdeckt und da sie das Gelände gut zu kennen schien, gelang es ihr bald, uns mit ihrem Feuer zu belegen. Wir mussten schließlich die Stellung räumen und während unseres furchtartigen Rückzuges über ein weites Feld ging die Schießerei erst recht über uns her. Endlich standen wir Deckung in einer Bodensenkung, worauf das

Feuer bald verstummte. Es war aber für uns nicht ohne Verluste abgelaufen.

Beständig litten wir darunter, dass unsere Bagage mit der Feldküche nicht folgen konnte. Der Hunger quälte und Tag und Nacht. Wo wir kamen, suchten wir nach Lebensmitteln. Aber die ohnehin armen Dörfer waren von dem Feind schon völlig ausgebeutet. Als wir nun eines Tages in einem Dorfe auf kurze Zeit rasteten, durchstöberten wir wieder einmal die Häuser, doch vergebens. Da kam einer der Unsern gerannt. „Honig, Honig!" rief er uns zu. Wir eilten herbei und kamen in einen Obstgarten, wo schon mehrere Kameraden damit beschäftigt waren, aus hohlen Baumstämmen prall volle Honigwaben zu ziehen. Wir beteiligten uns schnell an dem Raub, unsere Kochgeschirre mit der kostbaren Nahrung füllend. Während des weiteren Marsches blieb es natürlich nicht aus, dass wir unseren Hunger an dieser süßen Kost zu stillen suchten. Dabei werde ich mich übernommen haben und die Folge war, dass ich mir gründlich den Magen verdarb. Ich vermochte mich, von entsetzlichen Qualen gepeinigt, nicht mehr aufrecht zu halten und nahm meine Zuflucht zu einer Krankmeldung mit dem Erfolg, dass der Arzt mich mit der Erklärung, „der Kerl ist gesund", aus der Revierstube hinauswarf. Von meinem Kompagnieführer erhielt ich dann obendrein eine Strafwoche bei der Bagage zudiktiert.

Die unzureichende Verpflegung brachte es mit sich, dass sich zuweilen in unseren Reihen der Unwille darüber äußerte. Ich entsinne mich, dass eines Tages auf dem Marsche ein Gemurmel durch die Kompagnie ging und Ausrufe: „Kohldampf – wir verlangen Essen!" deutlich die Stimmung zum Ausdruck brachten.

Unser Kompagnieführer ließ darauf die Kompagnie halten, ritt an der Spitze und hielt eine scharfe Ansprache, die in die Worte endigte: „Wenn der Soldat Gewehr und Patronen hat, hat er alles was er gebraucht – worauf das Gemurre nur noch lauter wurde. Nach kurzer Zeit fuhr die „Gulaschkanone" vor und unsere Wünsche wurden befriedigt.

Ein andermal hatten wir uns eigenmächtig über unsere „Eisernen Portionen" hergemacht und sie verzehrt. Die Vorgesetzten schienen etwas gemerkt zu haben. Es wurde Appell abgehalten. Da sich aber fast alle des Verbrechens schuldig gemacht hatten, erfolgte keine Bestrafung. Wir erhielten hingegen Ersatzpatronen ausgeliefert.

Auch Krasnoborki war ein Dorf wie alle anderen. In einem armseligen Hause hatten wir Unterkunft gefunden. Die Herren Unteroffiziere hatten, wie sich das gehörte, die Betten beschlagnahmt, wir suchten uns mit Hilfe von Stroh ein Lager auf dem Fußboden herzurichten. Hinter dem Hause breitete sich die Feldmark, welche sich zu dem wiesen- und sumpfreichen Tal der Bohr hinabsenkte. Jenseits des Flusses hatte der Feind seine Stellung inne. Wir mussten daher hinter dem Hause Gräben ausheben. Aber wir kamen nicht weit damit, da die Erde hat gefroren war.

Nun wurden bei Tageszeit Posten in einer kleinen Scheune ausgestellt. Durch die Lücken der Holzstämme dieses Blockhauses musste der Feind, das ganze weite Gelände ständig beobachtet werden.

Bei Nacht bezogen wir den kümmerlich ausgeworfenen Graben. Eine schneidende Kälte umfing uns. Wir mussten in den Gräben hocken, die halb mit Wasser und Schnee gefüllt waren. Die Gefahr eines feindlichen Angriffs schien äußerst groß zu sein, denn immer wieder wurden wir zu größter Stille ermahnt. Man vermutete feindliche Patrouillen vor uns. Am Horizont blitzen Scheinwerfer auf, strichen über das Portal. Ich wurde in dieser finsteren Nacht mit zwei Kameraden auf Patrouille ausgesandt. Wir gingen ins Ungewisse hinein, das Gewehr schussbereit unter dem Arm. Der Befehl lautete: bis an die Bobr vordringen und feststellen, ob der Feind Patrouillen ausgeschickt hat. Aber wie sollten wir in der stockfinsteren

Nacht im unbekannten Gelände die Richtung innehalten. Unsere Blendlaternen durften wir nicht benutzen, sie hätten uns auch nur verraten. Eine Weile waren wir so gewandert, als einer uns erklärte, er müsse dringend seine Bedürfnisse verrichten.

Wir anderen wollten ihn davon abraten, aber schon hatte er sich seines Gepäcks entledigt und saß nun in der gewünschten Stellung. Was konnten wir anderes besseres tun, als still daneben stehen zu bleiben. Unablässig spielten die Scheinwerfer und es währte auch nicht lange, da beleuchtete einer unsere absonderliche Gruppe. „Nicht rühren!" befahl ich. Das Licht blieb eine Weile auf uns stehen. Wir verhielten uns wie versteinert. Die Sekunden wurden unerträglich. Ob man uns entdeckt hatte? Nun würde gleich die Schießerei auf uns losgehen. Der Hockende klagte, er könne es nicht mehr aushalten. „Du bleibst sitzen" befahl ich. Mit einem Male huschte der Lichtkegel fort. Erleichtert atmeten wir auf.

Wir konnten unseren Marsch fortsetzen. Doch sollte es noch schlimmer werden. Eine Weile waren wir über das holprige Gelände gestolpert, als plötzlich ein wildes Gewehrfeuer losbrach. Die Kugeln pfiffen uns um die Ohren. Im Nu lagen wir auf dem Erdboden und machten uns schussbereit. Unser Schicksal schien besiegelt zu sein, denn nach dem Feuer zu urteilen war der Feind in der Überzahl. Wir verhielten uns ruhig und das war wohl auch das einzig Richtige.

Wirklich wurde das Feuer auch nach und nach weniger und verstummte schließlich ganz. Nun mühten wir uns kriechend weiter und wagten schließlich, aufrecht zu gehen. Beim Überspringen eines Grabens geriet ich zu allem Übel noch bis zu den Knien ins Wasser. Wir wussten nicht, wo wir uns befanden und gingen auf gut Glück weiter. Plötzlich Stimmen vor uns: „Halt, wer da?" „Dritte Kompagnie 261!" – Wir waren bei unserer Nachbarkompagnie angelangt und damit in Sicherheit.

In der nächsten Nacht kam plötzlich der Befehl: Fertigmachen zum Abmarsch, in einer Viertelstunde rückt die Kompagnie ab. In Eile wurde alles gepackt. Jegliches Lärmen wie auch laute Kommandos wurden strengstens untersagt. Das Vieh, welches wir im Dorfe requiriert hatten, wurde zurückgelassen. Bald lag das Dorf in dunkler Nacht hinter uns. Plötzlich fielen Kanonenschüsse. Immer heftiger wurde das Feuer. Hinter uns färbte sich der Himmel glutrot: Krasnoborki stand in Flammen. Wir waren rechtzeitig dem Unheil entronnen.

In einer der folgenden Nächte mussten wir eine Höhe besetzen. Man führte uns in ein Wäldchen. Von hier aus abwechselnd Posten auf der Höhe ausgestellt. Wir entdeckten in dem Wäldchen einen alten Unterstand, den wir zur Unterkunft nahmen. Hier saßen wir, wenn wir nicht auf Posten standen, aneinander gehockt und versuchten, unsern ausgehungerten Magen ein wenig zu befriedigen. Ich hatte noch ein Feldpostpaket von zu Hause bis hierher bewahrt und bemühte mich nun, eine schöne Fleischkonserve über einem Talglicht anzuwärmen. Da rief man uns schon wieder hinaus. Wir sollten ablösen. Das war eine schreckliche Aufgabe: vier Stunden in der Nacht dort oben auf dem Höhenkamm in Schmutz und Kälte zu liegen. Die Vorgesetzten waren bemüht, uns über das Gelände vor uns, das wir nicht sahen, aufzuklären.

Drüben sollten, vom Feind besetzt, drei Dörfer liegen: Domuraty – Malawista – Tririaczki. Wir mussten die drei fremd klingenden Namen merken und wurden hin und wieder darauf examiniert, ob wir sie auch behalten hätten. Mir hat sich der Klang dieser drei Namen so eingeprägt, dass ich sie zeitlebens nicht vergessen möge.

Dann gedenke ich eines Tages, an dem wir in langer Schützenlinie ausgeschwärmt über einen Sturzacker vorwärts mussten. Unablässig beschoss uns der Feind mit Schrapnells, welche, in der Luft krepierend, ihre Kugeln auf uns niederprasseln ließen. Wir kamen in sumpfiges Gelände und suchten hinter einem Fahrdamm, der quer hindurchlief, Schutz vor immer heftiger werdender Beschießung. Eine Maschinengewehrabtelung versuchte, auf dem Damm vorwärts zu kommen. Ein Gespann erhielt einen Volltreffer. Pferde und Menschen waren verloren.

Winterschlacht in den Masuren. Leipziger Illustrierte Zeitung 1915

Immer enger schloss sich der Ring um das riesige Waldgebiet von Augustowo, in welchem sich die Reste der geschlagenen russischen Armee befanden. Die Aufgabe unserer Division bestand darin, den Ring von Osten her zu schließen. Die Ereignisse gestalteten sich wie folgt: Bei Zabicki nahmen wir auf den Höhen vor dem Augustower Walde Stellung. Ein feiner Nieselregen hatte eingesetzt. Wir mussten uns, so gut es ging, im Liegen in der gefrorenen Erde Schulterwehren aufwerfen, eine mühselige Arbeit, da es ja schwer ist, auf dem Bauche liegend zu schaufeln. Den ganzen Tag lagen wir so, mit dem Gewehr im Anschlag und passten auf den Feind auf wie die Katze vor dem Mauseloch. Unablässig funkte unsere Artillerie über unsere Köpfe hinweg, hinein in die Wälder. Gewaltige Detonaionen zerrissen die Luft, zermürbten den Feind. Am frühen Morgen wurde das Feuer eingestellt und es erging der Befehl: „Infanterie vor!"

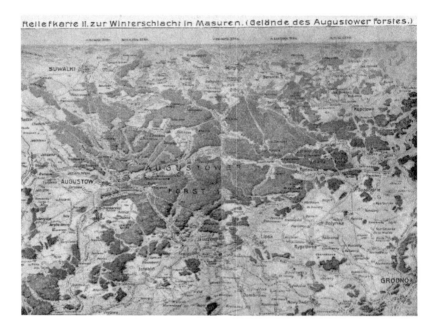

Winterschlacht in Masuren, Augustower Forst. Quelle: Hans Niemann, „Hindenburgs Winterschlacht in den Masuren"

Wir schritten die Höhe hinab und betraten den Wald in der Erwartung, dass man das Feuer auf uns eröffnen würde. Aber kein Schuss fiel. Doch der Anblick, der sich uns darbot, je weiter wir in das sumpfige Waldgelände vordrangen, war furchtbar. Zerlumpte, über und über beschmutzte Gestalten kamen uns entgegen, ließen sich ohne Gegenwehr gefangen nehmen, sichtlich froh, dieser Hölle entronnen zu sein. Wir erbeuteten ungezähltes Kriegsmaterial, von den größten Feldgeschütze bis zu den kleinsten Ausrüstungsgegenständen. In den Sümpfen saßen Menschen und Tiere, Wagen und Kanonen in unabsehbarer Zahl. Was wir zur Rettung und Bergung zu tun vermochten, taten wir, aber ein großer Teil musste elend umkommen, versinken. Unablässig strömte der Regen hernieder. Wir waren durchnässt bis auf die Haut. Dann kam der Befehl zum Sammeln am Waldrande. Hier wurde die Beute sortiert. Im Grase lag ein schwer verwundeter Russe. Die Sanitäter wurden herbeigerufen. Es war keine Hilfe möglich: Bauchschuss. Der Arme wimmerte. Wir deckten eine Zeltbahn über ihn. So wird er gestorben sein. Etwas weiter stand ein Pferd, das sich mühsam mit einer schweren Verwundung aufrecht hielt. Einer unserer Offiziere trat hinzu, zog einen Revolver, hielt ihn dem Tier hinter die Ohren und drückte ab. Das Pferd schwankte und stürzte dann in sich zusammen.

Der Abend kam. Unsere Kompagnie erhielt einen großen Pferdetransport zugeteilt. Es waren kleine, abgewetzte Gäule. Wir zogen mit ihnen in die Dunkelheit hinein. Das war eine schlimme Nacht. Es war so finster, dass wir keine Hand vor Augen sehen konnten. Ich hatte vier Tage am Halfter und zog sie hinter mir her. Wir bildeten eine lange Karawane. Anfangs wollten wir reiten. Aber die Tiere vermochten uns nicht zu tragen. Wie mühselig schleppten sie sich hinter uns her. Durchnässt, abgejagt, ausgehungert folgten sie schwerfällig unseren Schritten. Die Verbindung riss ab. Wo waren wir, wohin sollten wir? Keiner wusste es. Wir standen auf tief durchweichtem Ackerboden, ratlos, was wir tun sollten. Am Ende marschieren wir aufs Geratewohl weiter. Ein Licht blinkte in der Ferne, verschwand, kam wieder: „Lasst uns die Richtung darauf halten!" Es würde ein Dorf sein, aber wer sollte sagen, ob Freund oder Feind. Wir kamen näher, erreichten Häuser, fragten. Es waren die Unsern. Aber alles besetzt. Einerlei, irgendwo hinein. Wir und die Tiere konnten nicht mehr. Da fanden wir schnell einen Stall, den schien man nicht entdeckt zu haben, denn er war leer. Schnell aber hinein. Wir und die Tiere konnten nicht mehr. Da fanden wir einen Stall, den schien man nicht entdeckt zu haben, denn er war leer. Schnell alle hinein. Wir fielen aufs Stroh nieder, die Pferde zwischen und neben uns. Wir schliefen, durchnässt, verhungert. Als ich am Morgen aufwachte, blickte ich in die Augen eines Pferdes, dessen Kopf an meinem lag. Wir hatten uns wie Brüder hier gelagert.

Die folgenden Tage und Nächte hatten wir wieder anstrengende Märsche zu überstehen. Zuweilen mussten wir marschieren wie noch nie. Der Feind war uns auf den Fersen. In Eilmärschen ging es Stunde um Stunde. Was das heißt, im Eilmarsch marschieren mit ausgezehrtem Körper und vollem Gepäck, das lässt sich kaum beschreiben. Ich entsinne mich, dass mein Wille versagen wollte, dass meine Energie zusammenzubrechen drohte. Die Versuchung war nahe, einfach seitwärts zu taumeln, liegen zu bleiben, willenlos, wunschlos – schlafen, sterben. Aber da war schon wieder ein anderer Gedanke: der Feind würde nahen, man wäre ihm ausgeliefert. Dieser Gedanke, mühsam erfasst, gab dem Willen wieder einen Stoß. In mir hämmerte eine Stimme: bei der Truppe bleiben – immer weiter wanken im Tross.

Im Walde vor dem Ort Bialobrzegi stoppte der Rückmarsch. Es war gegen Abend. Nach kurzer Zeit erging der Befehl, gegen den Feind in Schützenlinie auszuschwärmen. Man wollte sich seinem Drängen entgegenwänden. Kaum waren wir aus dem Walde heraus, als ein heftiges Infanterie- und Artilleriefeuer einsetzte. Wir mussten über ein freies Feld. Zum Glück war es schon ziemlich dunkel, so dass uns der Feind schwer erkennen konnte. Endlich hatten wir einen alten Schützengraben erreicht, den wir besetzten. Er war jedoch nicht tiefer, als dass wir gebückt stehen konnten hinter der Schulterwehr. Bei Nachtzeit bestand zwar weniger Gefahr, aber am Tage mussten wir doppelt vorsichtig sein.

Ja, bei Tag und bei Nacht, 56 Stunden, zwei Tage und zwei Nächte und darüber haben wir hier aushalten müssen. Wir standen Mann neben Mann. Es waren die furchtbarsten Stunden, die ich je erlebt. Nicht, dass wir vom Feind arg belästigt wurden, aber die Kälte, diese grimmige Inlandskälte von 30° unter 0 und mehr, peinigte uns bis zur Verzweiflung.

Diese entsetzlichen Nächte, wenn der gestirnte Himmel über uns erstrahlte, auf Erden aber alles in Frost erstarrte. Wir hüllten uns in unsere Decken ein, welche wir über den Helm, um Gesicht und Schultern schlugen, aber es nützte nicht viel. Es war, als ob die Kälte uns die Haut vom lebendigen Leibe herunterreißen wollte. Wir konnten uns nicht durch Bewegung gegen sie wehren. Nicht einmal mit den Füßen durften wir stampfen, um dem Feind nicht unsere Stellung zu verraten.

Nur am Tage, in den kurzen Mittagsstunden, wenn die Sonne ein wenig höher stieg, fühlten wir etwas Wärme. Wir krochen dann auf die ebene Erde hinter dem Graben, damit die Sonnenstrahlen unsere erstarrten Glieder aufwärmten. Zu essen gab es den ganzen Tag nichts. Da durfte wegen des Feindes keiner zurück zur Feldküche. Erst am Abend, wenn es dunkel geworden, wurden einige abkommandiert, die aber erst nach Stunden zurückkehrten. Was wir dann in den Kochgeschirren vorfanden, war kaum als Essen zu bezeichnen. Ja zu Eis erstarrt war der Brei, so dass wir ihn mit den Messern herausschneiden mussten. Ähnlich erging es uns mit dem Brot. Dieses hatte sich mit Eiskristallen durchsetzt und wir mussten uns mit dem Seitengewehr die Stücke heruntersäbeln. Über die Zeit waren wir ohnehin schlecht unterrichtet, wussten wir doch kaum, wenn er Morgen anbrach, welchen Wochentag wir hatten.

Nachts wurden wir abwechselnd auf Posten nach vorne geschickt, immer zu zweien. Da geschah es, dass unser Freund Erich Gedanke, als er von einer solchen Patrouille mit seinen

Kameraden zurückkehrte, in den Graben taumelte und wie leblos liegen blieb. Wir hoben ihn auf, aber er vermochte sich nicht mehr aufrecht zu halten. Man trug ihn zurück. Am anderen Morgen erfuhren wir, dass er gestorben wäre. Entkräftung und die Kälte hatten seine Widerstandskraft gebrochen. Wir waren bei dieser Nachricht alle entmutigt, am meisten Erichs alter Jugendfreund Ernst Hensel. Er war uns allezeit ein lieber Kamerad gewesen. Wie oft hatte er sich angeboten, wenn ich unter der Last des Gepäcks zusammenzubrechen drohte, mein Gewehr auf eine Weile zu tragen, obwohl er selbst genug an sich und seiner Ausrüstung zu schleppen hatte.

Es sei noch erwähnt, dass wir in dieser Stellung zur Nacht oft die Dörfer vor uns lichterloh brennen sahen, ein Anblick, der mir heute noch klar vor Augen steht. Es flammte plötzlich irgendwo auf, im Nu schlugen die Flammen empor und griffen rasend um sich. Ich glaube, ein solches Dorf war in nicht länger als einer halben Stunde niedergebrannt.

Endlich wurden wir abgelöst. Es war nachts. Unsere Glieder waren so steif, dass wir kaum gehen konnten. Kommandos, im Flüstertone gesprochen, formierten uns.

Nach einer Weile pferchte man uns mit zwölf Mann in einen Unterstand. Der war kaum für fünf Personen berechnet. Wir hockten übereinander in den unmöglichen Stellungen. Stunden mussten wir so verbringen, während über uns Geschosse der Artillerie krepierten. Endlich wurden wir auch aus dieser Lage befreit. Den Tag über verbrachten wir untätig im Walde von Bialobrzegi. Immer noch war die Kälte unerträglich. Aber wir konnten uns jetzt wenigstens bewegen. Gegen Abend ging es weiter vorwärts. Vor uns tobte eine Schlacht. Wir sollten in Reserve gehalten werden.

Am Waldrande stellten wir die Gewehre zusammen. Vor uns krachten schwere Mienenwerfer. Wir erwarteten jede Minute, dass auch wir in den Kampf hineingezogen würden. Doch mussten wir Stunde um Stunde warten. Wir wussten nicht, wir uns bergen sollten vor diesem Hauch, der messerscharf alles durchschnitt. Ich fühlte, wie das Eis die Beine emporstieg, wie es den Körper, Arme und Beine ergriff. Ich vermochte nicht mehr, den linken Arm rücklings zu biegen, um den Tornister umzuschnallen. Einer hatte sich in seiner Ermattung hingelegt, obwohl wir immer wieder ermahnt wurden, dies zu unterlassen. Als wir ihn aufhoben, war er steif und der Sprache nicht mächtig. Man trug ihn fort. Gegen Morgen ging es in Schützenlinie vorwärts. Wir kamen über das Schlachtfeld. Grausig klang das Schreien und Stöhnen der Verwundeten, welche unerbittlich der Kälte zum Opfer fielen. Der Tag brach an.

Es war der 11. März 1915. In der Morgenstunde marschierten wir bei sonnigem Wetter aber immer noch in grimmiger Kälte zurück, wir erreichten nach einiger Zeit das Dorf Bialobrzrgi. Wie erstaunten wir, als das Tageslicht stärker wurde, über unser Aussehen. Tief lagen die Augen in den Höhlen. Die Jochbeine traten weit hervor. Die Wangen waren nur Vertiefungen. Verwildert wucherten Kopf- und Barthaare. Der geschwächte Körper beugte sich unter der Last des Gepäcks. Braun und verschmutzt war die Haut, knochig die Hände. Es waren elende, ausgezehrte Gestalten, die sich mühsam hinschleppten.

Im Dorfe angelangt, wurde Halt gemacht. Wir stellten die Gewehre zusammen und schnallten die Tornister ab. Antreten zum Essenempfangen, lautete der Befehl. Wir sahen die Feldküche dampfen und in uns erwachte wieder der Lebensmut.

Am Wege lagen drei frische Gräber – überschneit. Auf jedem Hügel stand ein schlichtes Kreuz aus Zweigen. Einer sagte, „dort liegt Erich". Wir traten hin und nahmen den Helm ab. Ernst Hensel riss einen Zweig von den riesigen Tannen, dass der Schnee herunterstob und streckte ihn auf das Grab in der Mitte. Schweigend standen wir eine Weile, unseres Kameraden gedenkend.

Dann ging es hinaus zur Feldküche. Ich vermochte nicht, mein Essgeschirr zu halten. Meine Kameraden sahen es und machten unserem Unteroffizier darauf aufmerksam. Er besah sich meine Hände und meinte, ich müsse mich lieber krankmelden. Ich hatte mit diesem Krankmelden einmal trübe Erfahrungen gemacht und war daher von diesem Vorschlag nicht sonderlich erbaut. Dennoch ging ich, ohne zwar mich ernstlich von meinen Kameraden zu verabschieden. Nach kurzer Zeit, so dachte ich, würde ich zurückkehren.

Ich suchte nun das Dorf nach der Revierstube ab, wurde von einem Hause zum anderen geschickt. Kaum vermochten mich meine Füße noch zu tragen. Endlich, ganz am anderen Ende des Dorfes, fand ich das Haus. Ich trat ein und machte meine Meldung. Zunächst kümmerte man sich nicht weiter um mich. Der Arzt war damit beschäftigt, seinen schneeweißen Körper, der von Strapazen nichts wusste, zu waschen.

Der Sanitäter war ihm dabei behilflich. Endlich war die Prozedur beendet und der Arzt fragte mich, halb zu mir gewandt, was ich habe. Ich zeigte ihm meine Hände, welche er aus einiger Entfernung, immer noch mit dem Abtrocknen seines Körpers beschäftigt, kritisch betrachtete. Aus seinen Mienen glaubte ich zu entnehmen, dass der Fall nicht eben ernst zu nehmen sei und erwartete schon, dass ich mich mit einigen, unhöflichen Worten als Drückeberger wieder hinauskomplimentiert würde. Doch nun wandte sich der hohe Gebieter zum Sanitäter: „Erfrierung – er muss die Hände fortgesetzt in den Schnee reiben."

Etwa eine Stunde lang saß ich dann vor der Tür und gab mich dieser Beschäftigung hin. Schließlich schickte man mich zum Feldwebel, damit ich meine Papiere hole. Ich glaubte, dieser habe sein Quartier am anderen Ende des Dorfes, schleppte mich also dorthin. Unterwegs traf ich meinen Korporal, der mich in Döberitz ausgebildet hatte. Als er hörte, dass ich wahrscheinlich ins Feldlazarett käme, meinte er, dann wäre ich auf dem besten Wege nach Hause. Aber auch jetzt noch dachte ich nicht im Geringsten daran.

Am anderen Ende des Dorfes erfuhr ich, dass der Feldwebel neben dem Revier Quartier hatte. Ich musste also den langen Weg wieder zurück. Er wurde mir zu einem Leidensweg. Ich vermochte die Füße kaum noch anzusetzen, der Körper krümmte sich unter den entsetzlichen Magenschmerzen, die Arme hingen wie gelähmt. Endlich war ich am Ziel. Der Feldwebel war gerade im Begriff, ein schönes Huhn zu verzehren. Meine Papiere wurden in Ordnung gebracht, ich empfing eine Aufstellung über das, was ich als Heeresgut bei mir trug und noch 10 Mark Beutegeld dazu. Ich sprach die Bitte aus, man möge mich ins Feldlazarett transportieren, da ich vor Erschöpfung nicht gehen könnte. Von dem Zustand meiner Füße ahnte ich noch nichts. Man verlangte jedoch von mir ein ärztliches Attest. Ich kehrte also zur Revierstube zurück. Aber auch hier zeigte man sich abweisend gegen mich, indem man erklärte, mein Transport wäre Sache des Feldwebels.

Des ewigen Hin- und Herschickens müde, machte ich mich zu Fuß auf den Weg. Es mochte wohl vier Uhr geworden sein, denn es begann schon zu dämmern und die Kälte begann wieder empfindlicher zu werden. Ich mühte mich einen einsamen Waldweg entlang. Hohe dunkle Tannen ragten zu beiden Seiten empor. Der Weg führte geradeaus. Zwischen den Zackengipfeln der Bäume leuchtete ein Stückchen hellen Himmels. Langsam schleppte ich mich vorwärts. Das Feldlazarett Netta sollte 4 bis 5 km entfernt liegen. Das war für mich ein endloser Weg. Ich wünschte schon, dass ich bei der Kompagnie geblieben wäre. Nicht weit war ich gekommen, als ich meine Kräfte völlig schwinden fühlte.

Ich setzte mich am Wegrand nieder. Es war bitter kalt, aber ich fühlte kaum noch die Kälte. Mir war alles gleichgültig. Zwischen Wachsein und Schlaf taumelten die Gedanken dahin, aber waren es Fieberphantasien? Ich sah das Elternhaus, befand mich als Kind auf den heimatlichen Fluren unter den Spielka-meraden – ja, das Leben schien – wie sonderbar – einen neuen Anfang zu nehmen, und das war weit schöner und herrlicher als jemals zuvor. Wie lange hatte ich gesessen? Ich weiß es nicht. Ist es der Zufall, dass ich noch im letzten Augenblick dem Leben erhalten blieb? Kein Mensch war ja weit und breit. Es wurde immer dunkler. Wer sollte mich hier in der Einsamkeit finden? Nur kurze Zeit noch, dann wäre ich eingeschlafen, die Nacht hätte ihr Leichentuch über mich gedeckt und am ande-ren Morgen hätte der Erste, der hier des Weges gekommen wäre, einen zusammengekrümmten, erstarrten Leichnam ge-funden.

Aber in letzter Minute noch wurde ich gerettet. Ist es ein gü-tiges Geschick gewesen oder soll ich meine Lebensrettung dem Menschen zuschreiben, der von der Protze eines Munitionswa-gens im Dämmerschein einen zusammengesunkenen Soldaten am Wegrande erblickte. Er war es, der sein Gefährt aus der Ko-lonne heraus halten ließ, von seinem Sitz herunterstieg, mir ins Gesicht schaute, ob es ein Lebender oder Toter wäre, der wohl noch ein wenig Leben in diesem Häuflein Unglück erblickte, mich aufrüttelte, einen Kameraden herbeirief, mit dem er mich unter die Arme packte und mich so zu ihrem Wagen trugen. Ich erwachte ein wenig, als der Wagen anfing, zu holpern und zu stoßen. Man hielt mir einen Becher Alkohol unter die Nase. Ich trank ihn restlos aus. Das erwärmte und weckte mich wie-der zum Leben. Nun freuten sich auch die, welche mich geret-tet. Ich wurde mit Fragen bestürmt. Es waren biedere Sachsen. Sie mochten all dieses Elend, das wir Infanteristen durchge-macht, nicht kennen, das fühlte ich. Sie fuhren ständig eine Ar-tillerie-Munitionskolonne und wenn auch dieses anstrengend und gefahrbringend war, so hatten sie doch immer zu essen und kannten nicht die Strapazen des Fußsoldaten. In kurzer Zeit war ich wieder aufgemuntert.

Als sie erfuhren, dass ich ins Feldlazarett Netta sollte, meinten sie: „Erst kommst Du mit uns in unser Quartier, dort kannst Du fein ausschlafen, kriegst zu essen und kannst Dich morgen im Lazarett melden." Bald hatten wir Netta erreicht. In einem Gehöft hatten meine Retter Quartier. Sie trugen mich in eine Stube, deren Fußboden mit Stroh ausgelegt war. Im Osten prasselte ein wärmendes Feuer. Behaglich streckte ich meinen erschlafften Körper aus. Flugs stand vor mir ein Porzellanteller, gehäuft mit Gulasch und Kartoffeln, ja, sogar Gabel und Messer wurden mir gereicht. Ich ließ mir alles vortrefflich schmecken und tat darauf einen langen tiefen Schlaf.

Zurück nach Deutschland

Am nächsten Morgen sollten meine Freunde wieder mit Munition an die Front. Sie nahmen mich mit, um mich im Lazarett abzuliefern. Selbst das letzte Stück, welches ich hätte zu Fuß zurücklegen müssen, ließen sie mich nicht allein, sondern waren mir behilflich.

Das Lazarett befand sich in einer Bauernhütte. In dem ersten Zimmer, ich welches ich eintrat, saßen drei Ärzte bei einem guten Frühstück. Sie hielten es kaum der Mühe wert, meine Füße zu betrachten, von welchem ein Sanitäter den notdürftigen Verband gelöst hatte. Ich brachte dann vor, dass mir auch meine Füße schmerzten. Man befahl mir, die Stiefel und Strümpfe auszuziehen, doch wollte mir dieses nicht gelingen. Die Stiefel waren wie angewachsen. Auch der Sanitäter vermochte nichts auszurichten und musste schließlich zu einem Messer greifen, um die Schäfte aufzuschneiden. Als die Strümpfe heruntergezogen waren, zeigt es sich, dass beide Füße erfroren waren und sich in einem weit schlimmeren Zustande befanden als die Hände. Man legte einen trockenen Verband an und entließ mich. In dem Nebenraum, welches bereits voll war von Verwundeten, wie man mir ein Strohlager an. Neben mir krümmte sich ein schwer verwundeter russischer Soldat in seinen Schmerzen. Als ich so lag und über mein Schicksal nachdachte, gewann zum ersten Male der Gedanke in mir festen Fuß, dass ich vielleicht doch die Heimat wiedersehen würde. Mit diesem Gedanken versank ich wieder in einen tiefen Schlaf.

Gegen Abend wurden wir auf Lederwaren verladen, die ein halbrundes tonnenartiges Verdeck aus Segeltuch tragen und im Inneren mit Stroh ausgelegt wurden. Wir – eine kleine Schar Verwundeter – saßen eng aneinander gehockt. Einer unter uns hatte eine schwere Unterleibsverwundung und stöhnte jedes Mal, wenn es einen Stoß gab. Wahrlich, es war eine Qual, mit diesem primitiven Wagen zu fahren. Fast ständig ging es über holperigen, weglosen Acker, zuweilen im Trab. Die ganze Nacht hindurch währte dieser Transport bis wir im Morgengrauen das Städtchen Kaczki erreichten.

Hier brachte man uns in dem Saal eines großen Gebäudes unter. Bei dieser Gelegenheit verlor ich mein ganzes Gepäck, welches sich ein Sanitäter angeeignet haben muss. In dem Saal, der mit Stroh ausgelegt und mit Verwundeten angefüllt war, erhielten meine Wunden die erste gründliche Behandlung. Ein Arzt schnitt die Blasen an den Füßen auf und legte einen besseren Verband an. Am folgenden Tage hieß es, ein Transport Verwundeter sollte von der Station Raczki nach Deutschland abgehen, es dürften aber nur solche mit, die gehen könnten. Nun kam Bewegung in die Reihen. Jeder wollte gern aus diesen primitiven Verhältnissen heraus. Auch der Schwerverwundete behauptete, gehen zu können. Ich selbst schleppte mich ebenfalls mit hinaus, gestützt von zwei Kameraden.

Draußen stand ein Wagen, auf den man mich hinaufschob, und nun gings zum Bahnhof. Aber dort war weit und breit kein Zug zu sehen. Viele Stunden hockten wir noch umher bis endlich ein Zug vorfuhr. Wir stürzten uns auf die Wagen, um nur einen Platz zu erhalten, wobei ich auf die Hilfe meiner Kameraden angewiesen war. Bei der Überfüllung des Zuges konnte ich nur ein Sitzplatz beanspruchen. Da kauerte ich nun mit emporgezogenen Beinen, dann sobald ich sie nach unten ließ, wurden die Schmerzen an den Füßen unerträglich.

In den Abend hinein ging die Fahrt. Der Zug war nicht geheizt und die Fenster hatten sich mit einer dicken Eiskruste bedeckt. Wir hauchten uns Löcher in die Scheiben, um im Dämmerschein noch etwas von der Landschaft erspähen zu können. Es waren aber nur trostlose Bilder, die vom Krieg und seiner Verwüstung sprachen. Die Nacht senkte sich herab. Im Zuge war kein Licht. Das Abteil füllte sich mit Tabaksqualm. Nach und nach schliefen die Kameraden ein. Auch ich blieb wach. Meine Füße und Hände schmerzten sehr, und die Kälte durchdrang Mantel und Uniform. Der Zug bewegte sich träge vorwärts. Manchmal hielten wir lange Zeit auf freier Strecke. Endlich erreichten wir einen größeren Ort.

Es war Marggrabowa. Wir waren damit wieder auf deutschem Boden. Gegen Morgen ging es weiter, die Fahrt führte aber über Goldap – Angerburg – Nordenburg – Gerdauen. Das ganze Ostpreußenland lag noch verwüstet da. Erst hinter Gerdauen erblickten wir ein Dorf, welches unversehrt war. Kirchenglocken grüßten uns mit heimatlichem Klang. Wohin ging die Fahrt? Keiner wusste es. Dann hielten wir auf dem Bahnhof einer großen Stadt.

Wir waren in Insterburg. Jetzt ging es ans Aussteigen und Ausladen. Eine Kolonne hatte man notdürftig als Lazarett hergerichtet. Es war ein unfreundlicher, dunkler Raum, in welchem ich mit einigen anderen untergebracht wurde. Zwei Tage lagen wir hier. Die ganze Zeit kam nur einmal ein Arzt zu uns. Von hier schrieb ich auch, so gut es ging, die erste Nachricht nach Hause. Eine Schwester führte mir die Hand. Ich hatte damit gerechnet, dass ich in diesem tristen Zimmer ein langes Krankenlager würde verbringen müssen, als unerwartet unser

Abtransport zum Bahnhof erfolgte. Hier hielt ein langer Lazarettzug vom Roten Kreuz, ja, zu meiner nicht geringen Überraschung stand darauf: Schleswig-Holstein. Der erste Gedanke war, es geht direkt in die engere Heimat. Man trug mich in einen der Wagen und legte mich in ein sauberes, weißes Bett am Fenster.

Zwei Reihen Betten, doppelt übereinander und in der Längsrichtung des Wagens aufgestellt, einen Gang in der Mitte freilassend, nahmen die Verwundeten auf. Alles war bequem und sauber und den Erfordernissen entsprechend eingerichtet. Sogar ein Gläschen mit frischen Blumen befand sich an jedem Lager. In jedem Wagen war Tag und Nacht ein Wärter zugegen. Ein besonderer Wagen war für dringend vorzunehmende Operationen eingerichtet. Zum ersten Male steht fest, nach vier Monaten fühlte ich mich wieder von Behaglichkeit umgeben. Kaum dachte ich noch an meine Wunden und lobte das günstige Geschick, welches mich so weit gebracht.

Lange Zeit verging, ehe der Zug sich in Bewegung setzte, denn etwa 300 Verwundete mit Verletzungen schwerer und leichter Art mussten naturgerecht untergebracht werden. Endlich wollten wir zum Bahnhof hinaus. Es war ein prächtiger Wintertag.

Über Königsberg – Elbing gings nach Westpreußen hinein. Beständig konnte ich meine Blicke zum Fenster hinaus richten auf die strombeglänzte Winterlandschaft. Da erhob sich leuchtend die Marienburg, die Ordensburg mit ihren roten Ziegeldächern. Dann donnerte der Zug über die imposante Weichselbrücke bei Dirschau. Weiter fuhren wir durch Konitz – Neustettin – Stargard.

Zum ersten Male wurden während dieses Transportes meine Wunden einer sorgfältigen Behandlung unterzogen. Der Arzt schnitt die Blasen an den erfrorenen Gliedmaßen auf und erwog, ob im Operationswagen eine Amputation vorgenommen werden sollte. Doch ließ er es bleiben, da wohl ernstere

Wunden zu behandeln waren. Vielleicht war es auch zu meinem Besten. In den Nächten schlief ich gut. Trotz meines Zustandes war ich fast fieberfrei. Es waren nicht nur die Erfrierungen, welche mich zu einem kranken Menschen machten, fast mehr litt ich unter den Verdauungsstrukturen, da der Magen sich nicht an die neuen Verhältnisse gewöhnen konnte. Der Zustand der Erschlaffung war so groß, dass ich mich nicht einmal aufrecht sitzend im Bette zu halten vermochte. Doch begann ich, mich seelisch zu erholen. Der Unterschied zwischen dem, was ich in den letzten Wochen erlebt und dem, was sich mir an Bequemlichkeit und Pflege darbot, war so groß, dass der Lebensmut wieder zu steigen begann. Durch Berlin fuhren wir zur Nachtzeit. Am Morgen, als ich erwachte, rollten wir bereits durch den Grunewald. Bald grüßten die Türme von Magdeburg. Die Natur ließ nichts mehr vom Winter erkennen. Über Feld und Flur breitete sich des Frühlings erstes Walten. Nach kurzem Aufenthalt in der alten Elbestadt fuhren wir in südlicher Richtung weiter. Wieder hielt der Zug in Schönebeck. Hier begann man mit dem Ausladen, jedoch blieb es bei einer bestimmten Zahl von Verwundeten. Ich war nicht unter den Auserwählten.

Bald fuhren wir die Strecke zurück, die wir gekommen und hielten wieder in Magdeburg. Hier nun wurde der Rest ausgeladen. Zunächst stellte man uns auf Bahnen in Reihen in einer großen Halle des Bahnhofs auf. Drinnen in schweren Pelzen und mit gepflegten Händen bemühten sich um uns, brachten uns zu essen und zu trinken. Wahrscheinlich habe ich einen besonders kläglichen Eindruck gemacht, denn sie sahen mich immer mit einem sehr mitleidsvollen Blick an und ich bemerkte, dass sie in einigen Abstand von mir sich mit ernster Miene über mich unterhielten. Nun halte ich es zwar für denkbar, dass mein Aussehen wenig vertrauenerweckend gewesen ist. Beide Füße wie Hände waren mit einem dürftigen Verband versehen. Dazu kam das veränderte Aussehen: die Haut schmutzig-gelb, das eingefallene Gesicht umgeben von einem Kranz wildwachsender Haare.

Nach einiger Zeit wurde ich in ein Sanitätshaus getragen und nun ging die Fahrt in die Stadt hinein.

Im Lazarett in Magdeburg

Ich wurde zugeteilt dem Lazarett Loge Harpokrates – Gr. Münzstr. 10, Ecke Kaiser-Br. Münzstraße.[16] Es war der 18. März 1915. Als ich aus dem Sanitätswagen über den Bürgersteig im Krankenhaus getragen wurde, war das, was mir bis heute von diesen wenigen Sekunden am deutlichsten in der Erinnerung geblieben, die neugierige Menge der Stadt, diese ernsten Mienen, die zu sagen schienen, was für einen beleidenswerten Krüppel tragen sie dort einher. Ich höre Worte: „Beide Füße und beide Hände, wie furchtbar!"

Aber im selben Augenblick war ich schon drinnen in dem großen Gebäude. Ich entsinne mich noch sehr gut des Eindrucks, den ich hatte, als man mich in einen der hell erleuchteten Säle des Hauses brachte. Im ersten Augenblick vermochte ich kaum zu fassen, dass es so etwas von Pracht und Prunk, wie mir dieses vorkam, geben konnte. Es war nun allerdings nach unseren alltäglichen Begriffen nicht so absonderlich. Der Saal war geräumig und hell erleuchtet, in der Mitte leiteten vier Säulen von der Eingangstür vom Korridor her zur Terassentür, durch welche man in den Garten gelangte. Doch hatte ich seit Monaten nicht etwas Derartiges gesehen, hatte ständig in Schmutz, Regen und Kälte gelebt. Der Begriff Haus und Zimmer war zusammengeschrumpft zu der Vorstellung einer polnischen Hütte. Und was mir überdies gänzlich ungewohnt vorkam, man legte mich in ein sauberes, schneeweißes Bett.

---

[16] https://www.freimauerei-magdeburg.de

Da lag ich nun und hatte der Wünsche nicht mehr. Noch verging einige Zeit bis alle Verwundeten untergebracht waren. Dann schlossen sich die großen Flügeltüren. Es ward hell im großen Saal. Kaum hörte man die Schritte der Schwestern, welche von Bett zu Bett gingen und nach den Wünschen fragten. Man trug das Abendbrot auf. Da ich großen Hunger verspürte, verzehrte ich meine Portion in kürzester Zeit und begehrte auf die Frage der Schwester nach mehr. Ich erhielt noch einmal die gleiche Menge und hätte vielleicht auch die dritte Portion haben können, wenn nicht der Zustand meines Magens dieses verboten hätte.

Magdeburg. Postkarte von Theodor Andresen, Archiv Andresen

Da lag ich nun und hatte der Wünsche nicht mehr. Noch verging einige Zeit bis alle Verwundeten untergebracht waren. Dann schlossen sich die großen Flügeltüren. Es ward hell im großen Saal. Kaum hörte man die Schritte der Schwestern, welche von Bett zu Bett gingen und nach den Wünschen fragten.

Man trug das Abendbrot auf. Da ich großen Hunger verspürte, verzehrte ich meine Portion in kürzester Zeit und begehrte auf die Frage der Schwester nach mehr. Ich erhielt noch einmal die gleiche Menge und hätte vielleicht auch die dritte Portion haben können, wenn nicht der Zustand meines Magens dieses verboten hätte.

Nach dem Abendessen erschien der Arzt, welcher von Bett zu Bett ging, um sich nach den Kranken und ihren Verwundungen zu erkundigen. Bei mir wunderte er sich zunächst über mein Aussehen. Er hielt mein Alter für vierzig Jahre und ich zählte erst einundzwanzig. Das eingefallene Gesicht, die langen Kopf- und Barthaare mögen ihn zu dieser Annahme verleitet haben. Frühzeitig wurde das Licht gelöscht. Durch die Stille des Raumes drang dann und wann das Seufzen und Stöhnen der Verwundeten. Auf leisen Sohlen schritt die Nachtwache von Bett zu Bett und war behilflich, wo es nötig war. Auch ich konnte vor Schmerzen lange Zeit den Schlaf nicht finden. Trübe Gedanken beschäftigten mich. Was stand mir noch alles bevor. Aber am Ende schlief ich doch ein.

Der Morgen brach an, das Frühstück wurde gebracht. In der ersten Zeit musste ich mir, da ich die Hände nicht gebrauchen konnte, beim Essen wie bei vielen anderen Dingen helfen lassen. Das war mir sehr unangenehm und ich war froh, wenn ich bemerkte, wie ich von Tag zu Tag in der Selbsthilfe Fortschritte machte. Nach dem Frühstück kam der Barbier, welcher mich vermittels seiner Kunst wieder einem zivilisierten Menschen ähnlich machte. Die frische Morgenröte heiterte auch den Geist wieder auf und ich begann, die Welt in einigen rosigen Farben zu sehen.

Im Operationssaal konnte ich zum ersten Male meine Wunden betrachten. An den Mienen der Ärzte erkannte ich, dass es hier ein schwieriges Stück Arbeit zu verrichten galt. Mit Erfrierungen hatte man in diesem ersten Kriegswinter noch wenig Erfahrung gemacht. Die Ärzte konnte ich daher bei der

Schwere meines Falles wohl nicht schlüssig werden und verhielten sich zunächst noch abwartend.

Wenn ich nun auf meine Lazarettzeit, welche vom 18. März bis 17. August 1915 dauerte, näher eingehe, so muss ich zunächst hervorheben, dass es mir einige Schwierigkeiten bereitete, mich in diese Lebensweise eines zivilisierten Menschen zurückzufinden. In körperlicher Hinsicht war dieser Übergang bald vollzogen. Bei der gründlichen Reinigung des Körpers und seiner stetigen Pflege war aus mir in kurzer Zeit wieder ein ordentlicher Mensch geworden. Schwieriger stand es nun um das geistige Zurückfinden.

In der Zeit vor meinem Eintritt in den Militärdienst hatte ich mich in meiner freien Zeit viel und eifrig in den Militärdienst hatte ich mich in meiner freien Zeit viel und eifrig mit dem Studium der Kunst und Kunstgeschichte beschäftigt. Durch die Einberufung zum Heeresdienst waren diese Studien plötzlich abgebrochen worden. Zur geistigen Arbeit ließ der raue, harte und anstrengende Kriegsdienst keine Zeit und Ruhe. Es war darum kein Wunder, wenn der Geist allmählich abstumpfte. Das geschah natürlich in weit stärkerem Maße als die furchtbaren Ereignisse des Krieges unmittelbar auf mich einwirkten. Es ist kaum übertrieben, wenn ich sage, dass ich ebenso krank am Geiste ins Lazarett kam wie krank am Körper. Der Geist war ausgezehrt. Er hatte Hunger. Ich ließ mir von Hause eine Reihe Bücher kommen, um diesen Hunger zu stillen. Die waren aber nicht die rechte Kost. So wie man einen ausgehungerten Magen keine schweren Speisen vorsetzen soll, darf man nach Nahrung lechzenden Geiste keine wissenschaftlichen Werke darbieten. Aber wie sollte ich dieses wissen. Ich hatte mir in den Kopf gesetzt, dort wieder anzuknüpfen wo ich aufgehalten. Kein Wunder, dass ich mit diesen Studien nicht recht Vorwärts kommen konnte. Ermüdet legte ich die Bücher wieder hin. Ich hatte die Lust zum Lesen, zum Arbeiten verloren. Selbst Romane und kleinere Erzählungen, welche man mir hinreichte, ließ ich liegen.

Aber was sollte ich denn auf dem Krankenlager während der vielen einsamen Stunden beginnen? So schwer krank war ich ja nicht, dass ich mich keiner Beschäftigung hingeben konnte. Ich nahm ein Notizbuch zur Hand und versuchte, meine Kriegserlebnisse niederzuschreiben. Eine Weile ging das gut. Dann aber schien mir auch dies ein nutzloses Beginnen zu sein. Besonders fiel mir auf, als ich das Geschriebene wieder durchlas, wie unbeholfen mein Stil geworden war. Ich hatte wohl alles verlernt. Schließlich nahm ich mir vor, mich mit Energie in ein Buch zu vertiefen. Es fiel mir eines in die Hand: „Aspasia" von Robert Hamerling.[17] Ich las – las eine Seite um die andere – und siehe, ich ward gefesselt von jener Welt des Schönen, empfing ein wunderbar klares Gemälde von der Lebensweise, von der Weltanschauung und dem hohen Streben des kleinen Griechenvolkes. Als ich das Buch aus der Hand legte, spürte ich, dass ich auf dem rechten Weg war, um in die alten Bahnen zu kommen, nach denen sich der suchende Geist sehnte. Und das war erreicht durch ein Volk, welches in ferner Vergangenheit eine kurze Zeit der Blüte erlebt, durch einen Dichter, den ich darum selbst in meinem Gedächtnis mit Verehrung bewahre. Nun begann ich wieder ohne Hemmnisse mit meinen kunstgeschichtlichen Studien.

Vieles vermag ich vom Leben im Lazarett zu erzählen, obwohl ja der eine Tag wie der andere dahinging. Die Tageszeiten waren genau eingeteilt, die Mahlzeiten gab es zur festgesetzten Stunde. Wenn der Kreis der Menschen, mit denen man zusammenlebte, auch oft wechselte, wir bildeten doch alle eine

---

[17] Österreichischer Schriftsteller (1830–1889). Er zählte zu seiner Zeit zu den meistgelesenen Autoren

Schicksalsgemeinschaft. Wonach ich mich nach meiner Einlieferung ins Lazarett am meisten sehnte, war, jemanden von meinen Familienangehörigen wiederzusehen. Es vergingen auch nur wenige Tage, als mein Vater mich besuchte. Ich sehe von meinem Lager seine suchenden Augen, als er in den hell erleuchteten Saal eintrat und mich bei der Gleichmäßigkeit der Bettreihen nicht sogleich finden konnte. Als er mich zu erkennen glaubte, bemerkte ich seinen Zweifel und erst, als ich ihm lächelnd zuwinkte, schwand dieser Zweifel. Ich sah seine sorgenvolle Miene, welche verriet, dass er über mein Aussehen bestürzt war. „Wie siehst du aus", sagte er, und er mochte recht haben mit diesen Worten. Ich beruhigte ihn und versicherte, dass ich mich wohl fühlte, es wäre mir schon schlechter ergangen. Die Tage, welcher er bei mir war, mag er aber manches Mal Zweifel gehegt haben, ob ich dies alles überstehen würde und noch bei seinem Fortgange musste ich ihm versichern, dass ich mich geborgen fühle.

Als meine Genesung fortgeschritten war, erhielt ich auf einige Tage – es war Ende April – Besuch von der jüngeren meiner Schwestern und einen Monat später auch von meiner Mutter und der älteren Schwester.

Besonders erwähnt sei noch der Besuch meines um zehn Jahre älteren Bruders aus dem Felde. Er hatte von Kriegsausbruch an ununterbrochen in vorderster Front gekämpft und erhielt jetzt im Juni 1915 seinen ersten Heimaturlaub. Auf der Reise nach Hause machte er den Umweg über Magdeburg. Sein Besuch kam mir völlig unerwartet. Eines Tages öffnete sich die Tür zu unserem Saal und in Begleitung des Lazarettinspektors erschien ein Offizier bei dessen Anblick die Verwundeten, die es vermochten, den schuldigen Respekt erwiesen. Als ich seiner ansichtig wurde, erkannte ich sofort, wer es war. Mein Bruder trat mit dem eigenen festen Schritt an mein Bett. Mir schien, in seinen Mienen lag etwas ungewohnt Ernstes. Die furchtbare Fronterlebnisse kamen darin zum Ausdruck. Auch in seiner

Unterhaltung mit mir machte sich dies fortgesetzt bemerkbar. Ich entsinne mich noch, wie er zu mir sagte: „Du hast genug bekommen, du bist unseren Eltern erhalten." In diesen Worten barg sich deutlich ein Unterton, der sagte: Mein Geschick aber ist besiegelt. Nur kurze Zeit weilte er an meinem Bett. Mit ruhigem Händedruck nahm er Abschied, keine äußere Erregung war an ihm zu spüren, festen Schrittes ging er, ohne sich umzuschauen, zur Tür hinaus. Zwar sollte ich ihn noch einmal vor seinem Tode wieder sehn, doch war mir dieser Eindruck geblieben.

Der Saal, in welchem wir mit etwa 15 Mann untergebracht waren, lag im Hochparterre. Eine Tür führte auf eine breite Terrasse hinaus, von welcher man über einige Stufen hinabstieg in den nicht großen, aber schön bepflanzten Garten. Dieser Garten, der an die sehr beliebte Kaiserstraße grenzte, war an schönen Tagen fast unser ständiger Aufenthaltsort. Hier lagen wir auf unseren Liegestühlen und ließen uns von der Sonne bescheinen. Diejenigen Kranken, welche nicht aufstehen konnten, wurden in ihren Betten auf der Terrasse hinausgeschoben, wo zwei große Kastanienbäume kühlen Schatten spendeten.

Das Verhältnis unter den Verwundeten war ja in jeder Weise kameradschaftlich. Feindschaften unter uns, Cliquenbildungen gab es nicht. Jeder stand zu dem anderen als Kamerad, den das gleiche Schicksal ereilt. Es ist mir natürlich nicht möglich, von allen Kameraden, mit dem ich zusammen im Saal lag, zu erzählen. Es sei zur Hauptsache nur von zweien berichtet deren Bekanntschaft ich aus begreiflichen Gründen am eindringlichsten machte.

Ich war infolge meiner Verletzung dazu verurteilt, etwa vier Monate im Bett zu liegen. Von solchen Kranken gab es natürlich nicht viele. Es waren eben nur die ganz schweren Fälle und von diesen nur die, welche Beinverwundungen hatten. In diesen vier Monaten hatte ich also wenig Gelegenheit, diejenigen Kameraden näher kennen zu lernen, welche nicht das Bett zu

hüten brauchten. Sie kamen wohl hin und wieder an unser Lager, fragten nach unserem Befinden, wechselten sonst einige
Worte, schlugen sich dann aber wieder zu den anderen. Doch
will ich nicht unterlassen, hervorzuheben, dass diese Kameraden ohne Unterschied uns Bettlägerigen eine große Hilfsbereitschaft erwiesen, oft auch ihre Späße gemeinsam mit uns trieben, so dass wir dadurch über manche trübselige Stunde hin-
wegkamen. Es ist ja so, wenn ein bettlägeriger Kranker einen
anderen sieht, der wie ein Gesunder zu Fuß läuft, dann sehnt
auch er den Augenblick herbei, dass es soweit mit ihm sein
möge. Manchmal erkennt er wohl, dass dieses Glück noch in
weiter Ferne liegt, ja, es mag ihm zweifelhaft erscheinen, ob
eine völlige Gesundung überhaupt möglich sei. Dann stellen
sich die trüben Gedanken ein und wenn in solcher Lage zu allem Überfluss noch Menschen kommen, die ihr Mitleid auszudrücken für nötig halten, ist die Stimmung ganz verdorben.

Da gedenke ich zunächst meines Bettnachbars, der am
längsten in meiner Nähe lag, ja, der noch das Lager hütete, als
ich dem Lazarett den Rücken kehrte.

Es war der Musketier Theodor Schmidt aus Großen-Gehrin-
gen bei Gotha, der Sohn eines Landmannes, an Jahren bedeutend älter als ich. Was ihn mir besonders nahe brachte, war
nicht nur die Gemeinsamkeit unseres Schicksals, ständig im
Bett liegen zu müssen, sondern in besonderem Maße die Über-
einstimmung unseres Inneren. Er war ein Mensch aus dem
breiten Volke, zeigte ein schlichtes, ruhiges Wesen, war im
Charakter aufrichtig und von einer inneren Herzenswärme-
und Güte. Seine Anschauungen standen auf dem Grunde seiner durch den natürlichen Beruf erworbenen Erfahrungen.
Seine innere Frömmigkeit war ihm zu eigen. Ich habe in meinem Leben kaum einen zweiten Menschen kennen gelernt, der
in seinem Charakter so tadellos, so lauter in seiner Gesinnung,
kurz, so vorbildlich und gewinnend auf seine Umgebung gewirkt hätte.

Wir beide haben uns, wenn es still um uns ward, viel erzählt und uns in aller Aufrichtigkeit unser Innerstes offenbart. Aus meiner Lazarettzeit ist Theodor Schmidt nicht wegzudenken. Mit seiner schweren Beinverwundung – es handelte sich um eine Knochenverletzung des Oberschenkels durch Schrapnellschuss – hatte er ein oft schmerzvolles Lager. Wochenlang lag er im Streckverband und vermochte sich kaum zu rühren. Oft plagte ihn ein hohes Fieber, aber selten klagte er. Wenn er sich wohler fühlte, stieg auch sein Lebensmut wieder. Er war verlobt, aber er sprach nicht viel über seine Braut, darin war er verschwiegen.

Gerne erzählte er dagegen von seiner Mutter. Einmal kam die alte Frau auf Besuch. Es war ein rechtes, schlichtes Landmütterchen, kaum in seiner altersgrauen dörflichen Tracht auf Körben und Schachteln voller Liebesgaben, setzte sich, ohne viel zu reden, neben das Lager ihres Sohnes, gegenüber uns andere Verschwiegenheit und Zurückhaltung bewahrend. Beide, Mutter und Sohn, sprachen nicht viel miteinander, aber man spürte an allem ihre innere Verbundenheit.

Noch lange nachdem ich das Lazarett verlassen, blieb ich in schriftlichem Kontakt mit Theodor Schmidt und noch vor wenigen Jahren schrieben wir uns. Er betreibt heute [1938] das väterliche Besitztum in Großen-Behringen.

Emiele Briette aus Hagendingen (Hagondage) bei Metz, sein Bett stand neben meinem. Sein französischer Name verriet seine Herkunft aus dem lothringischen Grenzlande ebenso wie mein Name mich nach der dänischen Grenzmark hinwies. Dies hatte unser Arzt auch sofort festgestellt, und er nannte uns scherzhaft: die beiden Musspreußen.

Griette war ebenfalls von Beruf Landmann. Auch er hatte wie ich, jedoch nicht so schlimm, erfrorene Füße. Nach kurzem Lager war er soweit, dass er das Bett verlassen konnte. In seinen Körpermaßen war er ein Hühne, schwerfälligen Ganges, breitschultrig, so sehe ich ihn vor mir. Er sprach ein gebrochenes

Deutsch mit französischem Akzent. Wie oft macht man die Erfahrung, dass große, kräftige Menschen gutmütigen Sinnes sind, dass sie gerne, besonders zu Schwächlichen und Kranken, hilfreich sind, dass sie Späße keineswegs übel nehmen, kurz, ihre körperliche Überlegenheit nicht benutzen, ihre Macht fühlen lassen. So einer war auch Emielle Briette. Wenn ich nach dem Operationszimmer getragen werden sollte, kam er mit seinen plumpen Schritten an mein Bett, sagte in seinem gebrochenen Deutsch: „Komm mal her!" nahm mich wie ein Kind auf beide Arme und trug mich davon. Etwas kurios wirkte seine Hilfsbereitschaft, wenn er das Stubenmädchen ersetzte. Morgens nach dem Wecken begann das Reinemachen.

Lazarett „Loge Harpokrates", Magdeburg. Theodor Andresen ist in der vorderen Reihe der 4. von rechts. Oben auf dem Balkon links Emiele Briette. Foto: Archiv Andresen

Die Schwestern hatten für Säuberung der Nachttische zu sorgen. Briette war nun meistens schon früh um vier Uhr wach. Dann lag er da, von Langeweile gequält. Schließlich stand der auf, holte Eimer und Feudel und begann, den Saal zu säubern. Nach und nach nahm er so dem Personal die Arbeit ab wie auch den Schwestern das Säubern der Tische, Staubwischen etc. Wenn diese dann erschienen, war alles in Ordnung. Dabei wusste er seine Arbeit so leise zu verrichten, dass die Schläfer nichts davon merkten.

Auch August Taurat aus Kraupischen/Ostpreußen stammte aus einer Grenzmark. Seine Verwundung, zerschossener Oberschenkel, war sehr schwer.

Im Lazarettgarten in Magdeburg. Foto: Archiv Andresen

Unten: Theo Schmidt, Theodor Andresen und Jakob Heib.
Foto: Archiv Andresen

Schon bei seiner Einlieferung ins Lazarett lag er dort und als ich fortkam, lag er fortgesetzt im Streckverband. Er war von Beruf Bauersknecht. Mit seiner Intelligenz und Bildung war es nicht weit her und eigentlich wurde er von uns allen als ein Töpel und ungeschliffener Geselle betrachtet und dementsprechend behandelt. Von der Zivilisation kaum berührt, benahm er sich oft rüpelhaft und unanständig, sodass er wiederholt von uns Kameraden wie auch vom Personal zurechtgewiesen werden musste. Wegen seiner Verwundung wurde manchmal sehr viel Rücksicht genommen, und er war auch schlau genug, dieses auszunutzen, so dass Schwester Frieda ihn gerne Schlaurat nannte. Er hatte wohl in seinem Leben nie so gute Tage gekannt und hielt es offensichtlich für eine herrliche Sache, sich recht viel bedienen zu lassen. Wohl mochte er zu Zeiten sehr unter

Schmerzen leiden, aber seine Klagetöne konnten manchmal minder laut sein. Oft, wenn wir abends gerne schlafen wollten, begann sein monotones: „O je, O je!" Und er hatte darin eine beharrliche Ausdauer.

Seine Originalität möge durch folgende kleine Erzählungen illustriert werden: Als wir eines Tages zum Mittagessen Magdeburger Sauerkraut erhielten, bemerkte er in seinen ostpreußischen Dialekt: „Schwester, das Essen kann ich nicht essen, das fraßen bei uns zu Hause die Schweine." Oder ein andermal: „Schwester, die Erbsen kullern mich immer von´s Messer."

In seiner Bequemlichkeit ging er soweit, an die Schwester das Ansinnen zu stellen: „Schwester, kratzen Sie mich mal auf dem Rücken!" worauf diese mit einem Rückenkratzer seinen Wunsch befriedigte. Wenn man ihn fragte: „Nun, Taurat, wie geht's?" erhielt man meistens die Antwort: „Wie wird's sein? Jeit schlacht!" – dabei schien er sich durchaus wohl zu fühlen, wurde er doch gepflegt wie ein hilfloses Kind.

Jacob Heib aus St. Ingbert/Pfalz war nun wieder von ganz anderer Art: ein lebhafter Süddeutscher, klein gewachsen, redselig, aufschneiderisch, in vielen Dingen von sich selbst sehr eingenommen, aber – und das ist immerhin das Ausschlaggebende – ein guter Kerl. Auch zu mir war er immer hilfsbereit und kameradschaftlich. Was ihn bei uns allen besonders in Gunst setzte, war sein lustiges Wesen. Eine besondere Fähigkeit besaß er, seine Fronterlebnisse zu schildern und in diesen Schilderungen recht ausschmückend zu sein. Die grausamsten Dinge hatte er mitgemacht. Keineswegs duldete er, dass man deren Glaubwürdigkeit anzweifelte, er konnte sich sonst sehr erhitzen. Seine Beinverwundung war nicht sehr schwerer Natur und das Bettlager hatte er bald verlassen. Jacob Heib war uns ein lieber Freund, der auf Kameradschaft hielt.

Unter all den Verwundeten, die ich in meiner langen Lazarettzeit kennen lernte, war wohl der schwerste Fall der des Kameraden Funk. Man hatte ihm das eine Bein amputiert. Diese

Amputation schien aber nicht recht geglückt zu sein. Nach und nach wurde ihm ein Stück nach dem anderen von dem Stumpf des Beines abgenommen. Er hatte eine Bedauernswertes Lager, fast ständig wurde er von hohem Fieber geplagt und magerte ab bis auf die Knochen. Eines Nachts – sein Bett stand vor meinem – wachte ich von einem furchtbaren Stöhnen auf. Der Wärter, die Schwester standen an Funks Lager. Der Arzt wurde gerufen. An meinem Bett vorbei trugen sie den jammernden Kameraden, auf dessen Bett ich eine Lache von Blut und Eiter erblickte, in das Operationszimmer. Eine Notoperation wurde vorgenommen.

Eine sehr schmerzhafte Verletzung hatte ein Kamerad, dessen Name mir entfallen. Er war als Eisenbahner von dem Trittbrett eines Waggons auf beide Unterarme gestürzt und hatte sich dadurch das ganze Nervensystem der Arme zerrüttet. Ständig musste er die Arme hochgebunden tragen, bei jeglicher Berührung jammerte er vor Schmerzen.

Im Lazarettgarten in Magdeburg. Theodor Andresen
im Rollstuhl. Foto: Archiv Andresen

Ein anderer, mit Namen Ritter, hatte den ganzen Körper voller Granatsplitter. Während meiner Zeit holten die Ärzte ihn an die 30 solcher Splitter heraus. Neben unserem Saal befand sich ein Zimmer, in welchem nur Nierenkranke untergebracht waren, bedauernswerte Menschen, da sie ein langes schmerzvolles Krankenlager bei zweifelhafter Heilung durchhalten mussten.

So waren wir eine recht bunt zusammengewürfelte Gesellschaft aus allen deutschen Gauen. Trotz der in vielen Fällen schweren Verwundungen vermochte Trübsal nicht aufzukommen. Es ging stets lebhaft zu und immer fanden sich einige Spaßvögel, welche in die Eintönigkeit des alltäglichen Lebens Abwechslung brachten. Von einigen kleinen Vorfällen dieser Art möge hier berichtet werden:

Wir hatten kurze Zeit einen sehr jugendlichen Leichtverwundeten unter uns. Sein Spitzname war, ich weiß nicht mehr, aus welchem Grunde: Hinniburg. Er fiel bald dadurch auf, dass er wenig sein Äußeres pflegte. Ein langer Haarschopf zierte sein Haupt. Der täglich bei uns arbeitende Barbier wurde nun bestochen, unserm Hinniburg beim nächsten Haarschnitt nur die eine Seite des Kopfes zu schneiden. So geschah es und unser Freund musste zum Spott aller so umherlaufen, bis der Barbier sich seiner erbarmte.

An einen schönen Sommertag spielten wir im Garten wie die Kinder Krieg, wobei einige Holzkugeln von einem Kegelspiel als Kanonenkugeln benutzt wurden. Die Fahrstühle der Beinverletzten waren die Geschütze. Die Kugeln sausten über Rasen und Steige und es ist fast ein Wunder, dass nichts passierte. Das Spiel hatte natürlich ein Ende, da bei dem wilden Kriegsgeschrei der Lazarettinspektor mit seiner drohenden Amtsmiene auf der Terrasse erschien. Ein beliebter Zeitvertreib war es auch, draußen am Gitter des Gartens zu stehen und dem Treiben auf der Kaiserstraße zuzusehen, wobei dem jungen weiblichen Geschlecht besondere Aufmerksamkeit geschenkt wurde.

In der Aufwartung und Verpflegung hatten wir es ausgezeichnet. Was das Personal betrifft, gedenke ich zunächst der Wärter. Da ist in erster Linie der gute Henning. Er war ein überaus pflichteifriger Helfer, immer besorgt um die ihm anvertrauten Kranken, behutsam im Umgange, guten, ehrlichen Sinnes und dabei selbst ein schweres Leiden mit sich herumtragend, hatte er doch bei einer Bergwerkskatastrophe fast völlig das Augenlicht verloren. Er wurde abgelöst durch Paul Brahms, der zwar im Auftreten wie im Äußeren forscher und militärischer war, sonst aber gleichfalls ein guter, stets hilfsbereiter Mensch.

Von den Schwestern will ich eine rühmend hervorheben. Es ist Schwester Frieda. Sie war die Verbandsschwester, welche als ausgebildete Berufsschwester vom Roten Kreuz dem Arzt in allen Dingen zur Seite stand und auch im ganzen Lazarett die Stellung einer Ersten Schwester bekleidete. Sie war in ihrem Bestreben, zu helfen und mit Rat und Tat zur Seite zu stehen von einer Aufopferungsfreudigkeit ohne gleichen. Dazu kam ihr immer freundliches, wie überdrüssiges Wesen.

Es gab nichts, was sie hätte entmutigen, ermüden, in irgendwelcher Weise ihre stets gleichbleibende, ruhige, gewinnende Stimmung beeinflussen zu können. Dabei hatte sie ein festes, energisches Auftreten, wurde aber nie hart und scheltend. Wenn irgendetwas geschehen musste, dann bestimmte sie und wenn man sich widersetzen mochte, sie lächelte nur, befahl – und der Befehl wurde ausgeführt. Sie wurde auch von uns allen gleichermaßen geachtet und geschätzt. Wenn sie den Saal betrat, gab es keinen, der sie ungern sah. Sie stand in einem Verhältnis zu uns wie meine Mutter zu ihren Kindern und dabei war sie keine dreißig Jahre alt. Ich weiß nur einen Fall zu nennen, von einem Leichtverwundeten, der sich ihr gegenüber, obwohl er selbstverständlich keinerlei Veranlassung dazu hatte, ungehörig benahm. Sie schalt ihn jedoch nicht, aber sie ging sichtlich gekränkt davon.

Als sie den Saal verlassen, nahmen wir anderen uns diesen Gesellen her und erklärten ihm, wenn ein solches Betragen sich noch ein einziges Mal wiederholen würde, könne er gewärtig sein, dass wir seine Entfernung aus dem Krankenhause betreiben würden. Daraufhin besserte er sich, wusste er doch wohl die gute Behandlung und Verpflegung in unserem Lazarett zu schätzen. So war uns allen Schwester Frieda das Vorbild einer Krankenschwester, die ihresgleichen nicht hatte.

Damit soll aber durchaus nicht die Aufopferungsfreudigkeit der anderen Schwestern herabgewürdigt werden. Von diesen sei hier besonders einer gedacht. Sie hatte sich freiwillig in den Dienst der Sache gestellt, war schon fortgeschrittenen Alters, die Frau eines im Felde stehenden Hauptmanns, Mutter von drei Söhnen, die ebenfalls im Heeresdienste standen. Ihr Name war Frau Trebst.

Unserem Arzt Dr. Schütt habe ich viel zu verdanken, und zwar aus folgenden Gründen: Dr. Schütt war der Chefarzt des ganzen Lazaretts, an welchem noch ein zweiter Arzt amtierte, welcher die Verwundeten im ersten Stockwerk behandelte. Während ersterer weniger chirurgisch vorgebildet war – er war in der Vorkriegszeit Spezialist in Behandlung von Lungenkranken – war dieser Chirurg. Erfrierungen waren nun in dem ersten Kriegswinter sehr häufig, doch hatten die Ärzte so gut wie keine Erfahrung. Mein Fall war recht schwerer Natur und der Chirurg, der bei schweren Sachen immer zu Hilfe gezogen wurde, riet unbedingt zur Amputation, wodurch ich den größten Teil meines rechten Fußes verloren hätte.

Die Operation war beschlossene Sache und eines Morgens befand ich mich auf dem Operationstisch. Aber es kam im letzten Augenblick anders. Dr. Schütt hatte beim Betrachten meiner Wunden Bedenken. Es folgte zwischen den Ärzten eine lange Besprechung, in welcher sie durchaus nicht der gleichen

Meinung waren. Die Ansicht von Dr. Schütts bestand darin, dass man sich abwartend verhalten sollte. Es wäre von größter Wichtigkeit, nur die Fußballen zu erhalten, man könne nach und nach die nicht mehr lebensfähigen Teile, also zur Hauptsache die Zehen, entfernen, zur Amputation größerer Teile des Fußes wäre dann immer noch Zeit. Der Chirurg schüttelte nur den Kopf, aber mein Arzt hatte zu bestimmen und ordnete an, dass die Operation nicht vorgenommen wurde. Mit diesem Entschluss stand mir ein langes Krankenlager bevor, aber es war zu meinem Besten. Unzählige Male unterzog man mich nun der oft sehr schmerzhaften Prozedur des Knochenknipsens bei vollem Bewusstsein.

Zur freundlichen Erinnerung… Foto: Archiv Andresen

Die schwierigste Operation war die Herausnahme, d.h. das Abdrehen des breiten Wurzelknochens der großen Zehe. Von vier Helfern wurde ich festgehalten, aber mir blieben andererseits die unangenehmen Folgen einer Narkose erspart. Die offenen Wunden wurden fortgesetzt zur Verminderung der Fäulnis mit Höllenstein geätzt. Allmählich begann sich zur nicht geringen Freude des Arztes ein neues Häutchen zu bilden. Auch die letzte Frage, ob nun die Verheilung dort glücken würde, wo die Knochen dicht an die Oberfläche kamen, löste sich ohne sonderlichen Eingriff zur Zufriedenheit. So verlief alles, wie mein Arzt es gewünscht hatte. Hingegen hegte noch jener Chirurg am Tage meiner Entlassung Zweifel, ob ich meine Füße würde je wieder ordentlich gebrauchen können, auf jeden Fall würde ich oft unter offenen Wunden zu leiden haben, Prophezeiungen, die nie eingetreten sind. An meiner Gangart sieht man mir heute kaum an, dass ich am rechten Fuß keine Zehen und am linken ihrer zwei verstümmelte habe. Hätte man größere Amputationen vorgenommen, wäre dieses bestimmt nicht der Fall gewesen. Diese zu meinem Wohle gereichende Behandlung meiner Wunden habe ich aber ohne Zweifel meinem Arzt Dr. Schütt zu verdanken, dem ich auch als Mensch ein hohes Andenken bewahre. Er hatte immer ein freundliches, oft scherzendes Wort für seine Kranken, er unterrichtete mich wiederholt über die Art meiner Erfrierungen, über die Möglichkeit der verschiedenen Behandlungsmethoden, so dass ich als der leidende Teil volles Vertrauen in ihn setzen konnte, auch wenn ich bemerkte, dass er zuweilen selbst zweifelte, ob das „Experiment" glücken würde.

Endlich rückte der Tag heran, da ich mich von meinem monatelangen Lager erheben durfte. Naturgemäß hatte ich das lange Liegen satt und freute mich, als es soweit war. Doch erlebte ich eine Enttäuschung. Kaum hatte ich mich erhoben, als ich wieder nach dem Bett verlangte. Der Körper hatte sich zu-

sehr an das Lager gewöhnt. Ich war einer Ohnmacht nahe. Allmählich erst brachte ich es soweit, dass ich auf eigenen Füssen
stehen und gehen konnte. Nach weiterem Fortschritt der Genesung erlebte ich den ersten Ausgang in die Stadt, ein bedeutendes Ereignis, wenn man bedenkt, dass ich nun nahezu ¾ Jahr
so gut wie ganz von der zivilen Welt abgeschnitten war. Das
großstädtische Leben setzte mich anfangs in Erstaunen, ich
hatte Mühe, mich zurückzufinden. Aus meinen kulturgeschichtlichen Studien heraus hegte ich den Wunsch, den Dom
kennen zu lernen. Ich betrat das prachtvolle Bauwerk und gewann einen tiefen Eindruck von der Schönheit dieses gewaltigen Zeugen aus der Zeit der Frühgotik.

*Fuß von Theodor Andresen nach der Operation. Skizze in einem
Feldpostbrief, Archiv Andresen*

Endlich rückte der Tag heran, da ich mich von meinem monatelangen Lager erheben durfte. Naturgemäß hatte ich das
lange Liegen satt und freute mich, als es soweit war. Doch erlebte ich eine Enttäuschung. Kaum hatte ich mich erhoben, als
ich wieder nach dem Bett verlangte. Der Körper hatte sich zu
sehr an das Lager gewöhnt. Ich war einer Ohnmacht nahe. Allmählich erst brachte ich es soweit, dass ich auf eigenen Füssen
stehen und gehen konnte. Nach weiterem Fortschritt der Genesung erlebte ich den ersten Ausgang in die Stadt, ein bedeutendes Ereignis, wenn man bedenkt, dass ich nun nahezu ¾ Jahr

so gut wie ganz von der zivilen Welt abgeschnitten war. Das großstädtische Leben setzte mich anfangs in Erstaunen, ich hatte Mühe, mich zurückzufinden. Aus meinen kulturgeschichtlichen Studien heraus hegte ich den Wunsch, den Dom kennen zu lernen. Ich betrat das prachtvolle Bauwerk und gewann einen tiefen Eindruck von der Schönheit dieses gewaltigen Zeugen aus der Zeit der Frühgotik.

Der Tag meiner Entlassung aus dem Lazarett rückte heran. Obwohl ich diesen Augenblick lange herbeigesehnt hatte, vermochte ich mich schwer von dem Ort und den Menschen zu trennen. Hätte ich geahnt, wie krass der Unterschied zwischen dieser Stätte und der, wohin ich mich nun begeben musste, war, der Abschied wäre mir weit schwerer gefallen. Ich verließ einen Ort, den ich bis heute nicht wieder betreten, ich nahm Abschied von Menschen, die ich bis heute nicht wiedergesehen und mit denen ich auch wohl nie wieder zusammenkommen werde. Die fünf Monate, die ich im Vereinslazarett Loge Harpokrates in Magdeburg verbrachte, waren trotz des langen Kranken- und Schmerzenslagers die schönste Zeit meines Soldatenlebens.

Wieder in Döberitz

Der 17. August 1915 war ein prächtiger Sommertag. Gar bald war die schöne Stadt an der Elbe meinen Blicken entschwunden. Im menschenüberfüllten Eisenbahnabteil ging es bei drückender Hitze der Reichshauptstadt zu. Vor mir saßen einige Herren in Zivil. Ich beneidete sie um ihrer zivilen Freiheit Willen, musste ich doch in wenigen Stunden wieder durch die Tore der Gefangenschaft. – Wie lange war es her, dass ich in Döberitz nicht gewesen? – Nur reichlich ein halbes Jahr. Und doch schien mir diese Zeit unendlich lang. Das hatte wohl darin seinen Grund, dass so viele tiefe Erlebnisse in ihr hart aufeinander gefolgt waren. Auch fand ich vieles im Truppenlager verändert vor. Man hatte sich bemüht, die trostlose Öde der einförmigen Barackenreihen, die baum- und strauchlose Sandwüste dadurch etwas zu beleben, dass man die Baracken selbst braun angestrichen, hier und da einige verzierende Bandmuster angebracht und zwischen den Fenstern Rankgewächse angepflanzt hatte. In goldgelben und rötlichen Farben hingen die Kelche des anspruchlosen Storchenschnabels zwischen den saftgrünen Blättern. Wo nur der Platz dafür vorhanden, hatte man keine Blumenbeete angelegt und sogar den Fenstern Blumenkästen angebracht. Was mich eigenartig berührte, war, dass man das ganze Straßensystem des Lagers mit Namen versehen hatte. Da gab es u.a. eine Gehsenstr., eine Augustowostr. Diese Orte waren mir nur zu gut vertraut und es stiegen Erinnerungen an jene Tage auf.

Wohin hatte ich mich nun zu wenden? Nach der Genesenen-Kompagnie meines Regiments. Aber wo war die? Ich erkundigte mich. Ganz am entgegengesetzten Ende des Lagers könnte ich sie finden. Es war unerträglich heiß hier zwischen den Baracken und auf dem gelben Sand. Kein Lüftchen regte sich. Im Lager war alles still. Meine Füße begannen zu schmerzen. Sie schwollen von der Hitze an.

Endlich hatte ich das äußere Ende des Lagers erreicht. In der Tür einer Baracke, zu der einige Treppenstufen hinaufführten, stand ein Feldwebel. Behäbig stand er da, mit gespreizten Beinen, die Hände auf den Rücken gelegt, so dass sein fester Bauch weit hervortrat. Sein glattes, rundes Vollmondgesicht lächelte zynisch, als er mich kommen sah. Mir sank mit einem Male aller Mut. In dieser Person verkörperte sich für mich militärischer Drill und Zwang. Im Lazarett war ich monatelang von diesem System befreit gewesen, nun aber stand dieser Feldwebel vor mir und sprach mit seiner herrischen Stimme:

„Na, woher kommst du denn gehumpelt?" – „Aus dem Lazarett, Herr Feldwebel." – „Dann wirf gefälligst Deinen Krückstock fort." – „Ich habe eine Verletzung am Fuß und kann nicht ohne Stock gehen, Herr Feldwebel." – „Ich denke, Du bist als gesund entlassen." – „Jawohl, Herr Feldwebel." – „So! Das versteh ich nicht, einmal sagst Du, Du wärest gesund und dann bist Du auch wieder krank. Gib mal den Stock her. – So und nun komm mal die Treppe herauf." Ich kroch, so gut es ging, die Stiegen empor. „Siehst Du, es geht auch ohne Krücke. Marsch, nach der Schreibstube!"

Das war nun ein wenig angenehmer Empfang für mich. In der Baracke erhielt ich mein Bett und mein Schränckchen zugewiesen und musste nun wieder in Reih und Glied antreten, alle Tätigkeiten auf Kommando verrichten, früh aufstehen, kurz, alles war wie damals. Ich hatte gehofft, am anderen Tage den Heimaturlaub antreten zu können, aber darin hatte ich mich bitter getäuscht. Von Tag zu Tag musste ich bleiben und warten. Es hieß immer nur, meine Papiere wären nicht in Ordnung. Natürlich konnte man mich wegen der Art und Schwere meiner Verwundung nicht zu schwereren Arbeiten heranziehen. Immerhin war die Beschäftigung, welche man mir zuwies, kaum mit meiner Verwundung in Einklang zu bringen. Ich musste Kartoffeln schälen. Zunächst weigerte ich mich, diese Arbeit zu verrichten, da meine schlecht verheilten Finger – denn auch die Spitzen des Mittel- und Ringfingers waren amputiert und die Hände sehr empfindlich – nicht dafür geeignet wären. In aller Frühe mussten wir Kartoffelschäler – etwa 20 an der Zahl – antreten und wurden zur Wirtschaftsbaracke geführt. Hier hatten wir draußen an der Wand auf Böcken Platz zu nehmen und erhielten jeder unser Quantum Kartoffeln zugeteilt. Anfangs machte man sich mit dem Mut der Verzweiflung über diese Arbeit, bald aber erstarrten die Finger, sodass es nur langsam vorwärts ging. Ich weiß nicht, wie viele Tage und Wochen ich mit dieser Beschäftigung hinbringen musste, nur weiß ich, dass es eine entsetzlich langweilige Arbeit war.

Umso trostloser wirkte sich diese Lebensweise auf mich ein, weil ich nicht einsehen konnte, warum man mich hier festhielt. Für den Heeresdienst war ich nicht mehr tauglich und an mancher anderen Stelle hätte ich der Allgemeinheit ohne Frage dienlicher sein können. Aber ein gewöhnlicher Soldat durfte sich nicht derartige Gedanken machen, er hätte sich den Befehlen willenlos unterzuordnen. Und doch bewegten sich wieder und wieder die Gedanken im Kreis. Von meinen früheren Schulkameraden wusste ich, dass der größere Teil von ihnen es viel weitergebracht hatte als ich, ja, die meisten waren schon Offizier und würden sich kaum zum Kartoffelschälen kommandieren lassen. Doch war es wohl recht gut, dass ich hier saß. Meinen Teil hatte ich ja weg, ich würde nicht wieder nach draußen kommen. So war es doch das kleinere Übel, Kartoffeln zu schälen. Ich hatte wohl auch zu einem großen Teil das Geschick, welches mich auf diesen Posten gesetzt, mir selbst zu verdanken. Wäre ich vor dem Ausmarsch ins Feld eifriger im Dienst gewesen, hätte ich mich mehr vorgedrängt, wäre ich sicherlich schon damals zu einem Kursus gekommen. Aber ich hatte mich bewusst zurückgehalten, hier wie auch draußen im Felde. Keine Beförderung, keine Auszeichnung war mir zuteil geworden. Ich hielt mich an den goldenen Mittelweg und schließlich würden ja auch Krieg und Kartoffelschälen ein Ende nehmen.

Heimaturlaub

Endlich schlug die Stunde, da ich auf Urlaub gehen konnte. Wie sehr hatte ich täglich diesen Augenblick herbeigesehnt. Kaum hatte ich meinen Urlaubsschein in der Tasche, als ich auch schon das Lager eilenden Schrittes verließ. Lieber wollte ich, wenn es zur Abfahrt des Zuges noch Zeit war, auf dem Bahnhof warten. Ich benutzte die nächste beste Gelegenheit zur Heimreise und kümmerte mich wenig darum, wie ich in Hamburg weiterkommen würde. Hier traf ich erst zur Nachtzeit ein. Es fand sich denn auch, dass ich vor dem nächsten Morgen nicht weiterkonnte. Was sollte ich nun mit den Nachtstunden tun? Es gab zwar eine Bahnhofswache und ein Rotes Kreuz am Bahnhof, an die ich mich nur hätte zu wenden brauchen, um eine Schlafstelle zu bekommen. Ich hatte aber eine Abneigung gegen Uniformröcke und gegen Kommandanten. Daher zog ich es vor, das große, geräuschvolle und lichterfüllte Bahnhofsgebäude zu verlassen. Nach einiger Zeit befand ich mich in einer dunklen, schmalen Gasse, wo ich kaum einem Menschen begegnete. Aber was wollte und sollte ich hier?

Aus einer Kellerwirtschaft drang Licht und Lärm. Ich spürte Hunger, hatte aber nur wenige Pfennige in der Tasche. Zu einem Glase Bier mochten Sie wohl reichen. Ich stieg die Stufen hinab und befand mich in einem rauchgeschwängerten Raum. In einer unbesetzten Ecke nahm ich Platz und erbat ein Glas Bier. Als der Wirt dieses brachte, fragte ich, ob ich nicht eine Kleinigkeit zu essen bekommen könne, jedoch wäre mein Vermögen derart zusammengeschmolzen, dass es kaum viel werden könne. Nun wurde eine Gesellschaft junger Leute und Mädchen, welche am Nebentisch zechten, auf mich aufmerksam. Mein Waffenrock war nicht der Beste und noch derselbe, den ich draußen getragen hatte. Man hatte wohl schon bei meinem Eintreten erkannt, dass ich ein aus dem Felde kommender wäre.

Bald überschüttete man mich mit Fragen, woher ich käme, wo ich mitgekämpft hätte usw. Damals lag noch ein klein wenig Sensation darin, wenn ein Frontsoldat von seinen soeben empfangenen Kriegseindrücken erzählte. Zu meiner Schande muss ich gestehen, dass ich diesen wissbegierigen Leuten manches vorgelogen habe, ja, ich erzählte Ihnen, dass ich direkt von der Front käme und den Sturm auf Kowno (Kaunas), deren Festung von unseren Regimentern genommen war, mitgemacht habe. Durch meinen Vortrag erreichte ich, dass in Kürze ein schönes, großes Beefsteak vor mir auf dem Tisch stand. Bald fehlte es auch nicht an Getränken für mich und ich ließ mir alles trefflich munden. Nachdem ich glaubte, des Guten genug genossen zu haben, erhob ich mich, dankte für freundliche Bewirtung und verließ die gastliche Stätte. Da stand ich nun wieder auf der dunklen Straße und begehrte sehnsüchtig nach einem Schlafquartier.

Ein Polizist patrouillierte vorbei und ich bat ihn, mir zu sagen, wo ich eine Unterkunft bekommen könne, Geld habe ich aber nicht. Er sah sich meinen mitgenommenen Waffenrock an, knurrte etwas und ging mit mir nach der Polizeiwache.

Hier wurde ich nun lang und breit ausgefragt. Schließlich erklärte ich, auch zufrieden zu sein, wenn mich hier im Wachlokal auf die Diele legen könnte, worin man aber nicht einwilligen wollte. Am Ende erbot sich einer der Wächter, mit mir nach einem nahe liegenden Unterkunftsraum für durchreisende Soldaten zu gehen. Gegen zwei Uhr klopften wir hier an die Tür. Der Portier, schlaftrunken, setzte eine mürrische Miene auf, ließ mich aber doch eintreten. In einem großen Saal voll schnarchender Schläfer erhielt ich ein Bett zugewiesen.

Am folgenden Morgen eilte ich erfrischt zum Bahnhof und setzte meine Reise nach der Heimat fort. Als ich das Bahnhofsgebäude der Heimatstadt verließ und die alten vertrauten Stätten wieder erblickte, war mir sonderbar zu Mute. Wie ein Traum lag das vergangene Jahr hinter mir. Was ich in vielen furchtbaren Stunden körperlicher und seelischer Not nicht für möglich gehalten, war nun Wirklichkeit geworden: ich sah die Heimat wieder, konnte das Elternhaus wieder betreten. Und doch musste ich mich erst langsam an all dieses gewöhnen. Es war mir, als wäre hier alles kleiner, beschränkter geworden.

Natürlich gab es mit Eltern und Geschwistern ein frohes Wiedersehen und dies umso mehr, da unser Bruder, der seit Kriegsausbruch im Felde stand, in diesen Tagen auf Urlaub zu Hause weilte. Jedoch war unser Zusammensein nicht von langer Dauer. Er musste eiligst wieder an die Front und dieser Abschied von ihm war für uns alle der letzte.

Nein! Nie wieder Soldat. Nie wieder Krieg!

Dann rückte auch der Tag meiner Abreise heran. Niemals bin ich mit größerer Unlust vom Elternhause fortgereist. Das Soldatenleben war mir verhasster denn je. Mitten in der Nacht traf ich im Lager ein. Die Baracke meiner Abteilung fand ich verschlossen. Mein Urlaub ging wohl bis zum Wecken. Aber wie sollte ich die noch verbleibenden Stunden der Nacht verbringen? Da traf ich einen wachthabenden Unteroffizier. Der hatte ein Einsehen mit mir und öffnete mir eine Baracke, in welcher Rekruten untergebracht waren, in der aber noch mehrere Bettstellen frei gelassen.

Aber ich hatte mich nur kurze Zeit der Ruhe hingegeben, als die Tür aufgerissen wurde, das Licht aufflammte und eine Stimme brüllte: „Aufstehen und Antreten zur Nachtübung!" Natürlich blieb ich liegen, da mich die Sache ja nichts anging. Aber kaum hatten die Rekruten, feldmarschmäßig ausgerüstet, den Raum verlassen, als ein Feldwebel die Baracke revidierte und mich in meinem Bette vorfand. Mit wütender Gebärde stürzte er auf mich los, riss die Bettdecke herunter und befahl mir, mich in schleunigstem Tempo fertig zu machen und draußen in Reih und Glied mit anzutreten. Ich fand gar keine Zeit, meine Lage zu erklären und musste wohl oder übel hinaus und so wie ich in meinem Urlaubsanzuge war am linken Flügel antreten. Was war zu tun, um aus dieser misslichen Lage zu kommen? Ich wartete einen günstigen Moment ab, in welchem kein

Vorgesetzter in meiner Nähe stand. Gerade wurde zum Abmarsch kommandiert, als ich, die Finsternis zum Schutze nehmend, hinter dem Gliede verschwand, um mich an der Baracke zu verstecken. Die Kompagnie war abgerückt. Ich wagte es, aus meinem Versteck hervorzutauchen, um nun wieder meine Schlafstatt zu suchen. Doch das war abermals mit Hindernissen verbunden. Die Tür zur Baracke war verschlossen. Was nun? Wieder hatte man mich ausgeschlossen. Ein Unteroffizier, der zu Hause geblieben, hatte, als ich ihm meine Lage schilderte, ein Einsehen mit mir und schloss mir die Tür auf. Diesmal konnte ich ungestört bis zum Morgen schlafen.

Trostlose Wochen folgten. Vom Kartoffelschälen wurde ich schließlich befreit und konnte eine Beförderung darin erblicken, dass ich zum Postdienst kommandiert wurde. Nun musste ich mit einer Kolonne Kameraden und dem Postkarren zweimal täglich am Postgebäude im alten Lager die Post in Empfang nehmen und zur Kompagnie bringen. Das war nun zwar keine große Arbeit, eine gewisse Zeit musste jedoch damit verbracht werden, die wir damit ausfüllten, dass wir im Postgebäude die vielen Karten lasen, welche zumeist Liebesgrüße der Bräute an ihre Musketiere enthielten.

Wenn der Postdienst beendet war, blieb unendlich viel Zeit zum Faulenzen. Aber wir mussten uns hüten, diese auf der Baracke zu verbringen. Der Feldwebel litt es nicht, dass wir müßig waren. Wir kehrten daher dem Lager den Rücken und schlugen die Zeit tot.

Dieses Nichtstun war der Beginn einer langsamen Verblödung. Der Uniformrock saß mir wie eine Zwangsjacke am Leibe. Schließlich machte ich ausfindig, dass für die geistige Nahrung des Soldaten an diesem Orte ein wenig gesorgt war. Hier gab es Unterhaltungsräume, Schreib- und Bibliothekzimmer. Besonders die Bücherei zog mich an. Hier habe ich viele Stunden verbracht. So ging ein Tag wie der andere hin. Jeden Abend, wenn die Parole für den anderen Tag ausgegeben wurde, erwartete ich, dass meine Entlassungsorder eingetroffen wäre. Aber stets vergeblich. Hätte ich nur gewusst, dass ich bestimmt aus dem Heeresdienst entlassen würde. Doch auch dies blieb noch ungewiss. Die vielen Erzählungen der Kameraden über das eigene Schicksal ließen mich fast daran zweifeln. Aber was für ein Leben würde das werden: Monate, vielleicht Jahre in dieser drückenden Zwangsjacke, vielleicht von einer Stätte nach der anderen geworfen – oh, dies furchtbar zermürbende Leben, wie ich es hasste.

Da kam der Tag, welcher der furchtbarste von allen war. An einem Abend im September verließ ich nach dem Abendessen allein das Lager. Ich hatte das Bedürfnis, die Einsamkeit der Natur zu suchen. Hinter dem Lager breiteten sich die Ackerfelder. Ich ging querfeldein und kam nach einer Weile an einen Abhang.

Es war sehr dunkel, der Himmel war bewölkt. Aus der Tiefe unter mir schimmerten Lichter, gelbe, rote, grüne. Bahngleise führten von Ost nach West. Welche Heere waren schon früher über diese Gleise gerollt. Für viele war es die letzte Fahrt gewesen. Eine tiefe, tiefe Traurigkeit kam über mich und ich sah nicht ein, warum es einen Sinn habe, zu leben. Meine Gedanken eilten wie so oft zur Heimat. Ich sah das Elternhaus, die Schwestern unter dem traulichen Schein der Lampe sitzen. Sie sprachen nicht viel, jeder war mit seiner Arbeit beschäftigt, ich hörte deutlich das Ticken der Uhr, auf der Straße vereinzelt Schritte. Aber ich ahnte nicht, dass etwas Furchtbares auf ihnen lastete. Es wurde kalt um mich, der Herbstwind fuhr über die Höhen und mich fröstelte.

Da wandte ich mich um und kehrte ins Lager zurück. Trostloser denn je schlich ich durchs Tor, am Stacheldrahtzaun entlang, trat in die lärm- und raucherfüllte Baracke, die nur trübe erleuchtet war. „Es ist ein Telegramm für Dich angekommen", rief man mir entgegen. Ich fühlte, wie mein Herz aussetzte. Hastig riss ich das Papier auf. Da stand es: „Bruder gefallen".

Es wurde hart um meine Seele. Um mich lärmten die Kameraden, sangen, spielten Karten. Die Uhr ging auf neun. Man zog sich aus, man ging zu Bett. Ich tat wie sie alle. Der Unteroffizier vom Dienst riss die Tür auf, trat mit harten Schritten herein, schritt die Betten ab, schimpfte hier und da und verschwand wieder. Das Licht wurde gelöscht. Allmählich verstummten die Stimmen. Ich lag mit offenen Augen da. Das Eis um meine Seele schmolz. Unsagbar war das Weh, das mich packte.

Im Telegramm hatte mein Vater den Wunsch zum Ausdruck gebracht, ich möchte einige Tage auf Urlaub nach Hause kommen. Am anderen Morgen ging ich den Hauptmann darum an: „Kann nicht einsehen, warum Sie Urlaub haben wollen", war die Antwort. Wenn bis zu diesem Augenblick mein Widerwillen gegen den Militarismus nicht voll gewesen war, so geschah es in dieser Minute. Wäre ich ein vollzähliger Soldat gewesen, hätte ich von meinem Platze nicht fortkönnen, dann wäre es verständlich gewesen, dass man mich nicht gehen ließ. Nun aber verbrachte ich hier tatenlos Tag für Tag. Und wie traf mich auch diese kalte, herzlose Antwort des Hauptmanns.

Dennoch gelang es mir nach wiederholten Bemühungen, den erbetenden Urlaub zu erwirken, jedoch nur für drei Tage, von denen ich zwei auf der Bahn lag. Die Erlaubnis, den Schnellzug zu fahren, wurde mir verweigert.

Es war ein trauriger Tag, den ich zu Hause verlebte.

Von nun an war mir auch das Leben in der Garnison völlig verleidet. Immer noch musste ich warten. Erst in der zweiten Hälfte des Monats Oktober kam der Bescheid, dass ich bis zur Entlassung zu beurlauben wäre. Nicht eilig genug konnte ich meine Sachen packen, um dem elenden Lager den Rücken zu kehren. Der mir ausgestellte Urlaubsschein galt nur bis Ende des laufenden Monats. Ich hatte kurz vor Ablauf dieser Zeit meinen Feldwebel zu schreiben und einen neuen Urlaubsschein auf einen Monat zu erbitten. Das tat ich auftragsgemäß. Aber keine Antwort traf ein. Ich musste also abreisen und tat

dies in dem Glauben, inzwischen wäre wohl mein Entlassungs-
befehl eingetroffen. Wie erstaunte ich aber, als ich beim Eintritt
in die Schreibstube mit den Worten empfangen wurde, warum
ich nicht um einen neuen Urlaubsschein geschrieben habe. Es
stellte sich heraus, dass meine Nachricht wohl eingetroffen
war. Durch die Nachlässigkeit des Feldwebels war mir aber das
Papier nicht zugestellt worden. Die Sache war damit erledigt,
dass ich nun einen neuen Urlaubsschein erhielt und wieder
nach Hause fahren konnte. Zum Vergnügen durfte ich also auf
Staatskosten eine Eisenbahnfahrt von etwa 1000 km machen.

Nur wenige Tage war ich wieder zu Hause, als ein Schreiben
einging, ich habe mich zur Entlassung in Döberitz einzufinden.
Ich setzte mich also abermals auf die Bahn und innerhalb eines
Tages hatte ich meine Entlassungspapiere in den Händen.
Welch Gefühl bemächtigte sich meiner. Ich lief mehr als dass
ich ging zum letzten Male zum Döberitzer Bahnhof. Als ich im
Hamburger Zug saß, erblickte ich in der Ferne noch einmal den
Döberitzer Wasserturm, doch war es mich kein wehmutsvolles
Abschiednehmen. Ich war frei, durfte wieder meine leichte be-
queme bürgerliche Kleidung anziehen, kein Vorgesetzter hatte
mir auf der Straße einen Gruß abzufordern. Ich war frei,
brauchte mit meiner Verletzung nicht wieder hinaus in dieses
grausame Morden.

Ich sann nach und summierte:

Nein! Nie wieder Soldat. Nie wieder Krieg!

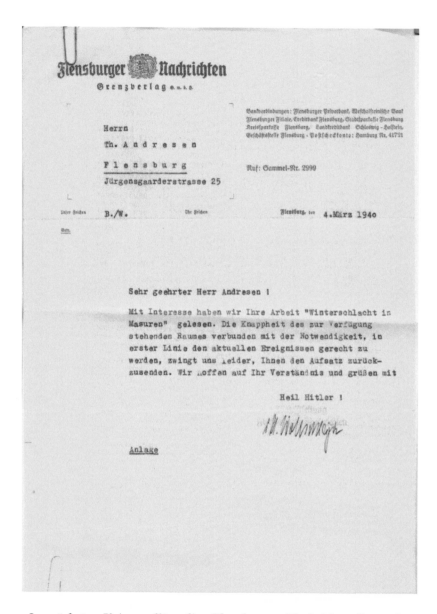

Flensburger Nachrichten
Grenzverlag e.m.b.h.

Herrn

Th. Andresen

Flensburg

Jürgensgaarderstrasse 25

Bankverbindungen: Flensburger Privatbank, Westholsteinische Bank
Flensburger Filiale, Creditbank Flensburg, Stadtsparkasse Flensburg
Kreissparkasse Flensburg, Landkreditbank Schleswig-Holstein,
Geschäftsstelle Flensburg · Postscheckkonto: Hamburg Nr. 41721

Ruf: Sammel-Nr. 2999

Unser Zeichen B./W.   Ihr Zeichen   Flensburg, den 4. März 1940

Betr.

Sehr geehrter Herr Andresen !

Mit Interesse haben wir Ihre Arbeit "Winterschlacht in
Masuren" gelesen. Die Knappheit des zur Verfügung
stehenden Raumes verbunden mit der Notwendigkeit, in
erster Linie den aktuellen Ereignissen gerecht zu
werden, zwingt uns leider, Ihnen den Aufsatz zurück-
zusenden. Wir hoffen auf Ihr Verständnis und grüßen mit

Heil Hitler !

Anlage

*Im nächsten Krieg wollten die „Flensburger Nachrichten" von den
Schilderungen von Theodor Andresen nichts mehr wissen.*

LITERATURVERZEICHNIS

Quellen aus dem Familienarchiv Andresen

Das Familienarchiv der bis in das 17. Jahrhundert zurückreichenden Weeser Hufnerfamilie Andresen mit Schriften, Briefen, Urkunden, Fotos und Skizzenbüchern wurde von meinem Großvater Theodor Andresen (1894–1949) begründet, kam danach zu seiner Schwester Anna Andresen und wird seit ihrem Tod 1975 von mir weitergeführt. Aus dem Archiv wurden folgende Schriften verwendet:

Andresen, Theodor 1929: Das bunte Buch, geschrieben von Theo Andresen (Flensburg 1929).

Andresen, Theodor 1932: Dem Gedächtnis meines Bruders Nikolaus Andresen 1884–1915 (Flensburg 1932)

Andresen, Theodor 1935: Dem Gedächtnis meiner Eltern (Flensburg 1935, neu herausgegeben von Dirk Meier, Flensburg 2010)

Andresen, Theodor 1935–1936: Die Familie Andresen, Bd. 1 u. 2 (Flensburg 1935), Bd. 3 (Flensburg 1936). Neu gefasst von Dirk Meier (Flensburg ²2010).

Andresen, Theodor 1937: Mein Leben. Eine Darstellung nach einem Manuskript begonnen im Jahre 1921 – handgeschrieben von mir selbst im Jahre 1936 und 37. [in gotischer Kunstschrift]. Herausgegeben von seinem Enkel Dirk Meier (Flensburg 2010).

Andresen, Theodor 1938: Die Kriegsbriefe meines gefallenen Bruders (Flensburg 1938) [in gotischer Kunstschrift] Herausgegeben u. ergänzt von Dirk Meier (Flensburg 2010).

Andresen, Theodor 1938: Meine Kriegserlebnisse 1914/15 selbst verfaßt und geschrieben, Th. Andresen, Flensburg 1938. [in gotischer Kunstschrift] Herausgegeben von seinem Enkel Dirk Meier (Flensburg 2010).

Literatur

Andresen, Theodor u. Meier, Dirk 2015: Die Kriegsbriefe des Leutnants Nikolaus Andresen. Natur- und Landeskunde, Zeitschrift für Schleswig-Holstein, Hamburg und Mecklenburg, Heft 7–8, 2015, 129–149.

Andresen, Theodor u. Meier, Dirk 2016: Aus der Geschichte eines Bauernhofes und seiner Bewohner in Wees von 1759 bis 1875. Natur- und Landeskunde, Zeitschrift für Schleswig-Holstein, Hamburg und Mecklenburg, Heft 7–8, 2016, 116–137.

Andresen, Theodor u. Meier, Dirk 2017: Franz Andresen, ein Dorfschullehrer und Organist in Angeln zwischen 1874 und 1913. Natur- und Landeskunde, Zeitschrift für Schleswig-Holstein, Hamburg und Mecklenburg, Heft 10, 2017, 173–189.

Meier, Dirk (Hrsg.) 2019: Nikolaus Andresen. Eine Biographie aus der Kaiserzeit (tredition/Hamburg 2019)

Meier, Dirk (Hrsg. 2019): Franz Andresen. Ein Lehrer der Kaiserzeit in Angeln (tredition/Hamburg 2019)

AUTOREN

Theodor-Franz Andresen
geb. am 25. April 1894 in Ulnis, gest. am 27. Januar 1949 in Flensburg, besuchte nach der Volksschule in Ulsnis bei seinem Vater Franz Andresen die Domschule in Schleswig und seit 1910 die Oberrealschule in Flensburg, wo er Ostern 1914 die Reifeprüfung bestand. Eine anschließende Ausbildung an der Kunstgewerbeschule in Flensburg musste er aufgrund des Ersten Weltkrieges abbrechen. Nach der Grundausbildung im Lager Döberitz bei Berlin machte Theodor Andresen die Schlacht bei den Masurischen Seen 1915 mit, wo ihm teilweise Hände und Füße erfroren. Am 1. Januar 1916 begann er eine Ausbildung als Kaufmann, war später Prokurist bei der Rum-Firma H. Kiesel (Klepper) und arbeitete dann bei der Industrie und Handelskammer in Flensburg. 1922 heiratete er Metta Marie Rick. 1925 kam meine Mutter Karen, 1931 mein Patenonkel Helge zur Welt. Er begründete das Familienarchiv Andresen.

Dirk Meier
geb. am 1. Oktober 1959 als Sohn von Karen Andresen, verh. Meier, ältester Enkel von Theodor Andresen. Dirk Meier studierte nach seinem Abitur an der Auguste-Viktoria-Schule in Flensburg Ur- und Frühgeschichte, Geologie, Ethnologie und Volkskunde an den Universitäten Köln und Kiel. An der Christian-Albrechts-Universität zu Kiel promovierte er 1988 und habilitierte sich 1998 dort über eigene Forschungen an der schleswig-holsteinischen Nordseeküste. Von ihm stammen zahlreiche Bücher zur schleswig-holsteinischen Landschafts-, Kultur- und Landesgeschichte. Seit 1975 leitet er das Familienarchiv Andresen.
Internet: www.kuestenarchaeologie.de
Email: Dr.Dirk.Meier@gmail.com

Mein Großvater Theodor Andresen (1894–1949) erlebte seine Kindheit im abseits gelegenen Dorf Ulsnis an der Schlei in Schleswig-Holstein, besuchte hier den Unterricht bei seinem Vater, bevor er 1907 auf die Domschule nach Schleswig kam. Hier trieben es die Pennäler noch schlimmer als in der „Feuerzangenbowle." Seine anschließenden Jahre in Flensburg auf der Oberrealschule prägen Kunst und Eros. Erst im zweiten Anlauf besteht er 1913 die Reifeprüfung. Noch während der Ausbildung in der Kunstgewerbeschule bricht der Erste Weltkrieg herein. Alles andere als ein Mustersoldat kommt er zur Ausbildung ins Barackenlager Döberitz Berlin. Nach der Musterung durch den Kaiser rückt die Gardeinfanterie aus. In der Schlacht bei den Masurischen Seen im Februar 1915 stapft er durch den Schnee. „Der deutsche Kaiser bezahlt Deine Kuh...", so schreiben deutsche Soldaten auf einen Zettel, den sie einer klagenden russischen Bäuerin in die Hand drücken. Nicht zu ertragen sind die Strapazen in der grimmigen Kälte. Theos Hände und Füße erfrieren. Ein langer Lazarettaufenthalt in Magdeburg folgt, bis er schließlich als untauglich entlassen wird. „Nie wieder Krieg" lautet sein Fazit.

SCHRIFTEN AUS DEM FAMILIENARCHIV
ANDRESEN
HERAUSGEBEN VON DIRK MEIER

Diese Buchreihe bei tredition (Hamburg) dient der Edition der Schriften meines Großvaters Theodor Andresen (1894–1949), die bereits von mir in digitalen Abschriften und Kopien im Familienarchiv vorliegen. Die Bücher sind als Hardcover, Paperback und e-book verfügbar.

Bd. 1   Nikolaus Andresen. Eine Biographie aus der Kaiserzeit (tredition/Hamburg 2019)

Bd. 2   Franz Andresen. Ein Lehrer der Kaiserzeit in Angeln (tredition/Hamburg 2019)

Weitere Bände in Vorbereitung

Nikolaus Andresen

Eine Biographie aus der Kaiserzeit

Herausgegeben von Dirk Meier

 tredition®

Franz Andresen
Ein Lehrer der Kaiserzeit in Angeln
Herausgegeben von Dirk Meier

 tredition